사회철학
에스프레소

사회철학 에스프레소

펴 낸 날 | 1판 1쇄 2014년 5월 21일
지 은 이 | 하성환
펴 낸 이 | 최검열
펴 낸 곳 | 도서출판 밀알
등 록 일 | 제1-158호
주   소 | 서울시 마포구 상암동 DMCC 6층
전화번호 | 02-529-0140 팩시밀리 02-579-2312

■ http://www.milalbook.com
■ 잘못된 책은 바꿔 드립니다.

ISBN 978-89-418-0278-5(03100)

사회철학
에스프레소

1030을 위한 사회철학 에스프레소   지은이 **하성환**

도 서 출 판
밀알

「사회철학 에스프레소」를 펴내면서

한국 사회는 과잉이념의 사회입니다. 외형적으로 보면 다양한 이념이나 사상이 공존하는 것처럼 보이지만 실제 현실은 비대칭적입니다. 하나의 특정 이념이나 사회사상이 나머지 이념이나 사회사상에 대해 압도적인 무게로 다가오기 때문입니다. 특정 이념이나 사상은 지배 이데올로기로 작용하면서 국가권력을 부당하게 행사한 역사적 과오를 안고 있습니다.

1989년 몰타회담을 통해 중심부 국가의 냉전질서가 해체된 지 24년이 지났지만 아직도 주변부 한국 사회에서는 반공 이데올로기가 지배적 이념으로 통합니다. 80년대 후반 국회 대정부질의에서 '국시(國是)는 반공이 아니라 통일'이라고 발언했던 야당 국회의원을 국가보안법 위반으로 체포한 국시논쟁은 그것을 반증하는 사건이었습니다. 그런 흐름은 21세기 오늘날에도 큰 틀에선 변함이 없습니다.

문제는 과잉이념이 잘못된 역사 현실의 산물이라는 데 있습니다. 한국 사회의 과잉이념은 한국 현대사의 왜곡되고 굴절된 참담한 현실을 그대로 반영하고 있기 때문입니다. 어떠한 사회사상이나 사회철학도 현실을 비켜

갈 수는 없습니다. 당대의 사회 현실과 분리된 철학은 난해하고 무의미할 뿐입니다. 따라서 사회철학 어느 하나도 역사현실과 분리해서 이해할 순 없습니다. 이 책에 담긴 내용들은 그렇듯 역사와 철학이 접목되었음을 보여주고 있습니다.

토마스 모어의 위대한 사상이 담긴 작품『유토피아』는 당대 영국 사회를 휩쓴 인클로저 운동을 시대배경으로 탄생하였습니다. 토마스 홉스의 사회 계약설 역시 영국 청교도혁명을 시대 배경으로 탄생된 사회사상입니다. 19C 극악한 자본주의 사회의 참학한 현실 속에서 공리주의 철학과 무정부주의, 그리고 사회주의 이념이 탄생된 것도 그렇습니다. 당대의 사회철학이나 사회사상의 탄생은 그 시대를 살았던 많은 사람들의 고단한 삶이 반영된 것이라 생각합니다.

우리 사회로 눈을 돌려봅시다. 한강의 기적을 이야기할 때 박정희는 알아도 전태일은 잘 모릅니다. 버스비를 아껴 점심을 굶는 어린 여공들에게 풀빵 30개를 사서 나눠주고 자신은 청계천에서 도봉구 창동까지 자정이 넘도록 걸어갔습니다. 그토록 아름다운 영혼을 간직한 청년을 우리 사회는 망각하거나 잊고 살아갑니다. 학벌주의 이데올로기에 갇혀서 학교교육은 영어, 수학 등 기능적 지식에 매몰되어 있기 때문입니다. 학벌주의 이데올로기가 비이성적이고 잔인한 이념임에도 한국 사회는 요지부동입니다. 아이들이 때론 호소하고 절규하며 죽어갔지만 한국 사회는 반공 이데올로기 위에 학벌주의 이념을 하나 더 덧칠한 사회로 변해갔습니다.

이 글을 쓰는 지금 TV뉴스에선 한국 사회 뉴라이트 세력이 만든 한국사 교과서가 검정교과서로 통과되었다는 소식이 들립니다. 정신대 및 '군 위안부' 할머님들의 가슴에 못질을 하고 일제 식민 지배를 미화한 그들의 역사의식이 두렵고 그런 교과서로 공부할 이 땅의 젊은이들이 슬퍼집니다. 과잉이념의 한국 사회가 빚은 통곡할 현실이라 할 수 있습니다. 이제는 일본의 자민당, 유신회 등 극우세력들이 망언을 저지르고 그들의 교과서에 일제 정신대 만행을 삭제해도 할 말이 없게 되었습니다.

한국의 아나키스트 단재 신채호 선생은 '역사를 모르는 민족은 망한다'고 했습니다. 그래서 구한말 외세 제국주의 열강들이 호시탐탐 조선을 넘보는 위기 상황에서 독립운동가들은 가장 먼저 역사서를 발간하고 역사교육을 통해 구국운동을 벌였던 것입니다. 그러나 이제 우리 민족 스스로 역사를 외면하는 것도 모자라 역사를 왜곡한다면 우리 민족의 생존과 번영은 요원한 일이 될 것입니다.

　시민운동은 있으나 시민이 없는 한국 사회는 프랑크푸르트학파 마르쿠제(H. Marcuse)의 표현처럼 '일차원적 사회'라고 볼 수 있습니다. 아름다운 영혼과 비판의식이 외면당하고 사회참여가 실종된 사회는 반드시 그 빈자리가 물질과 세속적 가치로 가득찰 것입니다. 그리고 일차원적 인간들끼리 끊임없이 서로 비교하고 비교당하는 속물적 사회로 변화할 것입니다. 불교에서 말하는 '아귀의 세계'가 따로 없습니다. 내면의 도덕성을 드높이기 위한 숭고한 가치와 지순한 삶은 찾아보기 어려워졌습니다. 오직 원자화되고 파편화된 무심한 개인들로 넘쳐나는 사회로 변모할 뿐입니다.

오늘날 가족이기주의에 매몰돼 '개별화된 비주체적 한국인'을 대량 양산시킨 것은 수십 년 지속된 이데올로기 사상 교육의 결과라고 볼 수 있습니다. 한국인이면서도 자신의 사회문제에 대해 상당수 국민이 무심한 태도를 보이기 때문입니다.

매주 수요일 일본대사관 앞에서 진행되는 '군 위안부' 문제에 대해서 한국인들 대부분 거의 무관심한 것은 바로 그런 이데올로기 교육의 산물일 것입니다. '군 위안부' 문제 해결의 최대의 적은 가해국 일본이 아니라 바로 남의 일처럼 무관심한 한국인과 소극적인 한국 정부일 것입니다. 오죽하면 할머님들이 한국국적을 포기하고 싶다고 절규하였을까요.

정치사회 이념논쟁으로 가면 가히 놀랄 지경입니다. 자유민주주의만이 지고지순한 절대이념으로 채색된 한국 사회입니다. 몇 년 전 교과서에 기술된 '민주주의'를 '자유민주주의'로 고치려는 뉴라이트 세력의 이념적 시도는 단적인 사례입니다. 세계 최상의 복지국가를 실현한 '사회민주주의' 이념에 대해선 무지를 넘어 왜곡의 정도가 심할 따름입니다.

이 책을 만드는 데 들어간 일부 사진 자료에 대해 흔쾌히 허락을 해주시고 따뜻하게 격려해 주신 분들이 있습니다. 그분들은 평택 쌍용자동차 투쟁과 관련하여 전태일 노동열사의 정신으로 오늘도 이 땅의 노동운동에 새로운 지평을 열어가고 있습니다. 바로 전태삼 선생님과 김정우 쌍용자동차 지부장님께 지면을 통해 감사와 연대의 마음을 전해 올립니다. 끝으로 어려운 출판여건 속에서도 거친 원고를 곱게 다듬어 책으로 엮어 주신 밀알출판사 최검열 대표께 마음으로 감사의 인사를 드립니다.

평생을 민족·민주·인간화 교육의 한 길에서 평교사의 외길을 걸으며 교육노동운동에 열정을 쏟은 최남수 선생님, 윤용 선생님, 김호규 선생님, 김대성 선생님, 김승만 선생님께 이 책을 바칩니다.

2014년 5월
하성환

■ 차례

10. 20C 현대 사회사상의 흐름
-뉴라이트·뉴레프트·페미니즘·포스트모더니즘

1. 유토피아(Utopia)

-16C 인클로저 운동(Enclosure Movement)과 모어(More)의 유토피아

1 유토피아(Utopia)에 대한 역사적 이해

유토피아(이상향) : 모어의 『유토피아』 소설에서 유래

유토피아(Utopia)란 용어를 처음 사용한 사람은 『유토피아』(1516)라는 공상소설을 쓴 토마스 모어(T. More)이다. 유토피아(Utopia)는 어원적으로 그리스어 ou(없는) + topos(장소)의 합성어로 '아무데도 없는 곳(no place)'을 가리키기도 하고 그리스어 eu(좋은) + topia(곳)의 합성어로 '좋은 곳(eutopia)' 곧 '이상향'을 일컫기도 한다. 모어의 소설 『유토피아』가 발표된 이후 '이상향'이라는 의미로 널리 인식되었다.

역사적으로 유토피아는 다양하게 표현되어 왔는데 속세를 떠난 이상향으로 위진남북조시대 도연명(A.D. 4~5C)의 『도화원기』에 나오는 '무릉도원'이 있다. 복숭이꽃 활

짝 핀 아름답고 평화로운 마을 무릉도원은 노자의『도덕경』에 나오는 이상사회 '소국과민(小國寡民)'을 묘사한 내용으로 읽힐 수 있다.

장자의『장자』「소요유」편에 나오는 유위(有爲)가 없는 무하유(無何有)의 경지로서 광막한 들과 끝없이 넓은 들을 가리키는 '무하유향(無何有鄉)'도 있다. 장자가 추구한 물아일체의 경지로서 그곳엔 생사가 없고 시비(是非)도 없으며 지식도, 마음도, 하는 것도 없는 참으로 행복한 곳으로 묘사된다.

「자네는 살쾡이를 보았겠지. 몸을 땅에 착 엎디어 놀아나는 짐승을 겨누고 이리저리 대중없이 날뛰어 높은 곳, 낮은 데를 가리지 않다가 혹 덫에 치이기도 하고 혹 그물에도 걸리지를 않던가? 하지만 저 이우는 그 크기가 하늘에 드리운 구름 같아도 쥐 한 마리를 잡지 못하거든. 이제 자네는 큰 나무를 가지고도 그것이 쓸모없다고 걱정하지만 왜 그것을 무하유향(無何有鄉)의 광막한 들판에 심어놓고 유유히 그 옆을 거닐며 편안히 그 그늘에 누워 있지 못하는가? 그러면 그 나무는 도끼날에도 찍히지 않을 걸세. 아무것도 그것을 해치지 못하지. 아무 데도 쓰일 바가 없으니 무슨 괴로움이 있겠는가?」[1]

그런가하면 불교도들의 이상향으로 고통이 없고 깨달음의 즐거움만 있는 곳, 바로 아미타불(阿彌陀佛)의 정토

---

1) 장자, 김달진 엮음, 『장자』(문학동네, 1999), 19쪽.

(淨土)인 '극락'이라는 이상향도 있다. 허균은 『홍길동전』에서 적서(嫡庶)차별과 탐관오리의 횡포가 없는 이상사회로 '율도국'을 이상향으로 제시한다. 플라톤은 자신의 저서 『국가(Politeia)』에서 철학자가 통치하는 사회, 곧 철인(哲人)정치가 구현된 이상적인 국가를 언급한다. 플라톤이 꿈 꾼 이상국가는 아틀란티스를 모델로 지혜를 갖춘 통치계급과 용기로 무장한 군인계급, 그리고 절제의 미덕을 지닌 생산계급으로 구성되며 정의로운 이데아 공동체를 지향한다.

유가사상가들이 꿈 꾼 '대동(大同) 사회'는 21C 복지사회
동양사회 대표적인 유가사상가들은 '대동사회'를 꿈꾸었다. 인(仁)과 의(義)가 실현된 사회로서 경제적 정의와 사회복지체계가 갖추어진 도둑이 없는 사회를 희구했다. 그들은 일할 의사와 일할 능력을 갖춘 사람에겐 일자리가 주어지고 간사한 꾀와 온갖 범죄가 사라진 이상 사회를 그리고 있다.

「큰 도가 행해지고 어진 사람과 능력 있는 자를 뽑아 쓰며 사람들은 유독 그 부모만을 부모로 여기지 않고 유독 그 아들만을 아들로 여기지 않았다(필자 주 : 가족주의에 얽매이지 않음). 노인은 자기의 생을 편히 마치며 젊은이는 모두 일할 수 있고 노약자 · 병자 · 고아 · 과부들이 부양되며 남자는 직분이 있고 여자는 돌아갈 곳이 있었다. 때문에 간사한 꾀는 닫히고 일어나지 않으며 도적과 난적이 생기지 않았고 바깥문을 닫지 않았다. 이것을 대동(大同)이

라 한다.」[2]

도가사상 : 작은 것이 아름답다

노자의 『도덕경』 80장에 나오는 '소국과민(小國寡民)'은
국가의 규모가 작을수록 백성들의 숫자가 적을수록 좋은
공동체임을 강조하고 있다. 노자가 꿈 꾼 이상사회는 문
명의 발달이 없는 사회이자 무위·무욕의 이상사회로서
백성들이 백치와 같이 완전 무지한 상태에서 무위의 통치
가 실현된 공동체(무위지치 無爲之治)를 가리킨다.

「제80장 : 소국과민(小國寡民), 사유십백지기이불용(使
有什佰之器而不用)」

⇨ 나라가 작게 된 다음에 또 백성들이 적어져야 오히려
옛날로 돌아가게 할 수 있다. 백성들이 비록 훌륭한 재능
(什佰之器)을 가지고 있을지라도 쓸 곳이 없게 한다면 무
엇 때문에 부족한 것을 근심하겠느냐.[3]

노자의 도가사상
제자백가 가운데 가장
친환경적인 사상을 보
여주는 도가사상은 노
자의 '소국과민'에서처
럼 작은 것이 아름답고
이상적이라 한다. 도가
사상은 21C 현대사회
가 안고 있는 생태문제
를 해결하는 데 시사하
는 바가 크다.

묵가 : 사랑을 실천한 대표적인 반전평화사상

B.C. 5C 전국시대 초기 기층 민중들을 대변한 묵자는 제
자백가의 사상 가운데 가장 강렬하게 반전평화사상을 표
방하며 사랑을 강조한 겸애교리(兼愛交利)의 공동체를
지향하였다.

「강자는 약자를 억누르고 부자는 가난한 사람을 능멸하
고 귀한 사람은 천한 사람에게 오만하며 간사한 자들은

2) 이민수 역해, 『禮記』(혜원출판사, 1993), 254쪽.
3) 노자, 김학목 옮김, 『노자 도덕경과 왕필의 주』(홍익출판사, 2000), 273쪽.

묵자의 반전평화사상
B.C. 5C 전국시대 초기에 등장한 사상으로 중국사회에서 철기가 사용되면서 생산력이 비약적으로 발달하였고 이에 따라 신흥계급으로 등장한 수공업자, 농민, 상인 등 기층민중의 이해관계를 대변하며 사랑과 평화를 강조하였다. 제자백가 가운데 가장 조직의 규율이 엄격하고 침략전쟁에 반대하는 반전평화사상을 드러내었다. 중국역사에서 유가와 법가 사상이 지배계층의 의식과 통치이념으로 작동되어 온 것과 다르게 묵가는 피지배계급의 이해를 대변한 진보적인 사상이었지만 그만큼 반대세력의 탄압도 심했다.

어리석은 사람들을 속이는 것이며 천하의 화와 찬탈의 원한이 생겨나는 근본적인 원인을 서로 사랑하지 않기 때문이라고 묵자는 주장합니다.」[4]

「성인이란 천하를 다스리는 일에 종사하는 사람이다. 반드시 혼란이 일어나는 까닭을 알아야만 천하를 다스릴 수 있게 되고 혼란이 일어나는 까닭을 알지 못하면 곧 다스릴 수가 없는 것이다. 비유를 들면 마치 의사가 사람의 병을 고치는 것과 같다. (중략) 일찍이 살펴보건대 혼란은 어디에서 일어나고 있는가? 서로 사랑하지 않음에서 일어난다. 신하와 자식이 그의 임금이나 아버지에게 도리에 어긋나는 짓을 하는 것이 혼란이다.」[5]

19C 무정부주의, 사회주의
→ 자본주의에 대한 저항 속에 등장한 반(反)자본주의 사회사상

19C 자본주의 발달에 따른 사회경제적 모순이 심화되면서 등장한 반(反)자본주의 사회사상인 무정부주의와 마르크스주의는 각기 다른 이상사회를 묘사하고 있다. 19C 러시아혁명가 바쿠닌(M. Bakunin)은 『국가와 무정부』(1873)에서 다음과 같이 주장하였다.

「어떤 이론이나 이미 만들어진 체계, 이미 쓰인 책은 세계를 구하지 못한다. 나는 어떤 체계에도 집착하지 않는

---

4) 신영복, 『강의』(돌베개, 2004), 374쪽.
5) 묵자, 김학주 옮김, 『묵자』상 (명문당, 2003), 187~188쪽.

다. 나는 진정한 탐구자이다.」[6]

바쿠닌은 기존의 인위적인 국가제도와 법률체계를 부정하고 인간의 자율성에 기초한 상호부조와 형제애의 정신으로 건설되는 무정부주의(Anarchism) 사회를 이상사회로 설정하였다.

19C 공산주의 사상가 마르크스(K. H. Marx)는 사적 소유가 폐지되고 '능력에 따라 일하며 필요에 따라 분배[7]하는' 공산(共産)사회를 인류의 이상사회로 역설하였다. 그런데 오늘날 그러한 이상사회의 원천은 16C 토마스 모어의 『유토피아』(1516)에 기원한다. 근대 유토피아 3대 저작 가운데 다른 작품보다 백년 앞서 출간된 모어의 『유토피아』야말로 그런 공산(共産)사회의 모델을 가장 사실적으로 제시한 역작이다.

‖ 참고 ‖ 근대 유토피아 3대 저작

『유토피아』(1516), 『태양의 도시』(1602), 『뉴 아틀란티스』(1627).
『태양의 도시(Civitas Solis)』는 이탈리아의 철학자 토마소 캄파넬라(T. Campanella, 17C)가 쓴 사회주의 저서로 태양을 섬기는 사제가 최고 통치자이다. 이는 로마교황을 의식한 표현으로 보인다.

---

6) 하승우, 『상호부조론』(그린비, 2006), 17쪽.
7) '능력에 따라 일하며 필요에 따른 분배'는 마르크스의 『고타강령 비판』에 나오는 표현이다. 『고타 강령』은 1875년 고타에서 채택된 독일 노동자 통합 정당인 '독일 사회주의 노동자당(오늘날 독일 사민당의 전신)'의 강령을 가리킨다. 당 강령으로서 이론상 모순을 지닌 부분(라살레의 주장)을 마르크스가 비판한 글이다.

『태양의 도시』는 부당한 부와 빈곤이 존재하지 않고 생산수단과 여성, 아이들을 공유하는 신정(神政)정치가 이루어지는 이상도시이다. 가족제도가 없으며 고대 스파르타처럼 국가가 남녀의 결혼을 관장하여 우생학적으로 자손을 증식시키고 아이들의 출산과 교육을 주관한다. 남녀 모두 군사훈련이 부과되며 하루 4시간 노동을 의무적으로 수행해야 하고 범죄자는 탈리오(talio)의 법칙에 따라 처벌받는 공동노동 공동분배의 공산사회를 지향한다. 이 작품은 도미니크교단 소속의 수도승 토마소 캄파넬라의 작품이다. 캄파넬라는 스페인 폭압정치에 저항하는 정치투쟁을 지도하다 체포 투옥되어 26년 간 옥중생활을 하게 되는데 그 참혹한 옥중생활 속에서 상상력을 구사하여 만든 작품이다.

프란시스 베이컨의『뉴 아틀란티스』는 베이컨의 미완성의 유토피아로 엘리트 과학기술자가 지배하는 이상사회를 묘사한 작품이다. 토마스 모어와 달리 뇌물 수수 등 부패혐의로 쫓겨난 베이컨은 근대 과학의 아버지라고 불릴 만큼 실험과 관찰 그리고 경험에 기초한 귀납적 연구를 지향하였다. 행복의 섬「벤살렘」에서는 21C 오늘날 현대사회에서 실현된 인공강우, 합성금속, 생물종 복제 및 번식, 천국의 물(건강, 장수) 등이 등장한다. 베이컨은 모어의 유토피아나 캄파넬라의 태양의 도시처럼 사적 소유가 폐지된 공산사회를 언급하진 않았지만 근대 자연과학의 발달에 기초한 이상사회를 언급하였다.

모어의『유토피아』는 16C 영국 자본주의의 원시적 축적을 비판한 책

모어의 유토피아는 15C~16C 영국 상업자본주의 발달을 배경으로 탄생된 작품이다. 튜더 왕조의 헨리 7세와 헨리

8세를 거치면서 절대주의 시대 영국은 14C말부터 15C를 거쳐 플랑드르 지방 모직물 공업생산이 크게 융성하였고 그에 따라 양모수요가 급증, 양모 가격이 폭등하였다. 농작물을 생산하던 토지를 목양지로 바꾸는 대대적인 토지 종획운동(인클로저 운동 Enclosure Movement)이 일어난 것이다. 수천 에이커에 울타리를 치는 작업은 곧바로 대대손손 땅에 의지해 농사를 짓던 농부들을 한순간에 내쫓는 결과를 초래하였다. 좀 더 많은 이익에 눈먼 봉건 귀족들의 탐욕이 낳은 비극이었다.

농촌에서 쫓겨난 농민들은 유랑걸식을 하거나 도시 부랑자로 전락하였다. 런던 등 도시를 떠돌며 유랑 걸식하던 쫓겨난 농민들은 일자리를 찾지 못했고 급기야 생존을 위한 집단적인 도둑질이 횡행하였다. 인클로저 운동을 통해 상업자본이 원시적으로 축적되던 야만적인 현실이 토마스 모어가 살고 있던 그 시절에 전개되었던 것이다. 이는 중세 봉건적 토지제도인 장원 제도를 붕괴시키면서 동시에 근대 상업자본의 성장을 알리는 역사적 사건으로 영국 사회를 거칠게 휩쓸어갔다.

영국 자본주의 발달의 역사에서 본원적 자본축적이 야만적으로 진행된 시대에 모어가 있었다. 또한 16C 종교개혁이라는 거대한 소용돌이 속에서 종교전쟁의 광기로 숨 막히던 시대를 모어는 살았다. 모어는 신교와 구교의 갈등이 격화된 종교전쟁의 광풍 속에서 처음엔 어느 쪽에도 손을 들지 않았다.

토마스 뮌처
종교개혁 초기엔 루터와 친분이 있었으나 사제의 신분으로 천년왕국설에 기초한 독일 농민전쟁의 지도자가 되면서 루터로부터 격렬한 비난을 받는다. 농민전쟁에서 봉건영주의 연합군에 패한 후 참수형에 처해졌다.

모어는 루터의 종교개혁을 전염병으로 비난하였다

종교개혁과 반(反)종교개혁 사이에 극단적인 싸움이 벌어지는 혼돈 속에서도 당시의 광기와 잔인성에 휩쓸리기를 거부한 많은 이성적인 철학자[8]들 중 모어 역시 특별히 기억할 인물이다. 모어는 그의 절친한 친구 에라스무스(D. Erasmus)와 마찬가지로 독실한 가톨릭 신자이자 기성 가톨릭교회를 신랄하게 비판하며 싸웠지만 루터처럼 종교개혁에 참여하진 않았다. 아니 오히려 루터의 종교개혁을 비롯한 신교의 활동을 전염병처럼 생각하여 그런 이단들에겐 채찍과 몽둥이가 적격이라고 주장했다. 가톨릭교회의 근본적 개혁을 꿈꾸며 교황청의 부패를 비판한 모어였지만 종교개혁가 루터에게 아주 거친 표현을 써가며 통렬히 비난하는 걸 서슴지 않았다.

「여기 불쌍한 어느 삼류 문사가 있다. 정통적인 능력은 전혀 없고 독약과 같은 말만 늘어놓는 자이다. 자신이 종이를 더럽힐 뿐이라는 사실을 그는 얼마나 알고 있을까. 진정으로 왕과 같은 행동이다.」[9]

‖ 참고 ‖ 에라스무스(D. Erasmus)

르네상스 시기 네덜란드 인문주의자로 젊은 시절 토마스 모어의 절친한 친구로 『우신예찬』을 모어의 집에서 썼다. 모어의 『유토피아』는 바로 그 『우신예찬』에 대해 화답한 작품이다.

---

8) 로버트 솔로몬 외, 박창호 옮김, 『세상의 모든 철학』(이론과 실천, 2007), 288쪽.
9) 지그프리트 피셔 파비안, 김수은 옮김, 『위대한 양심』(열대림, 2006), 290쪽.

같은 사제로서 출발했지만 독일 남부지방에서 발생한 농민전쟁(1524)[10] 당시 기층농민들의 편에 서서 농민전쟁에 참여한 토마스 뮌처와 달리 루터는 농민들을 탄압한 봉건영주 편에 섰고 토마스 뮌처를 비난하면서 봉건영주를 지지하는 연설을 하였다. 그런 정세 속에서 루터 자신이 의도하진 않았더라도 이미 루터는 종교개혁의 상징적 존재로 떠올랐다. 종교개혁은 독일에서 일어났고 반종교개혁은 스페인에서 일어났는데 모어에게 독일의 농민전쟁은 루터주의가 분명 암적인 존재라고 생각되는 계기로 작용하였다. 모어는 대법관 재직 시에 영국으로 밀반입된 신교 서적들을 '악마의 밀수품'이라 부르며 서점을 기습적으로 수색하여 소각하도록 명령하였다. 서적상을 체포하고 이단자를 처형하였는데 대법관으로 있는 동안 3건의 이단자 사형선고에 서명하였다.[11]

마르틴 루터
비텐베르크 대학 교수 시절 교회의 면죄부 판매에 반발해 1517년 비텐베르크 성문에 '95개 조 논제'를 항의문으로 작성 게재한 것이 화근이 되어 로마교황청으로부터 파문을 당하였다. 이 사건은 루터 자신의 의도와 다르게 종교개혁으로 치달았고 프로테스탄트가 등장하는 출발점이 되었다.

모어가 그린『유토피아』사회에선 생전의 태도와 달리 여러 가지 종교를 인정했으며 신앙의 자유를 허용하는 사회로 묘사하였다. 다만 유토피아 시민 대부분이 신과 영생을 믿고 있는데 이러한 신앙을 갖고 있지 않은 극소수의 사람들을 국민으로 간주하지 않았다. 그들에겐 참정권도 부여하지 않았지만 그 외의 괴로움은 당하지 않는 사회로

---

10) 독일 농민전쟁(1524~1525)은 남부독일 지방에서 발생하였으며 봉건적인 부과세금의 금지, 교회에 납부하는 1/10세의 폐지, 농민의 지위향상을 요구하였는데 급진적인 재세례파 등 토마스 뮌처가 지도하였다. 루터는 농민반란을 단호하게 진압할 것을 주장하였는데 반란 1년 후 진압되었고 뮌처 역시 체포되어 처형되었다. 그리하여 남부독일은 루터에 등을 돌린 결과 가톨릭교도가 많은 반면 북부독일은 루터파 등 프로테스탄트가 많다.
11) 지그프리트 피셔 파비안, 앞의 책, 291쪽.

그렸다.12)

2 16C 인클로저 운동(Enclosure Movement)의 실상

인클로저 운동은 영국 상업자본주의 발달을 단초한 역사
적 사건

토마스 모어의 『유토피아』는 15~16C 절대주의 시대 영
국 사회를 풍자적으로 신랄하게 비판한 뛰어난 작품이다.
그 이유는 바로 영국 상업자본주의 발달을 시대 배경으로
하는 역사성 짙은 사회의식이 그 작품 속에 담겨 있기 때
문이다. 15~16C 영국 자본주의가 수탈과 착취라는 원시
적인 방식으로 자본을 축적하던 시기에 발생한 역사적 사
건이 1차 인클로저 운동이다. 넓은 농지에 가로 세로 선
을 그어 울타리를 친다고 하여 일명 종획(綜劃)운동으로
불리는 이 사건은 영국 양모 산업의 발달과 관련이 깊다.
15~16C 영국 사회는 플랑드르 지방의 모직물 산업의 발
전에 따라 양모 가격이 급상승하였다. 중세시대 봉건 귀
족들은 자신들이 소유한 거대한 농토뿐만 아니라 공동경
작지 및 미개간지에 가로 세로 울타리를 치는 방식으로
농토를 목초지로 바꿔버렸다. 농사를 짓는 것보다 양을
길러 양털을 수출하는 것이 봉건 귀족들에게 훨씬 더 큰
이익을 가져다주었기 때문이다. 졸지에 땅을 빼앗긴 소

---

12) 버트란트 러셀, 최민홍 옮김, 『서양철학사 下』(집문당, 1993), 737쪽.

작농민들과 푼돈을 받고 농촌에서 쫓겨난 영세
한 자작농민들은 도시로 유입될 수밖에 없었다.
영국 런던을 비롯하여 대도시에 내몰린 이농민
들은 도시 주변부에 위치하며 유랑걸식으로 연
명하였다.

귀족의 탐욕 : '양들이 사람들을 잡아먹다'

모어가 『유토피아』에서 놀래고 있듯이 그들 봉건 지주들
은 수천 에이커의 토지를 하나의 담장 속에 종획화하고
농민을 거기에서 내쫓았던 것이다. 당시 전체 농지면적
의 2/3 내지 3/4 이상이 한 사람의 농업자본가의 손에 들
어가 버렸다고 한다.13) 이러한 자본의 본원적 축적기에
저지른 영국 귀족사회의 부패와 탐욕을 모어는 유토피아
에서 일하지 않고 놀고먹는 부류의 계층으로 묘사하고 있
다. 특히 대대손손 자신들의 삶의 뿌리이자 생계터전이
던 농토에서 내쫓겨 유랑걸식하다 급기야 도둑으로 전락
한 이농민들의 참상에 대해 신랄하게 영국정부를 성토하
고 있다.

「양들은 언제나 온순하고 아주 적게 먹는 동물이었습니
다. 그런데 이제는 양들이 너무나도 욕심 많고 난폭해져
서 사람들까지 잡아먹는다고 들었습니다. 양들은 논과
집, 마을까지 황폐화시켜 버립니다. 아주 부드럽고 비싼
양모를 얻을 수 있는 곳이라면 어디에서든지, 대귀족과

인클로저 운동
15C 말 모직물 공업이
융성하면서 양모 수요
가 급증하자 토지를 목
초지로 전환한 사건.
봉건영주 등 귀족들은
미개간지, 공동경작지
뿐만 아니라 농지를 가
로세로 선을 그어 울타
리를 치는 방식으로 논
밭을 목장으로 만들어
버렸다. 토지를 빼앗긴
농부 가족과 큰소리치
는 봉건 귀족의 모습이
대조적이다. 영국에서
인클로저 운동은 19C
까지 지속되었다.

---

13) 河野健二, 박준식 옮김, 『시민혁명의 역사구조』(청아, 1983), 49쪽.
　　영국 사회 자본의 원시적 축적과정 참조.

하급귀족, 심지어는 성스러운 일을 맡아야 할 성직자들까지 옛날에 조상이 받던 지대에 만족하지 않게 되었습니다.」[14]

실제로 『유토피아』는 헨리 7세와 헨리 8세 치하의 영국 정치사회가 안고 있던 사회경제적 모순을 그대로 충실히 투영해주고 있다. 그 시절은 도처에서 도적이 횡행하고 가혹한 농민추방과 부랑자군이 양산되던 시기였다. 그리고 피가 마를 날이 없는 잔혹한 교수대의 시대이기도 하였으며 또한 궁정의 지나친 사치와 음탕, 그리고 정치·외교 면에서 마키아벨리즘이 유행하던 시대였다.[15] 영국 지배층의 탐욕과 수탈로 시작된 자본주의의 원시적 축적을 배경으로 영국 사회의 무질서와 퇴폐, 그리고 절대빈곤의 나락으로 떨어져 국가로부터 가혹한 탄압을 받는 기층 민중들에 대한 모어의 저항과 연민이 배어 있는 작품이 바로 『유토피아』이다.

모어는 유토피아라는 섬나라를 다녀온 포르투갈 출신 라파엘 히스로디라는 선원의 입을 통해 국가의 가혹한 탄압을 비판하고 있다. 교수대 하나에 스무 명까지 매달아서 잔혹하게 처형시키는데도 왜 그렇게 많은 도둑들이 횡행하는지 이해하지 못하는 영국 지배층을 대변하는 법률가의 무지와 무능을 통쾌하게 지적하고 있다.

「이런 식으로 도둑을 처벌하는 것은 정의롭지도 않고 공익을 위해서도 좋지 않습니다. 그런 처벌은 과도하면서

---

14) 토마스 모어, 수경철 옮김, 『유토피아』(을유문화사, 2007), 27쪽.
15) 大河內一男, 노태구 옮김, 『사회사상사』(백산서당, 1982), 27쪽.

도 범죄를 막는 데는 효과적이지 않습니다. 단순 절도는 사형에 처할 정도로 큰 범죄가 아닙니다. 먹을 것을 구할 길이 전혀 없는 사람에게는 아무리 심한 처벌을 한다 하더라도 도둑질을 막을 수는 없습니다.」[16]

인클로저 운동의 영향으로 유랑걸식하거나 부랑자가 속출하자 헨리 7세 때 처음으로 부랑자를 탄압할 목적으로 '노동자 법령'이 제정되어 헨리 8세 치하에서 집행되었다. 부랑자들은 치안유지에 위협적인 존재라는 이유와 일하지 않는다는 이유로 잡힐 경우 끔찍한 형벌이 내려졌다. 에드워드 6세를 거쳐 엘리자베스 1세, 스튜어트 왕조의 제임스 1세에 이르기까지 그 참학한 형벌은 계속되었다.

「특히 헨리 8세 치하에서는 신체 건강한 부랑자의 경우 마차 꽁무니에 매어져 회초리로 얻어맞고 재범자의 경우 회초리로 때린 뒤 한쪽 귀를 칼로 자르고 누범자는 반역죄로 문초를 받은 뒤 극형에 처해졌다. 이 시대 영국의 역사를 연구한 한 연구자는 '의지할 데 없는 삼백 명 내지 사백 명이나 되는 사람들이 열을 지어 매인 채로 교수대로 끌려 들어가지 않은 해가 없을 정도'라고 하였다.」[17]

모어 : 영국 지배계층은 '사악한 강도'이자 '역병' 같은 존재

모어는 이 책 1부에서 인클로저 운동으로 인해 많은 곳에서 양모 가격의 급등과 곡물 가격이 폭등하였음을 지적하고 있다. 인클로저 운동이 가속화되면서 농촌의 황폐화

---

16) 토마스 모어, 주경철 옮김, 앞의 책, 23쪽.
17) 大河內一男, 노태구 옮김, 앞의 책, 30쪽.

와 함께 귀족들의 사치와 도박 그리고 방탕함이 빠른 속도로 영국 사회를 병들게 하고 있음을 성토하며 영국 사회 귀족들의 독과점 행위와 그에 따른 부당한 이익추구를 제한하기 위해 법제정을 촉구하면서 부자들의 권리제한을 역설하고 있다.

「그들은 이 사회에 아무런 좋은 일을 하지 않고 나태와 사치 속에서 사는 것만으로도 부족하다는 듯이 이제는 더 적극적인 악행을 저지릅니다. 모든 땅을 자유롭게 경작하도록 내버려두지 않고 목축을 위해 울타리를 쳐서 막습니다. 이들은 집과 마을공동체를 파괴해 버리고 다만 양우리로 쓰기 위해 교회만 남겨놓습니다. 이미 많은 땅을 방목지와 사냥용 짐승 보호지로 만들어버린 것도 모자라서 이 분들은 주거지와 경작지마저 황폐하게 만드는 중입니다. 이렇게 만족을 모르고 탐욕을 부리는 한 사람이 수천 에이커를 둘러막고 있습니다. 이런 사람은 정말로 이 나라에 역병 같은 존재입니다.」[18]

영국 지배계층에 대한 모어의 비판은 거친 표현이 부족하다 싶을 정도로 공격적이었다. 그들 귀족들은 따분함을 죽이기 위해 카드놀이, 무도회, 주사위 게임 등을 즐겼는데 모어는 그들을 무위도식하는 '게으른 족속'이자 '사악한 강도'라고 통렬한 비판을 서슴지 않았다.

「통치자는 백성을 폭력과 착취, 학대로 훈육하고자 할 뿐이다. 이런 통치자를 둘러싸고 있는 것은 권력자의 총애

---

18) 토마스 모어, 주경철 옮김, 앞의 책, 27~28쪽.

를 얻기 위해 애쓰고 어리석은 의견만을 내세우며 기생적
으로 아첨하는 사악한 조언자들이다. 무위도식으로 빈둥
거리며 다른 사람들의 노동으로 살아가는 귀족들, 성직
자들과 소위 경건한 수도사들(종교적인 날강도), 이들은
얼마나 폭력적이고 얼마나 게으른 족속들인가.」[19)

3 토마스 모어(T. More)와 헨리 8세

모어는 맑은 영혼을 간직한 온화한 성품의 휴머니스트
가톨릭신앙을 고수하며 헨리 8세의 이혼을 반대했던 모
어는 르네상스 시기 인문주의자이자 종교전쟁이라는 광
기의 시대를 살았던 진정한 휴머니스트이다. 젊은 시절
부터 에라스무스의 절친한 친구이자 신앙적 동지였다.
시대에 끼친 영향력에서는 에라스무스가 앞섰지만 인품
에서는 스피노자의 면면처럼 모어가 단연 고매했다. 온
화한 성품에 위트가 넘치는 생활태도는 항상 가족의 화목
함을 가져다주었다. 죽음에 임박해서도 죽음을 초월할
정도로 깊은 신앙심과 내면의 양심에 충실했던 면모는 소
크라테스의 죽음을 연상시키기에 충분하다.
모어는 죽음을 피할 수 있었지만 스스로 죽음을 받아들였
다. 헨리 8세 치하에서 대법관을 역임한 인물이자 왕의
절친한 조언자로 친구처럼 지낸 적도 있었다. 당시 대법

---

19) 지그프리트 피셔 파비안, 김수은 옮김, 앞의 책, 277쪽.

토마스 모어
온화한 인품의 휴머니
스트. 그는 에라스무스
와 마찬가지로 가톨릭
교회를 신랄하게 비판
하였지만 종교개혁에
는 찬성하지 않았다.
오히려 종교개혁의 출
발점인 루터를 독약과
같은 말만 늘어놓는 전
염병 같은 존재라고 격
렬한 비난을 서슴지 않
았다.

관은 오늘날 국회의장과 국무총리, 그리고 대법원장의
역할과 권한을 겸임한 요직이자 실질적인 2인자의 자리
였다. 더구나 성직자가 아닌 속인 출신인 모어가 국왕 다
음 가는 그 자리에 올랐다는 것은 헨리 8세의 두터운 신
임을 얻고 있음을 반증한다. 그럼에도 헨리 8세와 제1왕
비 캐서린과의 이혼에 극력 반대하고 젊은 시녀 출신 앤
볼린과의 재혼을 인정하지 않았던 모어의 태도는 국왕 헨
리의 분노를 사기에 충분했다.

국왕의 요청을 침묵으로써 거절하고 앤 볼린의 왕비 대관
식에 불참한 사실은 당시 백성들로부터 큰 신망을 얻고
있던 모어에겐 정치적으로 대단히 불리한 처지로 내몰리
는 계기로 작용하였다. 모어 역시 그 사실을 알고 있었다.
한때 모어의 친구였던 노포크 공작과의 다음 대화는 그러
한 사실을 단적으로 보여주는 대목이다.

노포크 공작 : 그대가 조금은 왕의 호의를 받으려 노력하기를 바
라네. 모어, 군주의 총애를 잃는다는 것은 죽음을 의미하는 것 아
닌가?
모어 : 그게 전부인가? 그렇다면 그대와 나 사이에는 내가 오늘
죽고 그대가 내일 죽는다는 차이만이 있을 뿐이네.20)

실제로 모어를 네덜란드나 독일로 피신시킴으로써 모어
의 죽음을 피하게 할 수 있는 친구들이 있었지만 모어는

---

20) 지그프리트 피셔 파비안, 김수은 옮김, 앞의 책, 299쪽.

떠나지 않았다. 모어의 죽음이 소크라테스의 죽음과 유사한 대목이다. 헨리 8세는 모어의 생각을 돌려보려고 회유와 협박을 자행했지만 모어의 종교적 양심은 변함이 없었다. 영국 국교회 수장으로서 로마 가톨릭 교황의 존재를 부정하는 헨리 8세의 태도를 모어는 인정하지 않았다.

헨리 8세
한때는 모어와 친구처럼 나란히 산책을 했던 헨리 8세. 그는 캐서린 왕비의 시녀 앤 볼린과 결혼하면서 왕의 결혼을 반대했던 모어와 적대적인 관계를 유지한 끝에 모어를 런던탑에 유폐시킨 뒤 처형하였다.

모어의 잘린 머리를 요구한 왕비 앤 볼린

'영국 국왕이 교회의 우두머리'라는 사실을 끝까지 인정하지 않았던 가톨릭 성직자들을 헨리 8세는 참혹하게 죽였다. 그것도 음습한 기운이 감도는 런던탑에 유폐된 모어가 볼 수 있는 위치에서 단두대 처형 후 성직자들의 성기를 자르고 배를 갈라 내장을 들어냈다. 그들은 모어의 양심을 굴복시키려고 쓸 수 있는 펜을 빼앗아 갔고 쉼 없이 심문했으며 식사량을 줄이고 모어의 가족을 경제적으로 그리고 정신적으로 비참하게 내몰았다. 그럴수록 모어는 런던탑에 갇혀 있는 동안 필기구 대신 목탄을 들고 『시련과 위안의 대화』라는 에세이를 집필했다.

1533년 5월 웨스트민스터 사원에서 켄터베리 주교로부터 영국 왕비의 관을 받은 앤 볼린은 급기야 모어의 머리를 선사해 달라고 국왕에게 압력을 넣었다. 모어는 마지막으로 자신의 마음을 돌리려고 온 딸 마거릿 로퍼에게 단호하면서도 온화하게 말하였다.

"세상에서 가장 사랑하는 아이야, 그 무엇도 네 편지처럼 내게 절실한 것은 없는 듯하다. 네 편지만큼 내게 근심을 준 것은 없었구나. 너는 내게 영혼의 구원을 위해서라면 결코 할 수 없는 어떤 것을 하라고 통탄할 만큼 격정적으로 설득하고 있구나. 나는 다시는 그런 부당한 요구를 내보이지 말라고 네게 간청하는 것 외에 달리 할 수 있는 일이 없단다."21)

모어가 세상에서 가장 사랑했던 딸 마거릿 로퍼는 아버지의 그 단호한 말에 절망하였지만 아버지의 마지막 길을 슬픔으로 배웅했다. 창과 도끼로 무장한 경비 병력을 뚫고 마거릿은 처형장으로 끌려가는 아버지에게로 달려가 끌어안고 키스한 뒤 무릎을 꿇고 흐느꼈다. 모어는 딸을 위로하였다. '하느님의 뜻이니라.'22)

에라스무스는 모어의 죽음을 두고 그의 죽음은 '내 자신이 죽은 것 이상의 고통'이라고 하였다. 모어의 목은 도끼날에 잘렸고 잘린 목은 런던교 창살에 꽂힌 뒤 템즈강에 던져버리도록 헨리 8세는 명령했다. 한때 헨리 8세와 친구처럼 지냈고 그에게 국왕으로서의 교양을 쌓도록 함께 산책을 하며 도움을 아끼지 않았던 인물을 가장 치욕스런 방식으로 처형하였다. 대법관 시절 공명정대하게 판결을 하기로 유명했던 모어이자 청렴한 공직생활 속에서도 민중의 처지에서 신속히 판결을 내렸던 세기의 인문주의자 모어의 죽음은 그렇게 전 유럽을 경악과 충격 속으로 빠뜨렸다.

---

21) 지그프리트 피셔 파비안, 김수은 옮김, 앞의 책, 307쪽.
22) 지그프리트 피셔 파비안, 김수은 옮김, 앞의 책, 314쪽.

4 모어(More)가 꿈 꾼 『유토피아』 사회의 모습

모어의 『유토피아』는 에라스무스의 『우신예찬』에 대한 화답

『유토피아』는 헨리 8세가 통치하던 시기에 모어의 절친한 친구였던 에라스무스의 『우신예찬』에 화답하기 위해 기술된 작품이다. 『우신예찬』은 에라스무스가 모어의 집에 머물면서 쓴 작품인 반면에 『유토피아』는 모어가 헨리 8세의 명을 받아 외교 분쟁을 해결하기 위해 플랑드르로 파견되었을 때 저술한 작품이다. 에라스무스가 그린 '우신(愚神)'은 라틴어로 Morus인데 모어(More)의 이름과 비슷하며 실제로 이 책이 모어에게 바쳐진 것임을 알 수 있다.23) 광적이고 어리석은 신이 아니라 '지혜의 신'에 대한 모어와 에라스무스의 갈망은 결국 라틴어로 '누스쿠암(Nusquam 아무 데도 없다)'으로 표현되었다. 모어는 라틴어 '누스쿠암'을 그리스어 '유토피아'로 바꾸어 표현하였다.

플랑드르 지방 양모 수출과 관련한 스페인과의 분쟁을 외교적으로 해결하기 위해 모어는 플랑드르로 파견되는데 외교적 협상이 난항을 겪자 모어는 회담을 연기하고 며칠간 여가를 얻게 된다. 벨기에 브뤼셀을 거쳐 안트베르펜

---

23) 토마스 모어, 주경철 옮김, 앞의 책, 169~170쪽.
　　르네상스 시대 최고의 인문주의자인 그들이 벌인 지적인 유희였음을 에라스무스는 서문에서 밝히고 있다.

에라스무스
모어의 절친한 친구이
자 기독교와 그리스 고
전 등 인문정신과의 결
합을 시도한 르네상스
시기 대표적인 인문주
의자. 그는 네덜란드
가톨릭 사제 출신으로
『우신예찬』을 썼는데
이는 당대의 사회상을
인문주의 관점에서 풍
자적으로 기술한 것으
로 모어의 집에서 1주
일 만에 저술하였다.

시를 방문하는데 모어는 그곳에서 안트베르펜 시의 지성
을 대표하는 페터 힐레스를 만난다.

페터 힐레스는 에라스무스의 총애를 받던 제자로서 모어
에게 선원 라파엘 히스로디[24]라는 인물을 소개한다. 5년
간 유토피아에 머물며 환대를 받던 라파엘 히스로디는 상
상 속의 섬 유토피아를 세상에 알리기 위해 그곳을 떠난
다. 그의 체험을 토대로 『유토피아』에 대한 이야기가 흥
미진진하게 전개된다. 다시 영국으로 돌아온 모어는 라
파엘과 『유토피아』 사회 이야기를 듣기 전에 그와 나눈
대화를 기술하여 1부로 하고 자신에게 들려준 라파엘의
유토피아 사회의 실상을 『유토피아』 2부로 하여 원고를
완성하였다.

아메리고 베스푸치를 따라 항해하던 선원 라파엘 히스로
디의 체험을 빌어 그려진 『유토피아』는 지리적으로 보았
을 때 분명 대영제국을 뜻하며 유토피아의 도시 '아마우
로툼'[25]은 안개의 도시 런던을 가리킨다.[26]

유토피아는 에라스무스의 표현대로 지적 유희일 수도 있
지만 단순히 지식인의 환상이나 공상만은 아니다. 신·
구교 간 갈등이 폭발하는 종교전쟁의 광기가 지배하던 시
대에, 그리고 영국 지배계층의 탐욕이 원시적으로 표출
된 인클로저 운동의 폭력성이 잔인하게 관철되던 시대의

---

24) 히스로디는 그리스어로 '난센스'와 '나누어주다'의 합성어로 '허튼 소리를
퍼뜨리는 사람'이라는 뜻을 가리킨다.
25) 토마스 모어, 주경철 옮김, 앞의 책, 65쪽. 아마우로툼은 그리스어로 검은
도시를 뜻하는데 안개 낀 우중충한 런던을 가리킨다.
26) 지그프리트 피셔 파비안, 김수은 옮김, 앞의 책, 278쪽.

한복판에 모어의 삶이 있었다. 모어의 『유토피아』는 그런 시대를 반영하고 있다.

유토피아 사회는 획일화된 사회

500마일 길이의 유토피아 섬은 영국과 크기가 비슷하며 초승달 모양으로 양쪽 끝이 서로 마주보고 있다. 초승달 모양의 만 입구에는 암초들이 있어 해협을 통과하기가 매우 어려운 요새로 적의 함대를 공격하는 데 유리한 지형이다. 유토피아 섬에는 크고 웅대한 54개의 도시가 있는데 어느 도시에 가든 언어와 풍습, 사회제도와 법률이 똑같다. 완만한 경사를 지닌 언덕에 아마우라툼이 있는데 54개 도시가 모두 비슷하며 정방형 구조로 되어 있다. 집은 10년마다 추첨을 통해 교환하는데 집의 두 개의 문은 하나는 거리를 향해 열려있고 다른 문은 정원 쪽을 향해 있다. 문이 항상 열려 있기에 누구든지 집 안으로 들어갈 수 있으며 정원에는 포도, 허브 등 아름다운 꽃들이 어우러져 있어 유토피아 사람들이 가장 좋아하는 공간이다.

도시와 농촌 2년 순환노동제

도시민들은 2년 동안 농사일을 하는데 20명씩 교대로 도시와 시골을 순환하며 농사를 짓는다. 이러한 당번제는 유토피아의 확고부동한 사회 관습으로 누구든지 자신의 의사에 반하여 2년 이상 힘든 일을 하지 않는다.[27] 유토

---

27) 토마스 모어, 주경철 옮김, 앞의 책, 66쪽.

피아 사람들은 물에다 꿀이나 감초를 타서 마시는데 자신들의 필요보다 더 많은 곡식을 생산할 경우 남는 것을 이웃사람들에게 나누어준다.

유토피아 사람들은 6시간 노동제 실현
유토피아 사람들은 매년 대표를 선출하는데 '시포그란투스'라 불리는 관리를 30가구 당 1명씩 뽑는다. 시포그란투스는 모두 200명이며 이들이 모여 도시의 원수를 다시 뽑는다. 노동은 남녀구분 없이 모두 6시간 일을 하는데 어느 누구도 밤늦게까지 혹사당하는 사람은 없다. 유토피아 섬에는 노예가 존재한다. 이들 노예를 제외하고 모두 오전에 3시간 일하고 점심을 먹고 나서 2시간 휴식을 취한 뒤에 다시 3시간 노동을 한다. 8시간 수면을 취하고 남은 시간은 연구 등 정신적·지적 활동을 즐긴다. 새벽에 교양강좌를 열어 원하는 사람들은 학습을 할 수 있다.
유토피아 사람들은 공동노동·공동분배 생활을 하며 생활필수품을 쉽게 구할 수 있다. 누구도 빈둥거리며 나태한 생활을 하지 않고 노동을 하기에 생활필수품은 부족하지 않다. 유토피아 사회는 과소비도 없고 불필요한 노동이 없을 뿐 아니라 생산성이 높아 노동이 필요하지 않을 경우 노동시간을 줄인다. 그리하여 남은 시간을 정신적 교양을 쌓는 데 들인다. 도시 전체 가구 수는 6천 가구를 넘지 않도록 하고 가구 당 식솔이 10명~16명 사이가 되도록 법으로 규정하였다.

유토피아 사회 : 능력에 따라 일하고 필요에 따라 분배받는 복지사회

도시는 네 구역으로 나뉘는데 각 구역의 중심에 시장이 있고 시장에는 생산된 물품들이 상품별로 정리 보관된다. 유토피아 사회는 필요 이상으로 소유하는 인간의 탐욕이 없는 사회이기에 물품이 부족하지 않고 풍족하여 항상 누구든지 자유롭게 가져갈 수 있다. 식사는 트럼펫 소리와 함께 회관에 모여 30가구씩 공동식사를 하는데 도덕적 주제의 책을 읽는 것으로 시작한다. 환자들은 마을 규모의 큰 병원에서 친절하고 세심한 간호를 받는데 회관에서 힘들고 더러운 일들은 모두 노예가 맡아서 한다.[28]

엄마가 죽거나 병에 걸려 엄마가 돌볼 수 없는 어린아이는 시포그란투스의 아내가 적당한 보모를 구해 주는데 보모가 된 유토피아 여성들은 망설임 없이 친엄마처럼 아이를 돌본다. 유토피아 사람들은 누구든지 쉽게 여행을 할 수 있는데 집단으로 여행을 떠나며 어느 곳에서든 자기 집처럼 편하게 생활한다. 다만 하루 이상 머물 경우 자기 직종에 속하는 가게로 찾아가 노동을 하는데 그러면 가게 주인은 언제든 환영한다.[29]

유토피아 사회에는 맥주집, 매음굴이 없다

유토피아 사회에는 술집이나 사창가가 없다. 모든 사람들이 서로 공개된 삶을 살기에 여가를 건강한 방식으로

---

28) 토마스 모어, 주경철 옮김, 앞의 책, 82쪽.
29) 토마스 모어, 주경철 옮김, 앞의 책, 85쪽.

정신적 활동을 통해 보내며 방탕한 생활을 하지 않는다. 유토피아 사람들은 정신적 쾌락을 최고의 쾌락으로 중요시하는데 육체적 쾌락 중에서는 건강을 최고의 가치로 친다. 그런 연유에서 유토피아 사람들은 건강하고 활기차며 힘이 넘친다. 그들은 성품이 온순하고 명랑한데 지적인 호기심이 매우 왕성하다. 라파엘이 그 섬에 가 유토피아 사람들에게 그리스어를 가르쳤을 때 그들이 보인 학습열과 학습 성과는 놀라울 정도였다. 인쇄술과 제지술을 그들에게 가르쳤던 것도 유토피아 사람들의 학문적 열정 때문이다.

유토피아 사회에선 금·은 장식품이 경멸과 조롱의 대상
유토피아 사람들은 사유재산이 인정되지 않고 필요한 물자를 언제든지 필요한 만큼 마음껏 취할 수 있기에 개인 자산을 보유하지 않는다. 따라서 보물을 보물로 여기지 않으며 금은을 천하게 여기며 진주와 다이아몬드를 아이들 장난감으로 던져줄 뿐이다. 금과 은으로 요강 등 저급한 물건을 만들거나 범죄자들의 표식으로 그들의 목에 금목걸이를 걸어주어 최대의 조롱거리로 삼는다. 유토피아 사회에서는 좋은 옷을 입는다고 존경받지 못할 뿐 아니라 금과 은으로 장식한다는 것은 다만 조롱의 대상으로 여긴다.

유토피아 사람들은 결혼 전 신랑과 신부가 나체로 선을 보았다
유토피아 사람들은 특이한 결혼 풍습을 지니고 있다. 결

혼 상대를 정할 때 매우 엄숙하고 진지하게 자신들의 풍습을 따르는데 서로가 서로에게 나체로 선을 보이는 관례이다. 유토피아 사회는 일부일처제 결혼제도가 유지되는 사회인데 나체로 선을 보면서 상대방을 신중하게 고르는 풍습이 생긴 연유는 특별한 경우를 제외하곤 이혼이 허락되지 않기 때문이다. 간통의 경우 가장 무서운 형벌인 노예로 전락시키고 두 번째 간통의 경우 사형으로 다스린다.30)

유토피아 사람들은 국제조약을 맺지 않고 정당한 이유가 성립되면 전쟁을 수행한다. 군사훈련을 남녀 모두 받듯이 군대에 가는 것도 여성이 원할 경우 남자들과 함께 복무하게 하며 자기 국민의 생명을 아주 귀하게 여긴다. 해외 파병은 자기 의사에 반하여 이루어지지 않으며 국민의 희생을 최소화하기 위해 용병을 사용한다. 또한 전쟁에서 적국의 병사를 살해하기보다 포로로 생포하려 하기에 잔혹한 학살은 일어나지 않는다.

유토피아 사회 : 종교의 자유 보장

모어가 종교문제로 죽음을 피할 수 없었던 사실과 정반대로 유토피아 사람들은 어떠한 종교도 강요받지 않는 사회에서 살고 있다. 유토피아 사회에서 교회에 가는 사람들은 모두 흰 옷을 입고 가는데 사제만큼 큰 명예를 누리는 공무원도 없다. 왜냐하면 사제는 범죄를 저질러도 자신

---

30) 토마스 모어, 주경철 옮김, 앞의 책, 116쪽.

의 양심에 맡길 뿐 법정에 서는 일이 없기 때문이다. 유토피아 사람들은 사후에 그들이 누리는 행복은 지대하고 영원하다고 믿는다. 그래서 유토피아 사람들은 죽음에 대해 슬퍼하지 않는다.[31]

모어의 유토피아는 공산(共産)사회

모어가 꿈 꾼 유토피아 사회는 모든 것이 공유인 공산사회이다. 빈민도 걸인도 없는 분배정의가 실현된 사회이다. 누구도 소유하는 재산이 없지만 모두가 부자인 사회 바로 그것이다. 인클로저라는 영국 자본의 원시적 축적기에 저질러진 참학한 현실에 모어는 깊이 천착하여『유토피아』를 저술하였다. 도시를 떠도는 걸인들이나 부랑자들을 마구잡이로 잡아다 처형시킨 튜더왕조의 정치적 위선을 모어는 신랄하게 비판하고 풍자하였다. 그래서 모어는『유토피아』에서 자신이 꿈꾸는 이상사회를 이렇게 쓰고 있다.

「생계에 대한 근심걱정 없이 즐겁고 평화롭게 사는 것보다 더 부유한 삶이 어디 있겠습니까? 누구도 돈 문제 때문에 아내의 바가지 긁는 소리에 시달리지 않고 아들이 극빈층으로 떨어지지 않을지, 딸의 지참금은 마련할 수 있을지 걱정하지 않습니다. 누구나 자신과 가족의 생계와 행복에 대해 안심하고 지냅니다. 아내, 아들, 손자, 증손자, 고손자에 이르기까지 걱정이 없습니다. 더 이상 일

---

31) 토마스 모어, 주경철 옮김, 앞의 책, 139쪽.

을 하지 못하게 된 사람들도 열심히 일하는 사람들과 마
찬가지로 잘 보호받습니다.」32)

32) 토마스 모어, 주경철 옮김, 앞의 책, 150~151쪽.

2. 권력은 아래로부터, 인민으로부터
- 17C 청교도혁명과 홉스(Hobbes)의 사회계약설

1 철학자 홉스(T. Hobbes)에 대한 이해

홉스는 수학자, 결정론자

17C 철학자인 홉스는 영국 철학사에서 보기 드물게 수학, 특히 기하학을 공부했던 사상가이다. 두 번째 유럽 여행에서 유클리드의『기하학 원론』을 읽고 '기하학과 사랑에 빠졌다'고 고백한 적이 있다.[33] 홉스는 기하학자로서 자기를 과대평가하여 원을 정방형으로 만드는 방법을 발견했다고 생각했고, 이 문제를 갖고 옥스퍼드대학의 기하학 교수인 월리스에게 논쟁을 걸기도 하였다.[34]

기하학의 명쾌한 정의와 엄격한 논증에 매료된 그는 정치

---

33) 토마스 홉스, 최공웅, 최진원 역,『리바이어던』(동서문화사, 2011), 673쪽.
34) 버트란트 러셀, 최민홍 역, 앞의 책, 771쪽.
　　홉스의 행위는 매우 어리석은 것이었고 이 일로 그 교수는 홉스를 무지한 사람으로 보았다.

철학의 고전이 된 『리바이어던(Leviathan) 1651』에서 철학상의 오류 대부분이 그릇된 정의의 결과라고 주장하였다. 이렇듯 홉스는 기하학의 원리를 설명한 유클리드의 『기하학 원론』으로부터 지대한 영향을 받았다. 홉스는 나이 40세에 처음으로 유클리드를 읽으면서 어떤 명제 하나를 보고 '신이여, 이것은 불가능합니다'라고 외쳤다고 전해진다.[35] 명료한 정의와 엄격한 논증에 입각한 기하학의 방법은 홉스에겐 이전까진 볼 수 없었던 새로운 학문 탐구방법이었다.

홉스
17C 중반 홉스의 사회 계약설은 청교도혁명이라는 영국내전을 시대 배경으로 탄생된 학설인데 이는 당시 지배적인 왕권신수설을 부정하고 근대 시민사회가 형성되는 기초를 놓았을 뿐 아니라 근대 시민국가가 탄생되는 계기를 만들어준 사상이다. 이후 17C 말 존 로크의 사회계약설로 계승, 발전되었다.

유럽 여행을 통해 깨달은 것은 또 있었다. 영국에선 여전히 스콜라 철학이 학문의 대세였고 옥스퍼드대학을 지배하였으며 코페르니쿠스의 세계관은 외면당했다. 그러나 유럽 대륙에선 스콜라 철학은 낡은 세계관으로 퇴장된 상태였고 근대의 과학적 세계관이 지배적인 추세였다. 홉스는 이 시기부터 기하학에 바탕을 두고 새로운 정치학의 구축을 구상하게 된다.

홉스 : 세 번째 유럽여행에서 갈릴레이를 만나다

홉스는 세 번째 유럽 방문에서 이탈리아 피렌체로 자신이 흠모하던 갈릴레이를 찾아 갔다. 갈릴레이와의 역사적 만남은 홉스에게 새로운 세계관과 자연과학적 사고방식을 갖게 해주었다. 홉스는 완전한 결정론자로서 우주의 실재를 기계적으로 해석하였으며 물질과 운동으로

---

35) 팀 크레인 외, 강유원 역, 『철학, 더 나은 삶을 위한 사유의 기술』(유토피아, 2008), 622쪽.

갈릴레이
자신이 직접 만든 망원
경으로 천체를 관측하면
서 코페르니쿠스의 지동
설을 확신한 저서 『프톨
레마이오스와 코페르니
쿠스의 2대 세계체계에
관한 대화』(1632)는 출
간되던 해 바로 로마 교
황청의 금서목록에 올랐
고 다음 해 갈릴레이는
로마 이단 심문소로 소
환되어 2차 종교재판을
받았다.

만 이해하였다. 인간을 포함한 우주의 작은 실재들을 우주를 구성하는 여러 가지 기계로 인식하였는데 인과적 필연성에 따른 산물로 보았다. 존재하는 것은 오직 물질일 뿐 보편적 실재는 없으며 감각에 기초한 경험적 인식만을 강조하였다. 유명론자(唯名論者)[36]로서 그리고 근대의 유물론자로서 홉스의 면모를 유감없이 보여주는 대목이다. 실제로 홉스는 관념론자 플라톤과 달리 인간의 이성이 선천적으로 타고난 것이 아니라 인간의 끊임없는 노력의 산물, 후천적인 결과물로 보았으며 자유의지를 부정하였다. 인간의 의지란 홉스에겐 깊이 생각하는 데서 오는 최후의 욕망 또는 혐오에 지나지 않았다. 즉 의지는 충동에서 일어나는 가장 강한 욕망이었다.[37] 이러한 홉스의 학문적 태도는 한때 친분을 쌓았던 데카르트를 화나게 만들었고 이는 데카르트의 형이상학적 명저 『성찰』[38]에 대한 비판에서도 고스란히 드러난다.

결국 홉스가 생각한 우주는 순수하게 물질 그 자체이고 기계적인 실체, 바로 운동하는 물질일 뿐이다. 이렇듯 홉스는 기계적인 우주의 존재를 믿었지만 그렇다고 그것이

---

36) 대표적인 유명론자는 중세 스콜라철학자 로스 켈리누스, 윌리엄 오컴을 들 수 있다. 유명론은 중세 철학의 주요논쟁인 「보편 실재」논쟁에서 보편자(절대자, 신)의 존재를 부정하고 오직 구체적인 개별자만이 존재한다는 철학사상으로 위험시된 사상이다. 왜냐하면 유명론은 근대의 경험론-유물론으로 이어지는 기초가 된 사상이기 때문이다.
37) 버트란트 러셀, 최민홍 역, 앞의 책, 774쪽.
38) 홉스는 데카르트의 『성찰』을 통렬히 비판하는데 이는 감각적 인식에 기초한 경험론자로서 정신과 물질이라는 데카르트의 이원론적 세계관과 보편적 실재의 형이상학적 세계관을 부정하는 당연한 귀결이다.

신이 없는 우주는 아니었다. 그는 신학을 배제하지 않는 우주론을 옹호하면서 그의 반평생을 보냈다.[39] 홉스를 유명하게 만든 『리바이어던(Leviathan)』의 절반 분량인 3부와 4부는 순전히 기독교에 대해 언급하고 있다.

홉스는 어학능통자, 베이컨의 조수

홉스는 어렸을 때부터 그리스어, 라틴어 등 고전어에 재능을 보였다. 졸업 당시 13세의 나이로 그리스의 희곡작가 에우리피데스의 『메디아』를 라틴어 운문으로 번역하여 스승에게 바친 일화는 유명하다. 그는 이탈리아어, 프랑스어, 영어를 자유롭게 쓰고 읽고 말할 수 있었다. 30대 초반 젊은 날 홉스는 영국 경험론의 창시자인 베이컨(F. Bacon)의 조수가 되어 매일 아침 베이컨과 함께 산책을 나갔다. 정원을 산책하면서 노년의 베이컨이 생각하고 이야기하는 것을 받아 적었고 그의 몇몇 논문을 라틴어로 번역하였다. 그의 어학적 재능은 탁월하여 83세에 자신의 자서전을 라틴어 운문과 산문으로 저술하기도 하였으며 86세에는 호머의 『일리아드』와 『오디세이』를 번역할 정도였다.

홉스는 영국철학자 가운데 러셀에 미치진 못하지만 보기 드물게 91세까지 장수한 인물인데 죽기 직전까지 집필을 멈추지 않았다. 그러나 그의 대표작이자 홉스 자신이 명성을 얻게 된 『리바이어던(Leviathan)』은 그가 죽은 후 3년

---

39) 로버트 솔로몬 외, 박창호 옮김, 『세상의 모든 철학』(이론과 실천, 2007), 297쪽.

뒤에 자신이 졸업한 옥스퍼드대학으로부터 위험한 사상으로 분류되어 금서목록으로 지정되고 만다.

2 스페인 무적함대와 홉스의 탄생(1588)

홉스는 공포와 쌍둥이, 목사의 아들

홉스가 태어난 해인 1588년은 스페인 무적함대 아르마다 (Armada)가 영국을 침공한 해이다. 이 당시 영국은 엘라 자베스 1세(1533~1603)가 통치하던 시기로 영국의 절대 주의가 최고조에 이르고 있었다. 그런데 당시 스페인은 아메리카 신대륙의 제국영토와 네덜란드를 식민지로 통치하며 해상무역을 독점적으로 지배하는 일에 서서히 영국의 방해를 받고 있었다. 스페인 국왕 펠리프2세의 명령에 따라 편성된 무적함대 아르마다(Armada)를 통해 당시 대제국 스페인은 영국을 침공할 계획을 세웠다. 스페인 무적함대의 영국침공 소문이 영국전역에 떠돌면서 플리머스, 포츠머스 등 영국남부 해안도시 주민들은 공포에 휩싸였다.

홉스의 어머니도 무적함대의 침공소문에 노심초사하다가 잔뜩 겁을 먹고 조산으로 홉스를 낳았는데 홉스는 먼 훗날 그런 의미에서 자기 자신을 공포와 쌍둥이로 태어났다고 자서전에 썼다.[40] 1588년 5월 28일 스페인 무적함

---

40) 토마스 홉스, 최공웅, 최진원 역, 앞의 책, 670쪽.

대는 영국해협을 향해 포르투갈 리스본 항을 출발하였다. 그러나 스페인 무적함대는 떠오르는 신생 제국 영국 전함에 의해 오히려 역습을 당한 뒤 패퇴하여 전함 127척 가운데 54척만 귀환하였다. 이후 엘리자베스 1세 시절 영국은 중상주의를 바탕으로 세계 해상무역을 장악하였으며 네덜란드는 스페인으로부터 독립하였다.

홉스의 아버지는 알코올 중독자

국교회 목사였던 아버지의 이름을 딴 토마스 홉스는 교양 없고 지적으로 볼품없던 아버지와 달리 어렸을 때부터 어학분야에서 뛰어난 재능을 보였다. 목사인 아버지는 기도서와 설교집만 겨우 읽을 수 있을 정도로 학식이 없었을 뿐 아니라 성질이 급하고 인품도 없었다. 더구나 카드놀이와 알코올에 중독된 홉스의 아버지는 교회 문 앞에서 이웃 목사와 사소한 문제로 다투다가 폭행사건에 휘말리자 가족과 마을을 홀연히 떠나버렸다. 홉스 나이 겨우 16세 때 일어난 그 사건은 청소년기 감수성이 예민한 홉스에겐 평생 성직자를 혐오하는 계기를 안겨주고 말았다.

홉스를 눈 뜨게 만든 3번의 유럽여행

홉스는 박력이 있고 논리적이었지만 인내심을 갖고 세밀하게 행동하진 못했다. 오히려 거칠었고 어려운 난점들을 참을성 있게 추구하기보다 단칼에 해결하려는 학문적 경향을 보였다.

옥스퍼드대학 시절은 홉스에게 학문적으로 별 신선한 도

움을 주진 못했다. 대학에서 중세 스콜라 철학과 고대 아리스토텔레스 철학을 공부했는데 이는 근대 유럽 대륙의 학문적 흐름과 거리가 멀었다. 대학 졸업 후 세 번에 걸친 유럽 여행을 통해 홉스는 근대의 새로운 학문적 흐름과 자연과학적 세계관을 접하게 되면서 평생 자신의 대학시절을 어둡게 비판하였다.

3 사회계약설의 등장배경 : 청교도혁명[41]

리바이어던의 탄생배경은 청교도혁명
홉스는 왕당파에 속했기 때문에 1640년 의회파의 청교도혁명이 발발하자 곧바로 프랑스 파리로 망명하여 1651년까지 그곳에 머물렀다. 홉스의 정치철학의 명저『리바이어던(Leviathan)』(1651)은 그런 영국의 내전상황을 배경으로 탄생하였다. 영국 내전(1640~1660)은 튜더 왕조의 마지막 왕인 엘리자베스 1세가 국교회[42] 중심의 종교 통

---

41) 청교도혁명은 자유농민과 상공업자가 주축이 되고 소수의 젠틀맨과 귀족이 참여한 최초의 시민혁명이었다. 혁명 초기에는 왕당파가 우세하였으나 자유농민을 중핵으로 하는 크롬웰의 철기대가 등장하면서 전세는 역전되었다.

42) 영국 국교회는 가톨릭적 개혁신앙을 표방하는 온건한 칼뱅주의 신앙으로 가톨릭과 개신교 간의 교리를 절충하였다. 오늘날 영국교회, 바로 성공회를 지칭한다. 성공회의 출발점은 16C 전반 튜더왕조의 헨리 8세와 제1왕비 캐서린 간의 결혼무효소송을 로마교황 클레멘트 7세가 받아들이지 않고 기각하면서 시작되었다. 16C 후반 엘리자베스 1세 때 로마 가톨릭으로부터 파문당하면서 영국교회, 즉 성공회는 가톨릭과 완전히 결별하였다.

합정책을 시행했던 것과 달리, 엘리자베스 1세를 뒤이어 왕위에 오른 스튜어트 왕조의 제임스 1세는 의회와 번번이 충돌하며 국교회를 강요하고 청교도를 탄압하였다. '국왕은 신에게만 책임이 있고 신하에게는 책임지지 않으며, 법의 지배를 받지 않는다'며 '국왕이 곧 법'이라고 천명한 제임스 1세는 엘리자베스 1세에게 처형당한 스코틀랜드 여왕 메리의 아들로서 철저한 왕권신수설[43]을 신봉하였다. '왕은 법 위에 존재한다'는 생각으로 의회의 존재 자체를 무시하는 정책으로 일관하였다. 이러한 제임스 1세의 의회 무시 정책은 결국 귀족들의 반감을 사게 되어 암살되고 제임스 1세의 차남 찰스 1세가 왕위를 계승하였다. 찰스 1세 역시 선왕과 마찬가지로 의회를 무시한 채 국교회를 강요하며 청교도를 탄압하였다. 찰스 1세는 의회의 승인도 받지 않은 채, 선박세 등 불법적으로 각종 세금을 부과하였고 일반인을 군법에 따라 처벌하는 등 전제 정치로 일관하였다.

찰스 1세
1642년 청교도혁명이라는 영국내전을 자초한 스튜어트 왕조의 찰스 1세. 그는 왕당파가 일으킨 2차 내전에서 의회파 올리버 크롬웰에게 체포되어 법원에서 사형선고를 받고 도끼로 처형되었다. 영국내전 당시 홉스는 왕당파에 속했다.

찰스 1세와 권리청원 그리고 청교도혁명
찰스 1세의 폭정에 대항하여 의회에서는 오래 전부터 존재해 왔던 영국 인민의 권리를 확인시키고 선언한 「권리

---

43) 왕권신수설은 16C 절대주의를 옹호하던 지배이데올로기로 왕권이 오직 위로부터 내려진 것, 즉 신에 의하여 주어진 것이며 따라서 어떠한 제한도 받지 않고 오로지 왕은 신의 대리자로서 신에 대해서만 책임을 진다는 학설이다. 결론적으로 인민은 저항권이 없으며 신민으로서 절대 복종할 의무만 있을 뿐이다. 대표적인 학자로는 17C 프랑스의 신학자이자 주교인 자크 보쉬에를 들 수 있다.

청원」(1628)으로 맞섰다. 「권리장전」(1689)이 명예혁명 (1688)과 관련이 깊다면 「권리청원」[44]은 청교도혁명과 관련이 깊다. 「권리청원」은 권한이 국왕에게서 의회로 옮겨지는 계기가 된 역사적 사건으로 영국 민주주의 발달사에서 중요한 의의를 지닌다. 찰스 1세는 스페인과의 전쟁 등 무모한 전비 지출로 재정이 바닥나자 세금을 부과하기 위해 의회를 소집하지 않을 수 없었다. 찰스 1세가 권리청원에 서명하는 대신 의회는 세금부과에 동의해 주었다. 그러나 다음 해 찰스 1세가 의회를 해산하면서부터 갈등이 재연되었다.

찰스 1세는 새로운 세금을 징수하자 1629년 권리청원이 무효임을 주장하면서 다시 의회를 해산하였다. 이후 11년 간 찰스 1세는 의회 없이 권력을 휘둘렀다. 국교회를 강요하면서 벌어진 잉글랜드(국교회)와 스코틀랜드(장로파)의 전쟁은 잉글랜드의 패배로 끝나면서 막대한 전쟁배상금을 물게 되었다. 의회는 스코틀랜드와의 전쟁을 옹호한 귀족들을 처형하고 찰스 1세를 비판하였다. 그러나 막대한 전비를 지출하며 의회를 무시한 찰스 1세의 폭압적 전제정치는 급기야 국왕 근위병을 앞세워 의회에 쳐들어가는 사태를 초래했다. 국왕 대권의 포기와 의회주권을 주장하는 의회 의원들의 체포를 명령하면서 정면충돌

---

44) 「권리청원」은 1215년 마그나카르타(대헌장)에서 국왕과 의회 간에 합의한 사항들을 재확인시키면서 군주의 권한을 제한하는 구체적인 목록으로 구성되었다. 권리청원의 주요 내용은 국왕은 의회가 동의하지 않는 한, 세금을 징수할 수 없고 합법적인 판결을 거치지 않고서는 어느 누구도 체포나 구금 또는 재산권 박탈 및 기타 손해를 입을 수 없다는 사실들이다.

한 사건이 1642년 왕당파와 의회파 간 청교도혁명이다. 이때 홉스는 찰스 1세를 지지하는 왕당파에 속했다.

홉스는 찰스 2세의 스승, 『리바이어던』은 찰스 2세에게 바쳐진 책

홉스는 찰스 1세의 아들 찰스 2세에게 수학을 가르친 스승이기도 했는데 왕정복고[45] 때 찰스 2세는 궁정 벽에 홉스의 초상화를 걸어 놓기도 하였다. 그런 점에서 『리바이어던(Leviathan)』은 찰스 2세를 의식하면서 쓴 책이기도 하였다. 책을 다 쓴 뒤 홉스는 절대적 군주 주권을 옹호하는 이 책을 찰스 2세에게 헌정했지만 반응은 냉담했다. 왜냐하면 의회파에 의해 참수당한 선왕 찰스 1세와 마찬가지로 찰스 2세는 왕권신수설을 옹호했던 인물이고 실제로 왕권회복을 위해 3차 영국내전에 참여한 인물이었기 때문이다. 따라서 찰스 2세의 입장에서 볼 때 권력이 아래로부터, 즉 인민의 동의로부터 나온다는 사실은 받아들이기 어려웠다. 권력은 위로부터 내려온 것, 바로 신으로부터 주어진 것이라는 왕권신수설과 배치되기 때문이다.

실제 『리바이어던(Leviathan)』이 출간되었을 때 별로 좋은 평을 받지 못했다. 가톨릭교회에 대한 혹독한 비판은 프랑스 정부를 화나게 만들었고 망명객 홉스는 불편하였

---

45) 1660년 왕정복고 때 찰스 2세는 선왕 찰스 1세에게 사형선고를 내린 판사들 가운데 살아있던 13명을 처형하고 죽은 크롬웰의 무덤을 파헤쳐 부관참시하였다.

다. 결국 11년 망명생활에 종지부를 찍기 위해 홉스는 몰래 런던으로 도망쳤다. 그리고 청교도혁명을 승리로 이끌어 호국경이 된 올리버 크롬웰에게 찾아가 항복하였고 일체의 정치활동을 포기하였다.

4 홉스의 자연상태와 리바이어던(Leviathan)

홉스의 자연 상태는 전쟁 상태

홉스는 국가라는 사회공동체가 성립되기 이전의 상태를 자연 상태라고 표현하였다. 홉스에 따르면 자연 상태에서 인간은 평등하게 태어나고 자신의 자연권, 즉 자기보존 욕구에 따라 행동하기 때문에 필연적으로 욕구의 충돌이 발생할 수밖에 없다. 국가라는 코먼웰스, 즉 사회상태가 성립되지 않은 상황은 「만인의 만인에 대한 투쟁(bellum omnium contra omnes)」 상태이자 끊임없는 폭력과 갈등이 만연한 전쟁 상태로 묘사되었다.

「인간은 그들 모두를 위압하는 공통권력46)이 없이 살아갈 때는 전쟁 상태로 들어간다는 것이다. 이 전쟁은 만인에 대한 만인의 전쟁이다. 즉 전쟁은 단순히 전투 또는 투쟁 행위의 존재 유무만으로 판단하는 것이 아니다. 일정한 기간에 걸쳐 전투 의지가 존재하는 것이 확실하다면 그 기

---

46) 공통권력은 절대적 주권체, 즉 국가를 지칭하지만 홉스의 경우 절대적 주권체는 절대군주를 가리킨다.

간 동안은 전쟁 상태에 놓여 있는 것이다.」[47]

그런데 이러한 자연 상태는 서로가 서로에게 적인 상태로 끊임없는 공포와 폭력에 의해 자신의 안전은 물론 땀 흘려 일한 노동의 보상 또한 불확실한 무질서하고 비참하며 잔인한 상태이다. 홉스의 경우 자연 상태는 바로 무정부 상태로서 소유도 없고 예술도 없으며 학문의 진보와 사회라는 공동체가 존재하지 않는 상태이다.

리바이어던
구약성경 욥기(41장)에 나오는 바다에 사는 영생동물을 가리키는 리바이어던은 당시 로마 가톨릭 교황청으로부터 벗어나 점차 세속적으로 강대해져 가는 영국 국가의 모습을 바다에 사는 괴물에 비유한 것이다. 그림 속 국왕은 숱한 인민들로 구성된 인공적인 성격, 바로 국가를 나타낸다.

「모든 사람이 모든 사람에 대해 전쟁을 하는 상황에서는 그 어떤 것도 부당한 것이 될 수 없다. 옳고 그름의 관념, 정의와 불의의 관념은 존재하지 않기 때문이다. 공통권력이 없는 곳에는 법도 존재하지 않으며 법이 없는 곳에는 불의, 즉 불법도 존재하지 않는다. 전쟁에서 요구되는 덕은 오로지 폭력과 속임이다.」[48]

리바이어던은 세속화된 영국 국가

리바이어던(Leviathan)은 구약성경 「욥기」에 나오는 바다에 사는 거대한 영생동물을 가리킨다. 히브리어로 리워야단은 고래, 돌고래, 물에 사는 공룡을 일컫는데 「욥기」 41장 1절~34절에 묘사된 동물, 리워야단은 악어뿐이다.[49] 홉스가 책의 제목을 리바이어던으로 표현한 이유는 중세 가톨릭교회의 지배 권력으로부터 독립하여 점차 강대해져 가는 국가의 세속적인 모습을 강대한 영생동물,

---

47) 토마스 홉스, 최공웅, 최진원 역, 앞의 책, 131쪽.
48) 토마스 홉스, 최공웅, 최진원 역, 앞의 책, 133쪽.
49) 『오픈성경』「욥기」 41장, (아가페출판사, 1986), 801쪽.

리워야단에 비유한 듯하다.

홉스는 이 책의 첫머리에서 철저한 유물론을 선포하였다. 그는 생명이란 지체(肢體)의 운동에 불과한 것이고 따라서 자동기계들은 인위적 생명을 갖고 있다고 말하였다. 그가 리바이어던이라고 불렀던 국가는 예술적 창조이며 사실상 한 인위적 인간이라고 하였다.[50]

출판 당시 『리바이어던(Leviathan)』 책 겉표지는 홉스의 정치철학이 무엇이었는지를 보여주고 있다. 겉표지의 모습은 무척 인상적이다. 거대한 괴물 같은 군주가 도시국가를 내려다보고 있는 장면이다. 절대군주의 오른손에는 칼(국가권력)을 쥐고 있고 왼손에는 지팡이(교회권력)를 들고 있다. 영국 국왕이 로마 가톨릭의 지배를 벗어나 세속화된 강대한 권력체임을 상징적으로 보여준다. 결정적인 것은 바로 여기에 있다. 절대군주 스스로 수없이 많은 인민들로 구성되어 탄생된 인공적 실체라는 점이다. 자연 상태를 극복하고 시민적 동의와 사회계약을 통해 인위적으로 만들어진 공통권력, 바로 인공적 가공물임을 겉표지 그림은 보여주고 있다.

홉스의 자연 상태는 「죄수의 딜레마」와 유사하다. 죄수 2명이 공동으로 범죄를 저질러 각각 다른 방에 체포된 상태에서 다른 죄수가 자백을 했는지 모른다고 가정해 보자. 자백한 죄수는 협력한 공로로 풀려나고 침묵한 죄수는 장기 징역형을 받는다고 하면 죄수들은 누구든 자신의 이익

---

50) 버트란트 러셀, 최민홍 역, 앞의 책, 772쪽.

을 극대화하기 위해 자백할 것이다. 왜냐하면 자신은 침묵을 지켰는데 다른 죄수가 자백을 해버리면 자신이 모든 죄를 뒤집어쓰게 되고 장기 징역형이라는 무거운 처벌을 피할 수 없기 때문이다.

문제는 둘 다 침묵을 지키면 모두 석방되고 둘 다 자백하면 단기 징역형에 처해지는데 죄수의 입장에서 최선의 선택은 자연 상태라는 상호 불신이 조장된 상태에서 자기 이익을 극대화하기 위해 각각 자백을 하는 것이다. 그러나 이 경우는 둘 다 자백하지 않고 침묵을 지킬 때 석방되는 최상의 상태보다 못하다.

죄수의 딜레마를 통해서 볼 때 사회계약을 통한 공통권력, 즉 정부가 없는 상황에서는 모든 개인이 자연히 다른 모든 이를 의심하게 되어 유익한 협력의 가능성을 말살하고 만다는 것이다.[51]

홉스는 극단적 왕정주의자, 군주 주권론자

자연 상태를 그대로 두면 홉스는 모두 공멸한다고 생각했다. 따라서 개체를 초월한 사회적 동의를 통해 주권체, 곧 국가를 탄생시키고 개개인은 국가에 절대 복종해야만 한다고 생각했다. 국가의 기능은 오직 개개인의 안전과 사회질서의 유지 그리고 개인의 생존과 평등권을 보호해 주는 데 있기 때문이다.

만일에 국가가 개인의 생명과 안전을 보장해 주지 못하면

---

51) 팀 크레인 외, 강유원 역, 앞의 책, 623쪽.

홉스는 주권의 실체(군주)를 바꿀 수 있다고 주장했다. 사회계약의 존재 이유가 강력한 공통권력의 창출을 통해 끔찍한 자연 상태의 종식과 사회평화를 보장받는 데에 있는 만큼, 개인의 생존과 평화를 지켜줄 수 없는 국가라면 복종할 이유가 없어진 탓이다. 그래도 로크나 루소의 저항권 사상에까진 미치지 못했다.

기본적으로 홉스는 의회파에 속하거나 공화주의자가 아닌 절대 군주를 옹호했던 왕정주의자였다. 다만 독재적 전제주의자들과 달리 본래 인간은 태어날 때부터 평등하다고 믿었다. 실제로 홉스는 1628년 의회파들이 찰스 1세를 겨냥해 권리청원을 요구했을 때 그는 민주주의의 죄악상을 보여주기 위해 특별히 그리스의 역사가 투기디데스의 『역사』를 1629년 번역 발표하였다.[52]

물론 발표 의도는 아테네 민주정치의 몰락을 들어 민주주의가 영국 사회에 적합한 체제라기보다 영국 사회에 위협적인 요소로 작용할 것이라는 점을 밝히기 위해서였다. 『리바이어던(Leviathan)』 역시 주권의 절대적 실체를 군주에게 두고 있음을 이론적으로 정당화한 책이다. 근본적으로 홉스는 인민주권론자가 아니라 군주주권론을 옹호했던 극단적 왕정주의자였다.

---

52) 버트란트 러셀, 최민홍 역, 앞의 책, 770쪽.

5 홉스의 사회계약설이 지니는 역사적 의의

홉스의 사회계약설 ⇨ 근대 시민사회 형성의 기초

출판 당시 누구도 호평하지 않았고 자신이 졸업한 옥스퍼드 대학에서조차 금서로 지정된 책, 『리바이어던(Leviathan)』은 홉스를 철학자로 유명하게 만들었다. 홉스의 근대 정치사상이 고스란히 담겨진 책이기 때문이다. 권력이 시민의 동의로부터 나온다는 학설은 장차 도래할 근대 시민국가 형성에 밑거름이 되었다. 중세를 지배한 왕권신수설을 전면 부정하는 홉스의 사회계약설은 그 점에서 중요한 의의를 지닌다. 권력의 실체가 인공적인 성격이며 인민의 사회적 동의로부터 나온다는 생각은 왕권신수설을 신봉했던 당시의 지배적인 생각들에 균열을 가하면서 큰 충격을 주었다.

권력은 아래로부터

권력이 위로부터 내려오는 것이 아니라 아래로부터 위임된 인공적 산물임을 천명한 것은 당대 절대 군주 어느 누구도 받아들이기 힘든 사실이었다. 절대 군주는 신의 대리자로서 오직 신에게만 책임을 지고 인민들은 오직 신민으로서 절대적으로 복종해야만 하는 절대주의 시대에 홉스의 정치철학은 환영받지 못했음에 틀림없다. 그런 점에서 홉스의 사회계약설은 절대군주제를 뒷받침한 왕권신수설을 밑에서부터 뿌리 채 뒤흔든 사상이었다.

따라서 권력이 아래로부터 형성되어 위임된다는 생각은 당시로선 가히 혁명적이었다. 그런 혁명적 정치철학이 피력된『리바이어던(Leviathan)』은 총 4부로 구성되었다. 1부에선 자연 상태의 인간에 대해 기술하고 있고 2부에선 인공적 국가인 코먼웰스(Commonwealth)에 대해 기술하고 있다. 홉스는 코먼웰스의 형태에 대해 군주정·민주정·귀족정 3가지 종류밖에 없다고 생각했다. 폭정이나 과두정치(Oligarchy)는 군주정치나 귀족정치의 다른 명칭일 뿐이라고 주장했다. 비록 민중적 코먼웰스라는 민주정치를 부정하고 군주정치를 옹호한 한계를 드러냈음에도 홉스의 사회계약설은 왕권신수설 등 낡은 세계관과 명백히 단절을 시도한 정치사상사적 거대한 진전이 아닐 수 없다.

‖ 참고 ‖ 국가발생설에 대한 이해 돕기

- 원시존재설 : 아프리카 미개사회 줄루족 등을 국가의 초기형태로 이해.
- 족부권설(族父權說) : 가족 내 가부장적 권위가 확대된 형태로 해석.
- 정복설 : 실력적 지배·정복에 따른 자연스런 현상으로 이해. 예) 유목민족 대 농경민족.
- 계급투쟁설 : 사유재산제도 발생 → 계급의 분화 → 국가의 형성을 설명하는 견해.
- 신의설(神意說) : 국가성립의 기초를 초자연적 실재(=신 등 초월적 절대자)에 두는 견해.

- 사회계약설 : 기독교 계약사상에 기원, 근대 상공시민계급(부
  르주아지)의 이데올로기.
    ⇨ 근대 시민국가 형성의 이론적 토대로서 근대 민주주의 이
    론의 기초가 됨.

3. 이데올로기(Ideology) :
자유주의·자본주의·사회주의·무정부주의
-18C 프랑스 시민혁명과 이데올로기

1 이데올로기의 어원과 의미

18C 이데올로기의 어원은 '관념의 논리학'

이데올로기(Ideology, Ideologie)라는 용어는 18C 프랑스
계몽주의 사조의 흐름 속에서 처음 발견된다. 18C 프랑스
시민혁명 당시 정치학자 데스튀 드 트라시(Destutt de
Tracy 1754~1836)가 처음으로 이데올로기란 용어를 사용
하였다. 17C 영국 경험론의 창시자 프랜시스 베이컨(F.
Bacon)이 중세 스콜라(schola) 철학을 우상(Idola)과 편견
으로 규정하여 비난했듯이 트라시는 우상과 편견을 제거한
지식체계, 곧 새로운 관념학(science of ideas)으로서 이
데올로기를 체계화하였다.[53]
관념의 과학으로서 이데올로기(Ideologie)는 관념(Idea)

---

53) 강재륜, 『이데올로기 論史』 (인간사랑, 1987), 39쪽.

의 논리학(Logik), 즉 인간에게 관념이 발생되는 과정을 논리적으로 탐구하는 학문으로 출발하였다. 중세 스콜라(schola)[54] 철학과 달리, 트라시는 참된 지식이 외부 자연세계에 대한 감각적 경험에 기초한다는 영국 경험론에 바탕을 두고 있다. 지식체계인 관념 자체는 초자연적인 세계에 있지 않으며 관념의 발생 과정이 감각기관의 인식에 있음을 주장하였다. 그런 의미에서 트라시가 사용한 용어인 이데올로기는 '관념의 과학', 바로 '관념학'인 것이다.

데스튀 드 트라시
이데올로기라는 용어를 처음 사용하였으며 사유재산제를 옹호한 부르주아 정치학자. 프랑스혁명 당시에는 제2신분인 귀족의 이해관계를 대변했다. 마르크스는 프랑스 체류 당시 트라시의 『이데올로기 원리론』를 상세히 읽고 그의 관념성을 비판하였다.

19C 이데올로기는 허위의식 - 마르크스

18C 관념학으로서 등장한 이데올로기가 19C 마르크스의 사상에 이르면 '지배집단의 거짓의식', 즉 '허위의식'이라는 의미로 바뀐다. 마르크스는 1844년~1845년 파리에 머무는 동안 트라시의 저서 『이데올로기 원리론』을 세밀하게 연구하였다. 마르크스에게 트라시의 이데올로기는 사변적 관념론에 지나지 않았다. 적어도 마르크스주의자들에게 이데올로기는 과학적 진리에 반대되는 용어로 사용되었다.[55] 마르크스와 엥겔스는 『독일 이데올로기』(1845)에서 처음으로 이데올로기에 대해 언급하면서 이데올로기는 특정 계급의 계급적 지배를 공고히 하기 위한 지배체제의 허위의식으로 표현하였다.

---

54) 스콜라(Schola)철학은 중세 가톨릭교회에 부속된 교회학교를 스콜라(schola)라고 불렀는데 그 교회학교에서 신부들에 의해 수행된 철학을 가리킨다. 중세 철학 그 자체로서 대표적인 인물이 13C 토마스 아퀴나스(T. Aquinas)이고 그의 사상을 토미즘(Thomism)이라고 한다.
55) 강재륜, 앞의 책, 42쪽.

칼 만하임
헝가리 출신의 철학자,
사회학자. 젊은 시절 루
카치와 함께 헝가리 문
화운동에 투신했으며
허위의식으로서 마르
크스주의 이데올로기
를 비판하며 계급을 초
월한 사회 전체의 이데
올로기를 구성하려고
노력했다. 그는 계급적
편향이 없는 이데올로
기를 생산할 수 있는 계
층으로 계급적 이해관
계를 초월한 '인텔리겐
치아'를 지목했다. 사회
학 분야에 처음으로 '지
식사회학'을 개척하였
으며 저서로 『지식사회
학의 문제』(1925) 『이
데올로기와 유토피아』
(1929)가 있다.

마르크스주의자들에게 이데올로기는 특정 지배계급이 자신들의 계급적 이익을 합리화하는 상부구조에 지나지 않았다. 이러한 마르크스주의자들의 이데올로기론은 20C 들어 비판을 받는다. 지식사회학이라는 새로운 사회학의 영역을 개척한 독일 사회학자 칼 만하임(K. Mannheim)은 자신들의 적대 계급의 이데올로기적 허구성을 폭로하는 것과 마찬가지로 자신들의 이데올로기 역시 고찰의 대상임을 주장하며 계급대립을 초월한 인텔리겐치아의 보편적 이데올로기를 지향하였다. 이후 20C 후반 냉전질서가 해체되는 과정에서 이데올로기의 종언이 시작되어 오늘날은 사회집단의 이데올로기보다 개인의 퍼스낼리티 형성요인으로 이데올로기를 탐구하는 추세로 변모하였다.

오늘날 이데올로기라는 용어는 두 가지 의미를 함축하는데 첫 번째 긍정적인 의미로서 '행동지향적인 신념체계 내지 세계관'을 일컫기도 하고 사회주의자들의 표현대로 지배계급이 만들어낸 '허위의식'을 가리키기도 한다.

2 프랑스 시민혁명과 근대 이데올로기의 등장

프랑스 시민혁명 : 근대 이데올로기의 발원지

1789년 프랑스 시민혁명은 근대 이데올로기의 출현을 알리는 역사적 사건이었다. 자유주의, 보수주의, 자본주의, 사회주의, 무정부주의 등 근대의 주요 이데올로기들이

18C~19C 프랑스혁명을 계기로 거대한 분화구처럼 용솟음쳤다. 그런 점에서 프랑스 대혁명은 실질적으로 근대 이데올로기의 원천으로 작용하였다. 18C~19C 프랑스 시민혁명이 전개되는 과정에서 나타난 대표적인 이데올로기를 소개하면 다음과 같다.

자유주의 : 상공시민계급(부르주아지)의 이데올로기
먼저 자유주의(Liberalism)의 등장이다. 자유주의는 14C~16C에 걸쳐 진행된 르네상스와 16C 종교개혁이라는 역사적 사건을 통해 형성된 개인주의를 근간으로 하여 형성된 사회사상이다. 자유주의는 프랑스 구체제인 앙시앙 레짐(ancien regime) 등 17C 절대주의를 근본적으로 거부하고 새로운 사회변혁을 꿈꾼 급진적 사상이다. 프랑스 시민혁명은 혁명주도세력인 상공시민계급(제3신분)과 기층노농계급(제4신분)에게 일정 부분 자유를 안겨다 주었다. 프랑스혁명은 무엇보다 정치적인 면에서 커다란 진전을 이뤄냈다. 헌법과 대의제도의 성립, 절대주의의 종식과 공화주의를 실현시킴으로써 이제 더 이상 왕이 제멋대로 통치하는 전제정치는 불가능하게 만들었다. 19C의 유럽 사회가 헌법과 의회를 요구하는 자유주의 시대가 전개된 이유이다.[56]
국왕 루이 16세와 왕비 마리 앙트와네트를 단두대에서 처형시킨 사건은 17C~18C 프랑스 절대주의 왕정체제가 붕

---

56) 강철구, 「강철구의 세계사 다시 읽기-〈49〉 프랑스혁명과 세계사⑩」, 『프레시안』 2008. 7. 9.

괴되는 상징적인 사건이었다. 프랑스 봉건귀족(제2신분)의 특권적 질서가 해체되면서 상공시민계급인 부르주아지의 정치적 성장을 가져다주었다. 시민적 자유권의 기초인 신체의 자유가 보장되고 국가권력으로부터 소극적 의미의 자유(freedom)를 쟁취한 것이다.

루이 16세의 처형
부르봉 왕조의 루이 16세, 그가 단두대에서 처형당하면서 프랑스 절대왕정체제는 종막을 고했다. 프랑스 민주주의 역사 속에서 절대주의의 상징인 왕의 처형은 그 함축하는 의미가 매우 컸다. 특히 주변국가에 끼친 영향은 지대했으며 국내적으로도 프랑스 민주주의를 크게 한 걸음 진전시킨 역사적 사건이었다.

프랑스 시민혁명 : 절대주의 몰락, 자유주의 등장

프랑스 시민혁명은 절대주의 체제를 물질적으로 지원하며 한때 절대 군주와 밀월관계였던 중상주의 시대 상업 부르주아지의 경제적 성장과 관련이 깊다. 그들의 자본을 가져왔고 그것은 결국 제3신분의 정치적 지위의 향상을 요구하는 상황으로 치닫는다. 상공시민계급의 경제적 지위의 향상이 부르주아시라는 거대한 성치사회세력을 탄생시키면서 낡은 구질서의 무능과 부패, 궁정의 향락과 사치를 청산하고 새로운 공화정체를 갈망하였다.

19C 7월 혁명(1830)과 2월 혁명(1848) 이후 프랑스 산업자본의 비약적 성장을 거치면서 상공시민계급은 경제활동의 자유를 만끽하게 된다. 여기에 프랑스 대혁명의 정신적 이데올로기인 자유주의 본질이 숨어 있다. 다음에 기술된 내용은 이를 반증한다.

「18C 프랑스혁명은 기본적으로 부르봉 왕조에 대한 부르주아 혁명의 성격을 띤다. 혁명세력은 의회를 구성하고 혁명의 주도권을 쥔 부르주아 이외에도 도시와 농촌의 민중세력을 뺄 수 없다. 프랑스혁명의 역동적인 움직임은 이 두 혁명 세력의 역학관계에서 생겨난다. 우선 자유주의 귀족과 거대 상업 부르주아 세력을 대표했던 미라보(Mirabeau), 라파이에뜨(Lafayette), 바르나브(Barnave) 등 입헌왕정을 지지한 세력은 '법률혁명'을 통해 입헌주의와 부르주아 자유주의의 기초를 세웠다.

다음으로 반혁명 세력의 거센 저항 속에서 중간 상공시민계급의 이익을 대변했던 지롱드파(Girondins)는 전쟁이라는 비상수단에 호소하여 '법률혁명'의 성과를 지켰으나 혁명의 지도에는 무능력함을 드러냈다.

그 대신 최후에 등장한 자코뱅파는 마라(Marat), 당통(Danton), 특히 로베스피에르(Robespierre)를 지도자로 '공포정치'라 불리는 혁명독재체제를 구축했다. 로베스피에르의 '공안위원회'가 의회 내에서 독재적 권력을 장악함과 동시에 민중의 소망을 적극적으로 흡수하였다.

로베스 피에르
변호사 출신의 혁명적 민주주의자. 소시민과 무산자 대중의 지지를 받는 자코뱅파의 지도자로 제한선거 철폐 등 급진적 사회개혁과 왕의 처형을 주장했다. 루소의 사상에 깊은 영향을 받아 독립자영농의 공동체를 이상사회로 설정하였다. 그의 공포정치는 급진좌파인 에베르파와 자코뱅 우파인 당통을 단두대로 보내면서 사방에 적을 만드는 등 극에 달했다. 테르미도르 반동으로 체포되어 생쥐스트와 함께 단두대에서 처형되었다.

프랑수와 노엘 바뵈프
1789년 프랑스혁명에
참여한 빈농출신의 급
진적 사회혁명가. 인권
선언만으로는 굶주림을
달랠 수 없다며 토지소
유의 제한, 교육과 취
직의 기회균등, 재산의
평등을 주장하였으며
노동자, 자코뱅파 잔당,
에베르파, 혁명적 군인
들과 함께 무장봉기를
주도했으나 나폴레옹에
의해 체포되어 단두대
에서 처형되었다. 19C
전반에 등장하는 프랑
스 사회주의, 공산주의
의 효시가 된 인물이다.

자코뱅 독재는 혁명 초기 정치적 민주주의에 한정되어 있던 '법률혁명'에 사회경제적인 내용을 어느 정도 부여하였다.」[57)]

바뵈프(F. N. Babeuf)의 음모 : 사회주의의 역사적 단초
자유주의는 프랑스혁명 당시 정치적 자유주의로 출발하여 상공시민계급의 경제활동의 자유에서 경제적 자유주의로 치달았다. 프랑스혁명에 핵심세력으로 참여한 기층민중들은 급기야 정치적 민주주의와 경제적 자유주의가 풍미하는 속에서 혁명에 배반감을 느끼게 된다. 19C 들어 그들은 껍데기만 남은 자유주의보다 경제적 민주주의, 바로 평등주의에 기초하여 빵을 요구하기 시작했다. 즉 인권과 자유를 선언하는 것만으로는 굶주림을 달랠 수 없다고 주장한 '평등주의자들의 음모'(1796)[58)]는 그런 역사적 사건의 시작이다.

「시민혁명은 노동자·농민의 혁명이 아니라 부르주아지와 농민의 혁명이기 때문이다. 사실 프랑스혁명을 겪었음에도 불구하고 빈농의 수는 전체적으로 감소하지 않았으며 또한 프롤레타리아 수는 오히려 증가하고 있었으므로 빈농과 노동자의 입장에서 보면 프랑스혁명은 무의미

---

57) 柴田三千雄, 편집부 옮김, 『파리코뮨』(지양사, 1983), 12~13쪽
58) '평등주의자들의 음모(1796)'는 일명 '바뵈프의 음모'로 일컫는다. 프랑스
    혁명에 회의를 느낀 프랑수와 바뵈프가 자코뱅파, 에베르파, 혁명적 군인,
    소시민, 노동자의 무장혁명을 통해 사회경제적 민주화를 기도하였으나 사
    전 밀고로 체포되어 바뵈프가 단두대에서 처형된 사건. 21C 복지사회라는
    오늘날의 시각으로 볼 때 바뵈프의 혁명적 요구사항은 지극히 당연한 내용
    에 지나지 않는다.

한 혁명이었다는 의견이 나옴직도 하다.」59)

19C 자유 : 가진 자들(자본가 계급)을 위한 자유
17C~18C 절대주의에 대한 저항 속에 등장한 급진적 이데올로기로서 자유주의는 19C 들어 보수적 이데올로기로 퇴조하였다. 마르크스는 자유와 자유주의에 대해 그 역사적 본질을 신랄하게 비판한다. "여러분! 자유라는 추상적인 말에 속지 마십시오. 누구의 자유란 말입니까? 그것은 단순한 한 개인의 다른 한 개인에 대한 자유가 아닙니다. 그것은 노동자의 피땀을 눌러 짜내기 위해 자본이 누리는 자유입니다."60)
결국 자유주의는 19C 자본주의 발달에 따른 계급적 불평등이 심화되는 속에서 평등의 가치를 중시한 사회주의와 세기 내내 대립한다. 자유주의는 20C 후반엔 신자유주의로 기승을 부리며 빈부격차를 심화시켰으며 21C 오늘날에도 지배계층의 보수적 이념으로 여전히 똬리를 틀고 있다.

자본주의 : 자유주의를 바탕으로 성립된 경제체제
자본주의(Capitalism)는 자유주의 사회사상을 바탕으로 성립된 경제체제이다. 즉, 자본주의는 자유주의와 동전의 양면인 셈이다. 하나의 같은 실체를 2가지 다른 형태로 표현한 것에 지나지 않는다. 자본주의의 정치 이념적

---

59) 河野健二, 박준식 옮김, 『시민혁명의 역사구조』(청아, 1983), 121쪽.
60) 김세균, 『진보평론』 10호, 2001년 12월호 41쪽.

표현이 자유주의이고 자유주의의 경제체제상의 표현이
자본주의이다. 자본주의는 개인주의와 자유주의를 사상
적 뿌리로 하여 탄생된 경제체제이기 때문이다. 근대 사
회의 주체세력이 부르주아지인 만큼 개인주의, 자유주
의, 합리주의, 자본주의는 근대 이데올로기로서 부르주
아지의 이해관계를 대변하고 관철시킨 부르주아 이념임
을 부인할 수 없다.

자본주의 체제의 근간은 생산수단 및 재산의 사적 소유에
있다. 따라서 자본주의 체제는 사유재산제도를 기본적으
로 인정하고 존중한다. 그리고 자본주의 사상가들은 '소
유', '이기심', '교환성향'을 인간의 타고난 본성으로 내세
운다. 인간의 이기심과 교환성향이야말로 사회적 협업과
분업을 발생시키는 원인이라고 생각한다.[61]

로크는 개인의 재산권을 옹호하는 철학적 논증을 제시했
는데 그는 노동한 사람이 그의 노동의 산물에 대한 천부
적 권리를 지닌다고 주장하였다. 그는 이러한 추론을 토
지에 대한 소유로까지 넓히면서 인간은 자기 자신과 자신
의 노동을 소유한다고 주장하였다.[62]

생산수단 및 재산에 대해 사적 지배가 가능한 경제체제는
필연적으로 계약의 자유를 원칙적으로 중시한다. 계약자
유의 원칙은 자본주의 경제체제의 주요한 특징으로 개인
주의와 합리주의를 그 전제조건으로 한다. 개인의 합리
적 선택, 실은 개인의 이기적 선택을 체제 유지의 필연적

---

61) 박장현, 『노동지와 철학』(노동의 시평, 2010), 128쪽.
62) 팀 크레인 외, 강유원 역, 앞의 책 695쪽.

조건으로 삼기 때문이다.

자본주의 : 경쟁, 이기심, 자유방임이 사회를 발전시킨다는 논리에 기초

자본주의 경제체제는 자본의 논리, 즉 배타적 이기심의 논리에 따라 사회시스템이 편제되는 사회이다. 배타적 이기심을 합리적 이기심으로 포장하긴 했지만 이기심이 개인의 효용을 극대화하고 사회 전체 파이의 크기를 최대화한다고 주장한다.

18C 후반 영국 산업혁명 당시 시민계급의 이해관계를 이론적으로 대변했던 애덤 스미스(A. Smith)의 '보이지 않는 손(invisible hand)'은 그런 생각을 정당화한 최초의 용어이자 최고의 표현이었다. 애덤 스미스는 분업을 일으키는 원리에 대해 언급하면서 이런 사실을 극명하게 표현해 주었다.

「타인에게 어떤 교역을 제안하는 자는 누구라도 그렇게 하려고 한다. "내가 원하는 그것을 나에게 주시오, 그러면 당신이 원하는 이것을 드리겠소" 하는 것이 바로 그런 모든 제안의 의미이고 우리는 그런 식으로 해서, 자신들이 필요로 하는 호의의 압도적 대부분을 서로 손에 넣고 있다. 우리가 저녁 식사를 기대하는 것은 푸줏간·술집·빵집의 자비심이 아니라, 그들 자신의 이해에 대한 배려이다. 우리가 호소하는 것은 그들의 인류애에 대해서가 아니라 자애심에 대해서이며 우리가 그들에게 말하는 것은 결코 우리 자신의 필요에 의해서가 아니라 그들의 이익에 의해서이다.」[63]

국가의 시장 개입을 반대하는 논리로서 애덤스미스의 '보이지 않는 손'은 18C 자유방임주의(laissez-faire)[64] 사상을 천명하고 있다. 시장의 자유경쟁체제가 생산성과 효용의 가치를 극대화시킬 수 있다는 주장으로 자본주의 발달에 따른 빈부격차의 심화를 철저하게 외면했던 부르주아 시대의 논리이자 강자의 논리였다. 18C 후반 자본주의 경제체제가 노동자의 고혈을 짜내는 착취와 수탈을 기반으로 형성된 괴물 같은 체제임에도 빈곤을 사회구조의 문제로 인식하지 않고 개인의 무능과 게으름으로 돌렸다. 이에 대해 마르크스를 비롯한 사회주의자들은 노동자의 빈곤과 그에 따른 소외현상이 노동자 개인의 무능함과 게으름의 결과가 아니라 비인간적으로 노동력(임금)을 착취하는 사회구조에 있음을 심층적으로 분석하였다.

「노동자의 삶은 자본에 의존한다. 즉, 그것은 노동자가 창조하였지만 자기의 것이 아닌, 따라서 자기의 노동을 통해 자신의 정당한 존재를 발견하는 대신 자신이 소외돼 있는 이 물질의 세계 안에서 노동자는 자기의 존재를 잊어버리게 되는, 즉 일을 하지 않으면 돈을 벌 수 없게 되는… (중략) 결국 인간은 인간에게서 소외된다… (중략) 노동자의 소외는 자본주의 시장경제체제 안에서 극대화되는데 그것은 노동자가 생산한 상품의 일부 가치를 자본가가 노동자

---

63) 애덤 스미스, 유인호 옮김, 『국부론』(동서문화사, 2010), 27쪽.
64) 자유방임주의(laissez-faire)는 국가불간섭원칙을 가리킨다. 시장에 대한 국가무간섭주의로서 자유무역을 옹호하고 시장의 자동조절기능에 전지전능한 신뢰를 보냈던 18C~19C 시대사조이다.

로부터 빼앗아 개인적으로 착복하는 것이다.」[65]

19C 자본주의 : 주기적인 공황의 발생 – '보이지 않는 손'의 실종

자본주의 체제는 19C 후반 독점자본주의 발달단계로 진입한 뒤 마르크스의 예언대로 주기적인 몇 차례의 공황을 겪으며 시장경제체제의 파탄으로 귀착되었다. 노동력 착취에 기초한 거대 자본가의 탐욕이 시장의 개척이라는 제국주의 침략전쟁으로 치달았다. 자국 경제의 국내적 모순을 해외시장 개척이라는 폭력적인 형태로써 체제의 위기를 해소하려 했지만 결국 자본주의 시스템은 1929년 전면적으로 붕괴된다. 애덤 스미스의 '보이지 않는 손'은 실종되고 시장의 가격기구는 그 기능을 상실하였다.

1929년 세계대공황은 자본주의 체제가 자기부정의 모순에 빠졌음을 전 세계에 각인시킨 역사적 사건이다. 1930년대 세계사에서 유럽 각국에 파시스트 정권[66]이 출현한 것은 그런 시장의 불안에 대한 반동적 시대 흐름이었다. 스스로 자신의 체제를 일부 부정하고 재탄생된 1930년대 수정자본주의 체제는 2차 세계대전이라는 전쟁특수에 힘입어 운 좋게 체제의 위기에서 벗어난다.

애덤 스미스
글래스고우 대학의 도덕철학자이자 근대경제학의 시조가 된 애덤 스미스는 18C 후반 『국부론』을 통해 당시 산업혁명을 주도한 부르주아지의 이해관계를 이론적으로 강변했다. 그의 자유방임주의 사상 내지 자유무역의 옹호는 경제행위의 동기를 인간의 이기심(합리적 선택)에서 찾았으며 이는 '보이지 않는 손'의 작용으로 경제의 균형과 가치창조가 가능하다고 주장하였다. '국부론'이라는 용어는 후대 경제학자들이 붙인 이름이고 원 제목은 『국가의 부의 성격과 원인에 관한 연구』이다.

---

65) 사회민주주의연구소, 『마르크스주의』 44쪽~45쪽.
66) 파시스트(Fascist) 정권은 이탈리아 파시스트당 무솔리니, 1931년 만주사변을 조작하여 만주로 시장을 확대한 일본군국주의자들, 1933년 선거를 통해 권력을 장악한 독일의 히틀러, 스페인 내전에서 승리한 프랑코 총통을 들 수 있다.

21C 금융 자본의 공황 - 세계 자본주의 체제의 위기

그러나 2007년 1월 미국에서 시작된 금융위기는 자유주의 '시장경제체제의 완전성'을 주술처럼 퍼뜨렸던 많은 경제학자들에게, 그리고 시장을 향해 갖고 있던 우상숭배와도 같은 굳은 신앙심[67]으로 무장한 경제 관료와 경제전문가들에게 잘못된 우상숭배였음을 확인시키는 데 채 2년의 시간이 걸리지 않았다. 21C 오늘날 세계경제의 심장부인 미국을 비롯한 포르투갈, 그리스, 아일랜드, 아이슬란드 등 유럽 전체가 심각한 경제위기, 즉 또 다른 공황을 경험하고 있다. 2007년 시작되어 2008년 금융대국인 미국 사회 전체를 체제의 붕괴라는 공포와 심각한 경제위기, 즉 금융공황으로 몰아간 상황에는 신자유주의 경제정책이 근원적 원인으로 작용했다. 1990년대 미국의 규제완화와 영국의 민영화 이전에는 미국 투자은행들이 1933년 글래스-스티걸 법(Glass-Stegall Act)에 의해 소매금융시장에 참여하는 것이 원천적으로 금지되어 있었다. 그러한 정책변화가 없었다면 핵심 금융기관들이 손실을 숨기기 위해 2차 은행시스템을 사용하지는 않았을 것이다. 씨티그룹, 메릴린치, HSBC, 바클레이스 캐피털, 도이치 방크 등이 엄청난 부채를 짊어지고 다른 이들의 자금을 위험한 담보에 기초하여 필사적으로 대출을 자행하지는 않았을 것이기에 그렇다.[68]

---

67) 김정주, 「신자유주의의 파산과 세계경제 위기」, 『진보평론』 51쪽. 2012년 봄호.
68) 로빈 블랙번 외, 『뉴레프트 리뷰 1』 (길, 2009), 69~70쪽.

2008년 세계 금융공황은 금융자본가들이 자신들의 탐욕을 마음껏 충족시킬 수 있도록 방조한 신자유주의 경제 환경이 전 세계적으로 조성된 데에 일차적인 원인이 존재한다고 볼 수 있다.

프랑스 대혁명 : 보수주의 – 세상에서 벌어진 일 중 가장 경악스러운 일

보수주의(Conservatism)는 18C 프랑스 시민혁명의 반동으로 등장하였다. 1789년 프랑스 대혁명이 성공하자 영국의 정치학자 에드먼드 버크(E. Burke)는『프랑스혁명 및 이에 관한 런던 시민단체의 움직임에 대한 고찰』(1790)에서 프랑스 시민혁명의 폭력성과 무질서를 비난하였다. 즉, 프랑스 대혁명은 굶주린 대중과 폭도들이 유산자들의 재산을 빼앗은 일종의 폭동으로서 전통적인 공동체의 삶을 무참히 깨버렸기 때문에 실패한 혁명[69]이라는 것이다. 보수주의의 아버지 에드먼드 버크(E. Burke)는 프랑스혁명 과정에서 권력을 상실한 국왕과 귀족들의 편에 서서 과거의 잃어버린 질서를 옹호하는 사상을 이론적으로 정립하였다.

「나에게는 프랑스만의 사태가 아니라, 전 유럽 그리고 아마도 유럽 너머까지도 미치는 큰 위기 가운데 내가 처해 있는 듯 보인다. 모든 정황을 종합해 볼 때, 프랑스혁명은 이제까지 세상에서 벌어진 일 중 가장 경악스러운

---

69) 하승우, 앞의 책, 14쪽.

일이다. 매우 놀라운 이 사태가 많은 경우 매우 불합리하고 우스꽝스런 수단에 의해, 매우 우스꽝스런 방식으로 그리고 명백히 가장 멸시받아 마땅한 도구들에 의해 생겨났다. (중략) 이 기괴스러운 희비극을 보고 있으면 어쩔 수 없이 정반대 감정이 교대로 생겨나면서 때때로 마음속에서 서로 뒤섞이기도 한다. 멸시와 분노가 번갈아 치밀어 오르고 웃음과 눈물이, 냉소와 공포가 교차한다.」70)

그러나 보수주의가 사상적 조류로서 확고한 자리매김을 한 것은 19C 초 왕정복고의 움직임이 일어나던 시기이다. 실제로 왕당주의 운동의 기관지 『르 콩세르바퇴르(Le Conservateur)』가 발간되면서 보수주의는 정치 이념적 용어로 확실한 자기 위치를 가지게 된다. 21C 영국 보수당의 전신 토리당이 보수당이라 칭하게 된 것도 1835년의 일이다. 혁명의 급진성에 반발하여 자신들의 기득권을 옹호하려는 귀족계급의 태도는 비록 공포심에 기인한 방어적 성격을 띠었지만 역사의 흐름인 자유주의에 대한 저항으로 나타났다.

17C~18C 자유주의 : 급진적 이데올로기

그러나 18C 급진적 사회사상인 자유주의는 보수주의의 거센 저항을 꺾고 시민혁명의 든든한 정신적 보루로서 18C 유럽의 시대정신이 된다. 그러나 진보적인 혁명사상

---

70) 에드먼드 비크, 이태숙 옮김, 『프랑스혁명에 관한 성찰』(한길사, 2008), 49쪽.

으로 한 시대를 풍미했던 자유주의 사상은 1848년 프랑스 2월 혁명 이후 프랑스 자본주의 발달과 함께 빈부격차가 심화되면서 사회주의의 거센 저항에 직면하게 된다. 적어도 19C 중반 이후 자유주의는 더 이상 진보적인 사회사상이 될 수 없었다. 이미 자유주의는 부르주아의 혁명정신을 상실한 채 보수적인 이데올로기로 성격을 규정지으며 자기방어에 들어갔던 탓이다. 19C 중반 이후 자유주의는 보수주의 사회사상의 한 흐름일 뿐 더 이상 진보적인 사상으로 기능할 수는 없었다.

19C~20C 자유주의 : 보수적 이데올로기

따라서 보수주의는 특정 사회사상이라기보다 시대의 변천에 따라 그 성격이 규정되는 사회사상이다. 18C 자유주의는 급진적 사회사상이었으나 19C 중반 이후 21C 오늘에 이르기까지 자유주의는 보수주의 사회사상의 범주에 귀속된다. 거대한 시대정신에 맞서 보수주의는 과거로 회귀하려는 반동주의로 나타나기도 하고 때로는 옛 것에 집착하는 수구주의의 얼굴을 드러내기도 한다.

사회주의 : 19C 자본주의의 야만성을 고발

사회주의(Socialism)는 19C 초에 탄생한 사회사상이다. 자유주의를 토대로 형성된 19C 자본주의 경제현실의 참학한 현실과 야만성을 폭로하면서 반(反)자본주의 사회사상으로 등장한다. 18C 말~19C 초 이른바 산업혁명과 더불어 등장한 근대 산업자본주의는 애초부터 사회주의라는 부정의 씨앗을 내부에 품고 있었다. 초기 자본주의가 불러온 극심한 빈부격차는 노동자들의 생존 자체를 위협했고 이러한 현실을 벗어나기 위하여 노동자들은 단결해야 했기 때문이다.

19C 자본주의의 참혹한 현실은 마르크스와 함께『공산당선언』(1848)을 작성했던 프리드리히 엥겔스가 자신이 쓴 논문『영국 노동계급의 상태』(1845)에서 생생하게 묘사하고 있다.「사방 천지의 웅덩이마다 쓰레기와 썩은 고기, 역겨운 오물이 엄청나게 쌓여 있다. (중략) 악취 때문에 숨쉬기도 힘든 이런 환경에서 기껏해야 방이 둘이고 다락방이나 가끔 지하실이 딸린 축사 같은 곳에서 평균 20명이 살고 있다.」[71]

「사회주의란 도대체 무엇인가? 사회주의는 19세기 전반에는 영국의 오언, 프랑스의 생시몽파와 푸리에파 등 초기 사회주의자라고 불리는 이론가들에 의해 화려한 이론적 개화를 보였으나 실제로 운동 면은 미약했다. 19세기 후반이 되어서는 마르크스의 이론적 작업이 있긴 했으나 오히려 사회주의 운동이 커다랗게 전면에 나서게 되었다. 비유해 말하자면 19세기 전반기 사회주의는 주체 없는 이론이고 사회주의의 실현방법으로서 부르주아의 선의(善意)와 이성에 기대한다는 인도주의적인 경향이 강했던데 반해, 19세기 후반에는 사회주의 실현의 주체인 노동운동이 등장하고 이론 활동도 노동운동과 결합하게 된 것이다.」[72]

---

71) 하승우, 앞의 책, 12쪽.
72) 柴田三千雄, 편집부 옮김, 앞의 책, 140~141쪽.

사회주의는 19C 초, 서유럽 자본주의 발달에 따른 심각한 빈부격차를 해소하려는 목적에서 고개를 내밀게 된다. 사회주의자들은 기본적으로 생산수단의 사적 소유를 폐지하고 공동소유를 강조한다. 모든 사회악의 근원을 사적소유에 있다고 믿기 때문이다. 사회주의 경제 역시 생산과 소비를 사회적으로 통제하는 계획경제체제를 근간으로 한다. 그리고 사회주의자들은 개인 간 경쟁보다 협동과 연대를 강조한다. 공동체성, 즉 사회성은 바로 협동과 단결 그리고 연대성에 있다고 보기 때문이다.

19C 전반기 사회주의를 지칭하는 용어로 '공상적 사회주의(Utopian Socialism)'라고 부른다. 공상적 사회주의자들은 자본주의 사회의 죄악을 없애는 일이 이성의 과제라 주장하였다. 그들은 이상적인 사회제도의 새로운 체계를 고찰하여 이것을 유산자들에게 선전하고 그들의 이해를 얻기만 하면 사회주의 사회가 실현될 수 있다고 생각하였다.[73]

공상적 사회주의 : 자본주의 모순을 자본가의 도덕성, 종교성에 호소

자본주의 체제의 모순을 자본가의 도덕성과 종교성에 호소하거나 체제 내적으로 해소하려는 몽상가적 경향을 띠었기에 엥겔스의 혹독한 비판을 받았다. '공상적 사회주의'라는 이름도 엥겔스가『공상에서 과학으로』(1880)라는 논문에서 처음 쓴 표현이다. 자본주의 체제의 비인간성과

---

73) 나성민,『칼 마르크스』(새날, 1993), 79쪽.

야만성을 극복할 수 있는 과학적 무기인 마르크스의 이론을 '과학적 사회주의'라고 명명한 데서 유래한다.

「마르크스는 자신의 사회주의를 과학적 사회주의라고 하여 그 전의 초기 사회주의 사상가들을 유토피아적 사회주의라고 단정한 것과 구별했다. 그는 그의 이론을 단순히 인간 향상에 대한 관념적인 노력이 아니라 역사 발전과 현대 자본주의의 역할에 대한 과학적 탐구에 기초하고 있다고 주장하였다.」[74]

따라서 사회주의 이념의 근원은 공상적 사회주의에 있다. 현대적 의미의 사회주의라는 용어도 1830년대에 처음으로 그 모습을 나타냈다.[75] 프랑스 공상적 사회주의자 생시몽과 샤를 푸리에, 그리고 영국의 공상적 사회주의자 로버트 오언의 저서에 등장한다. 특히 영국 사회주의 운동사에서 영원한 족적을 남긴 로버트 오언의 경우, 방직공장을 경영한 자본가 출신이라는 특이한 인물이다. 오언은 영국 사회 자본가들의 탐욕에 실망하여 스스로 '성격형성학원'[76]이라는 노동자의 자녀를 돌보아주는 유아교육시설을 설립하였다.

---

74) 사회민주주의연구소, 『사회주의』, 29쪽.
75) 사회민주주의연구소, 앞의 책, 19쪽.
76) 성격형성학원은 오언이 노동자의 노동조건과 환경을 개선하기 위해 설립한 어린이 교육시설로 성공적이었다. 오언은 노동자의 참정권 획득을 위한 차티스트 운동에 참여하는 등 노동자의 처우개선을 위해 많은 노력과 실험을 경주한 인물이다.

공상적 사회주의자 로버트 오언 : 자본가로서 노동자의 권리 옹호

오언은 불건전한 환경의 나쁜 영향과 경쟁이 사라지면 생산력은 인류의 이익이 될 것이라 생각하였다. 그리하여 오언은 미국 인디애나 주에 3만 에이커의 토지를 사서 「뉴하모니」라는 이상향을 건설하였다.[77] 오언의 공동체 건설 노력은 모두 실패로 끝나지만 그는 협동조합과 노동조합운동으로 노동자의 지위 향상에 기여한 중요한 자취를 남겼다. 특히 1832년 노동운동이 활성화되면서 차티스트 운동이 전개되는 와중에 1834년 오언은 「전국노동조합대연합」 결성에 주도적인 역할을 수행한다.[78] '노동조합이 사회의 지배권을 장악하고 나아가 산업을 운영해야 한다'는 기본이념 아래 1834년 50만 명에 달하는 노동자를 조직하여 부르주아 정치권력을 압박하는 데 그 중심에 오언이 있었다.

블랑키(Blanqui)의 직접 폭력혁명 – 마르크스의 사상에 영향

19C 후반 사회주의자 가운데 프랑스의 루이 오귀스트 블랑키(Louis Auguste Blanqui)를 빼놓을 수 없다. 블랑키는 인민주의(Populism)에 입각하여 직접적 폭동을 통해 비인간적인 자본주의 질서를 대체할 수 있다고 생각하였다.

---

77) 사회민주주의연구소, 앞의 책, 22쪽.
78) 김금수, 「정치적 자립을 위한 노동자들의 투쟁」, 『세계노동운동사』,
　　http://www.klsi.org 참조.

루이 오귀스트 블랑키 프랑스 7월 혁명(1830)과 2월 혁명(1848)에 참여하는 등 전 생애에 걸쳐 급진적 사회변혁을 추구한 혁명가로 36년 이상을 감옥에서 보냈다. 소수정예의 혁명가집단이 주도하는 폭력혁명과 프롤레타리아 독재를 옹호하였다. 이는 마르크스의 사상에 영향을 미쳤다.

블랑키는 이탈리아 혁명과 프랑스 7월 혁명 등 생애 대부분을 폭동과 감옥에서 보냈는데 이론보다 철저한 신념에 따라 행동을 중시한 정열적인 사회주의자였다. 그는 소수 선진적인 그룹에 의한 폭력혁명, 그리고 프롤레타리아 독재를 주장하였는데 이러한 생각은 마르크스의 사상에 지대한 영향을 미쳤다.

무정부주의 : 19C 반(反)자본주의 사회사상으로 출발

무정부주의(Anarchism)는 1789년 프랑스혁명 당시 정권을 잡은 산악파[79]가 자신들의 정적 에베르파를 아나키스트라 부르며 그 말에 무질서나 혼란처럼 부정적인 의미를 부여한 사건에서 유래한다.[80] 아나키즘(Anarchism)의 어원은 '지도자가 없는', '선장이 없는 배의 선원'을 뜻한 그리스어 아나르코스(anarchos)에서 유래한다.[81]

아나키즘은 19C 초 사회주의와 마찬가지로 반(反)자본주의 사회사상으로 출현하였다. 대표적인 사상가로는 영국의 작가 윌리엄 고드윈(W. Godwin)이나 프랑스의 무정부주의 창시자 피에르 프루동, 그리고 러시아의 뛰어난 지리학자이자 동물학자인 크로포트킨을 들 수 있다. 또한 크로포트킨과 함께 무정부주의 사상을 이론적으로 정립하

---

79) 산악파는 프랑스혁명 당시 국민공회의 좌파로서 급진적인 자코뱅당 의원들이었다. 의장이 높은 의석에 앉았었기에 붙은 이름이다. 산악파의 지지층은 소시민과 무산대중 등 상퀼로트였고 지롱드당의 지지기반은 상공시민계급과 지주계급이었다.

80) 하승우, 앞의 책, 13쪽.

81) 하승우, 앞의 책, 7쪽.

여 마르크스와 대립82)하였으며 마르크스와 함께 제1인
터내셔널을 조직한 미하일 바쿠닌(M. Bakunin)을 들 수
있다.

아나키즘과 사회주의의 공통점 : 사유재산제도는 사회악
의 근원
19C 자본주의 사회의 냉혹한 질서와 반인간적 사회현상
에 반기를 들고 등장한 무정부주의는 반(反)자본주의 사
회사상이라는 점과 사회악의 뿌리가 사유재산제도에 있
음을 강조한 점은 사회주의 사상과 공통점이다. 왜냐하
면 둘 다 19C 자본주의 체제의 잔인성에 저항하여 나타난
사회사상이기 때문이다. 실제로 19C 자본주의의 참학한
현실에 전율하며 체제의 변혁을 추구했던 사회운동의 조
류는 다양한 형태로 표출됐다. 사회주의의 다양한 흐름
이 존재했듯이 무정부주의 역시 다양한 색깔을 띠며 출현
하였다.
아나키즘이라는 용어를 사용하진 않았지만 무정부주의
사상의 선구자적 역할을 담당했던 18C 말 윌리엄 고드윈
은 보수주의자 에드먼드 버크가 쓴『프랑스혁명에 관한
성찰』을 통렬히 비판했다. 자유와 정의의 적(敵)으로 버크
가 비난한 '폭도'들을 오히려 옹호하고 자유와 정의의 진

---

82) 이계희, 『러시아 근대 사회사상』(풀무, 1980), 50쪽.
바쿠닌은 마르크스의 과학적 사회주의가 필연적으로 관료제화, 권위주의
화 할 것이라고 주장하였다. 즉 마르크스의 과학적 사회주의는 '추상적인
사고'가 '실제 생활'을 전횡적으로 지배하는 결과를 초래하고 또 무식한
근로인민에 대한 유식한 자의 독재를 가져오리라고 보았다.

정한 적(敵)은 정치제도를 통해 이익을 독차지하는 특권
계급과 타락한 정치야말로 인류의 가장 무서운 적이라고
보았다. 즉, 불평등과 폭력이라는 오랜 부조리를 낳은 것
은 바로 정치라는 제도 자체라는 것이다.[83]

권력과 제도 자체를 부정적으로 바라본 고드윈의 생각처
럼 무정부주의자들은 인간의 자유를 억압하는 일체의 지
배 권력과 사회제도를 배격하였다. 아나키스트들은 기본
적으로 국가나 정부는 그 본성상 인간의 자유를 억압하고
'인간의 발전을 훼방'[84]하기 때문에 인민들 스스로의 힘
으로 권력과 재산의 불평등을 바로잡고 정의를 실현해야
한다는 신념을 견지했다.[85]

아나키스트가 보는 인간의 본성 : 협동과 상호부조
아나키스트들은 인간성의 본질을 애덤 스미스(A. Smith)
처럼 '이기심'과 '경쟁'으로 보지 않았다. 그들은 인간성
의 본질을 '상호부조'와 '협동'으로 보았고 종의 진화에
가장 중요한 요소를 다윈처럼 경쟁이 아니라 협동으로 생
각했다. 역사 속 아나키스트들은 종종 테러리스트로 매도
되고 비난받는다. 그러나 그것은 아나키스트들이 꿈꾸었
던 새로운 세상에 대한 열정과 신념을 두려워한 주류사회
의 음모일 뿐이다.

---

83) 하승우, 앞의 책, 14쪽.
84) 윌리엄 고드윈의 표현이다.
85) 하승우, 앞의 책, 16쪽.

한국의 대표적 아나키스트 : 단재 신채호, 우당 이회영

한국의 대표적 아나키스트 단재 신채호 선생이나 우당 이회영 선생을 생각하면 그 어떤 조선의 독립운동가도 이들 앞에 머리를 숙이지 않을 수 없을 것이다. 한국현대사의 권위자인 한홍구 교수는 신흥무관학교를 세운 이회영 형제들에 대해 이렇게 기술하고 있다.

노블레스 오블리주를 실천한 이회영
일제시대 일본 경찰의 눈을 피해 현재 시가 약 600억 원 상당의 재산을 몰래 처분한 뒤 6형제 40여 명의 식솔을 이끌고 집단망명을 감행하여 만주에 신흥무관학교를 건설한 대표적인 조선 독립운동가이자 아나키스트. 일제의 극악한 취조와 고문으로 옥사함.

노블레스 오블리주를 실천한 독립지사 : 우당 이회영

「이회영, 이시영, 이석영 등 6형제는 재벌 부럽지 않은 많은 재산을 일본경찰 몰래 처분하여 독립운동에 모든 걸 바쳤다. 그 지체 높은 집안의 부인들이 독립군 뒷바라지를 한다는 것은 전에 집에 부리던 종들을 위해 밥을 짓고 빨래를 한다는 것을 의미한다. 몇 해 지나지 않아 가져간 재산이 떨어지자 대가댁 마님들이 몸 파는 여자들 옷을 지어주며 생계를 꾸릴 정도였다.」[86]

신채호의 『조선혁명선언』은 의열단 강령

의열단의 강령이 된 『조선혁명선언』[87]을 작성한 진정한 조선의 혁명가 신채호나 노블레스 오블리주(Noblesse Oblige)를 실천하며 65세의 나이에 일본제국경찰의 잔혹

---

86) 한홍구, 『대한민국 史 1』 (한겨레신문사, 2003), 150쪽.

87) 의열단 강령 『조선혁명선언』은 중국 베이징에서 의열단 단장인 약산 김원봉의 부탁으로 신채호 선생이 한 달여 만에 완성한 선언문으로 첫 문장이 '강도 일본…'으로 시작하는데 고등학교 국어교과서에 실린 육당 최남선의 『기미독립선언문』과 다르게 읽다 보면 심장이 뛴다. 시종일관 격렬한 문체로 전개되며 일본제국주의자들의 만행과 조선의 참담한 현실이 잘 표현된 명문장이다.

이회영의 손자, 이종걸
민주당의원(사진 왼쪽).

한 고문 끝에 숨진 노(老)혁명가 이회영[88]은 역사에 길이 빛날 위대한 인물들이다. 모두 아나키스트로서 엄혹한 제국주의 시절 자신의 신념에 충실했고 조선의 독립과 새로운 이상사회를 꿈꾸며 민족의 제단에 피를 흘린 혁명가들이다.

3 이데올로기의 속성과 기능

이데올로기 : 대중의 비판적 사고 · 정치의식 고양, 희생과 헌신을 요구

이데올로기는 행동지향적인 신념체계로서 사회현실에 대해 비판적 사고를 가능하게 하고 사회구성원의 집단적 행동을 유발시키는 속성을 지닌다. 또한 이데올로기는 인간 사회의 이상적인 모습을 설정하고 그를 달성하기 위한 정치조직, 사회조직에 대한 프로그램을 대안으로 제시한다. 나아가 이데올로기는 그러한 프로그램의 실현을 위한 투쟁을 수반하며 광범위한 대중을 조직하고 동원할 수 있을 뿐 아니라 대중의 희생과 헌신을 요구한다.

이데올로기는 기존 사회질서를 전면적으로 부정하고 변

---

88) 우당 이회영 선생은 조선의 명문대가 출신으로 자신들의 6형제 식솔 수십 명을 이끌고 집단 망명하여 전 재산 600억(오늘날 환산한 금액) 원으로 독립군 양성소 신흥무관학교를 세우는 등 전 재산과 목숨을 조선독립운동에 바친 독립지사이다. 이회영의 손자로 오늘날 이종찬(전 국정원장), 이종걸(민주당 국회의원)이 있다.

혁하는 역할을 수행하기도 하지만 기존 사회질서를 더욱 공고히 다지는 기능도 수행한다. 즉 이데올로기는 사회 변혁적 기능을 갖는 반면, 거꾸로 사회 통합적 기능을 수행하기도 한다. 따라서 이데올로기 자체가 진보적인 성향인지 아니면 보수적인 성격인지에 따라 이데올로기의 역할은 각기 다르게 규정된다. 대체로 이데올로기가 지닌 긍정적 기능으로는 우선적으로 역사의 진보에 대한 낙관적 믿음을 가져다준다.

이데올로기 : 정치사회의 민주화를 촉진
뿐만 아니라 이데올로기는 일반 대중의 정치적 각성과 의식 수준을 고양시키는 기능을 수행한다. 이데올로기는 사회 현상에 대한 관념 형태이기에 대중의 정치적 비판의식을 드높이는 중요한 기능을 감당한다. 이는 민주주의의 성장과 발전에 지대한 영향을 미쳐 정치사회 민주화를 선도하는 신선한 동력으로 작용한다. 그런가 하면 이데올로기가 현실 속에서 정치적 좌절을 경험하거나 이율배반된 모습으로 다가올 때 대중은 이데올로기에 대한 환멸과 함께 정치적 무관심을 낳기도 한다. 현대 사회 대중의 정치적 냉소주의는 좌절된 이데올로기의 편린이기도 하다.

이데올로기 : 경직된 이분법적 세계관, 극단적 폭력성 초래
격동하는 현실 속에서 이데올로기가 구체적으로 실현되지 못할 때 이데올로기는 과격하고 급진적인 관념 형태로 경도되기도 한다. 또한 이데올로기는 경직된 이분법적

알베르 카뮈

반전주의자, 인권운동
가, 사형제 폐지론자,
프랑스 공산당원, 레지
스탕스 활동, 부조리의
철학 등 실존주의 문인
으로 알려진 알베르 카
뮈. 그는 『반항인』(1951)
에서 혁명적 이데올로
기를 맹신하는 인간형
을 비판하며 공산주의
를 비난하였다. 이를 전
후하여 사르트르와 결
별한다. 1960년 불의의
자동차 사고로 사망.

세계관을 낳거나 극단적 폭력성을 내포하는 속에서 흑백
논리에 입각한 독선적 태도를 강요하고 불관용의 자세를
보이기도 한다. 프랑스 실존주의 작가 알베르 카뮈(A.
Camus)는 이데올로기에 대한 광신적 헌신보다 정의, 절
제, 인간적 온화함, 그리고 삶의 환희를 강조하였다. 카
뮈는 진정한 반항인은 혁명적 이데올로기에 맹목적으로
순응하기보다 불의에 대해 '아니오'라고 말할 수 있는 인
간이라고 역설했다.

4 과잉이념의 한국 사회

6 · 25 전쟁 : 과잉이념의 한국 사회 시작, 진보좌파 및 민
족주의 보수세력이 거세되다

한국 사회는 불행하게도 과잉이념의 사회이다. 냉전질서
가 해체된 지 23년이 지난 오늘날 지구상에 유일하게 냉
전의 고도로 남아 있는 한반도는 부끄럽게도 과잉이념으
로 여전히 몸살을 앓고 있다. 한국 사회가 지구상 유일하
게 과잉이념의 사회로 뿌리가 박힌 계기는 1950년 한국
전쟁에서 발단한다. 사회학자 김동춘 교수는 한국전쟁이
지니는 역사적 의미를 명징하게 밝혀주고 있다.

「이승만을 구해주고 남한의 지배집단을 위기로부터 구해
준 이 전쟁을 통해 형성된 국가는 반공주의의 신성함을
과시하기 위해 너무나 많은 희생을 필요로 하였다. 그것

은 이민족 혹은 적의 핏자국 위에 세워진 국가가 아니라 사실상 '적으로 의심되는' 수많은 동족의 핏자국 위에 세워진 국가였다. 그 국가는 안보를 위해 아름다운 나라(美國)와 완전히 한 몸이 되어… (중략) 빨갱이는 죽여도 좋다. (중략) … 전쟁이 일어난 지 50년이 지나도록 국민으로부터 어떠한 감시와 통제도 받지 않는 초법적인 공안기구와 극우냉전주의의 입장에 선 언론의 마녀사냥식 '좌익색출작업'이 지속되는 나라, 그리고 전쟁이 사회운영 원리로 내재화되고 냉전적 정치경제질서가 가장 철저하게 착근한 사회에서는 초보적인 인권도 민주주의도 달성하기 어렵다.」[89]

한국 사회를 '과잉이념의 사회'라고 할 때 그것은 한국 사회에 다양하고 수많은 이데올로기가 넘쳐난다는 의미가 아니다. 오히려 한국 사회에서는 오직 하나의 이데올로기만이 진리이고 적어도 그 이데올로기만이 국민들 의식 속에 내면화된 가치로 존재한다는 사실이다. 이 이데올로기는 '반공'이다. 반공이데올로기는 반북이데올로기이고 해방 직후 그것은 친미이데올로기이며 그 주체는 친일세력이다. 즉 한국 사회에서 친일세력은 해방 공간에서 자신들의 생존을 위해 반공이데올로기를 진리로 둔갑시키는 데 주저하지 않았다. 그리고 그런 한국인들에게 반공의식을 철저하게 내면화시킨 결정적인 사건이 6·25전쟁이었다.

---

89) 김동춘, 『전쟁과 사회』(돌베개, 2000), 299~301쪽.

과잉이념의 사회는 누가 보더라도 건강한 사회가 아니다. 1950년대 한국전쟁과 매카시즘(McCarthyism)[90]의 광풍이 한반도를 할퀴고 지나간 뒤 한국 사회는 오직 하나의 이념이 지배하였다. 반공은 1961년 박정희 쿠데타를 통해 제1의 국시(國是)로 명명, 계승되었고 반공(反共) → 승공(勝共) → 멸공(滅共)으로 심화된 60~70년대 박정희 정권의 체제경쟁이 극에 달했다. 천박하고 잔혹한 과잉이념의 척박한 현실이 지속되면서 당대의 시대정신은 고갈되었고 메마른 영혼들은 더욱 공포에 질려 자유로운 정신은 질식당하였다.

반공이데올로기 : 공동체적 가치 훼손

극우 반공독재체제가 40년 넘도록 지속되면서 한국 사회는 지성과 자유의 토양이 불구의 형태로 남게 되고 국가체제는 유사 파시즘(pseudo fascism)의 형태를 띠었다. 40년 넘게 반공 = 냉전 = 분단 = 극우로 통하는 이데올로기 과잉현상은 한반도 남쪽 한국 사회가 건강하게 지향해야 할 공동체적 가치를 왜곡시켰다. 그리고 한반도 북쪽 사회를 섬멸시켜야 할 적대적 관계로 규정하고 북쪽의 가치 가운데 일부 역사적 진실도 왜곡시키는 데 주저하지

---

90) 매카시즘은 미국 위스콘신 주 상원의원 조세프 매카시가 1950년 2월 미국 '국무부 내에 공산주의자들이 205명이나 활동하고 있다'고 폭로하면서 조성된 극단적 반공주의 광풍을 일컫는다. 냉전이 전 세계적으로 고조되던 시대 수많은 사람들을 고통 속에 휘몰아갔던 매카시즘은 경직된 시대풍토를 낳았으며 비판적 지식인을 체제내적으로 순치시키는 등 미국 및 반공주의 노선을 걸었던 이승만 정권하 지식인의 정신세계를 황폐화시켰다.

않았다.[91] 그런 현상은 분단이 빚어낸 과잉이념의 당연한 결과였다. 북쪽 역시 조선민주주의인민공화국을 미화하기 위해 역사적 진실을 은폐·축소하고 가치를 왜곡하는 데 결코 남쪽 사회에 뒤지지 않았다. 체제 경쟁이 격화되는 만큼 지향해야 할 가치와 역사적 사실의 왜곡은 심화된 것이다.

87년 6월 항쟁 : 다양한 이념의 공존, 민주주의 사회로의 첫걸음

1987년 6월 시민항쟁을 통해 과잉이념의 견고한 시스템은 일정 부분 균열과 함께 해체되었다. 87년 6월 항쟁은 한국 사회가 과잉이념의 획일화된 사회에서 다양한 이념이 공존하는 민주주의 사회로 전환되는 단초가 된 역사적 사건이다. 시민사회에 숨통이 터지고 언론이 트였으며 결과적으로 시민의 힘이 세상을 바꾸는 경험을 하게 만들었다.[92] 6월 시민항쟁을 통해 한국 사회가 극우 파시즘의 사회에서 시민민주주의 사회로 변모하는 양상을 보였다. 실제로 1990년대 들어와서 사회운동의 중심도 민중운동이나 노동운동, 학생운동이 아니라 급격하게 시민운동으

---

91) 북쪽 사회의 지도자 김일성의 일제 치하 항일독립운동을 부정한 사실이 대표적인 역사 왜곡 사례이다. 7차 교육과정으로 가르쳐진 「한국근현대사」검인정 교과서에 김일성과 관련된 30년대 동북항일연군의 독립운동이 소개되는데 이마저도 이명박 정부 들어서 2011학년도 입학생부턴 「한국근현대사」교과서 자체가 사라지는 처지에 놓이게 된다.
92) 한국 사회 NGO의 70% 이상이 87년 6월 시민항쟁의 결실로 탄생했다. NGO는 한국 사회 국가권력(제1섹터)과 시장의 자본권력(제2섹터)을 감시하는 제3섹터로서 기능한다.

몽양 여운형
한국현대사에서 여운형
만큼 제대로 평가받지
못한 인물도 드물다. 조
선의 청년들이 제일 좋
아했고 몽양 자신 또한
젊은이들을 사랑했으며
해방공간 최고의 민족
지도자로 인정받던 몽
양 여운형 선생은 통일
된 정부를 수립하기 위
해 1946~1947년 좌우
합작운동을 주도했으나
극우세력의 흉탄에 암
살됨으로써 뜻을 이루
지 못했다. 그는 체육
활동에 조예가 깊었으
며 조선중앙일보 사장
재직 손기정 선수의 일
장기 말살 사진을 최초
로 보도한 인물이기도
하다.

로 바뀌어간다. 노동자나 민중 대신 시민이라는 말이 사용되기 시작하고 시민운동의 개념이 모색되었다.[93]
과잉이념의 획일화된 사회에 조금씩 균열이 생기고 시민의 활동공간이 넓혀지면서 개인주의가 확산된 탓에 1990년대 한국 사회는 빠른 속도로 다원화되고 분화의 과정을 밟았다. 그러나 아직도 한국 사회는 맹목적 극단주의 반공이념이 비록 고개를 숙인 채 눈치를 보지만 엄연히 살아 있으며 오늘도 한국 사회를 지배하고 있다. 과잉이념으로 생존해 온 분단세력들은 여전히 오늘도 과잉이념에 자신의 생존과 이해관계를 결부시킨 채 한국 사회를 난도질하며 사회정의와 민족정기를 심하게 훼손시킨다.

진정한 민족 지도자 : 몽양 여운형, 백범 김구의 재평가
미군정과 이승만 정권하에 자행된 4·3 학살만행(1948)이 50년이 지난 21C에 이르러서야 비로소 국가가 저지른 범죄로 인정되고 대통령의 사죄를 받았다. 미군이 저지른 노근리 민간인 학살 사건(1950) 역시 국내의 목소리보다 외국의 저명한 통신사(AP통신)의 보도로 1999년 다시 재조명되었고 미국 대통령의 사과를 받았다. 그러나 해방공간 뛰어난 민족의 지도자 몽양 여운형 선생이 아직도 그 역사적 위상을 평가받지 못한 채, 우이동 골짜기에 쳐박혀 있고, 역시 해방 공간 우직한 민족의 지도자 백범 김구 선생 또한 독재 권력의 의도대로 효창구장의 시끄러운

---

93) 윤건차, 『현대 한국의 사상흐름』 (당대, 2000), 123쪽.

소리에 파묻힌 채 국민의 기억과 의식 속에 박제된 느낌이다.

아직도 한국 사회가 과잉이념의 멍에를 벗어던지지 못한 채 혼탁한 결과이다. 냉전질서의 해체를 공식적으로 선언한 미·소 정상의 몰타 회담(1989)이 있은 지 올해로 24년이 지나갔고 한국 사회는 여전히 과잉이념의 이데올로기로 재단되고 규정된다. '빨갱이'라는 말만 들어도 아직도 가슴이 서늘한 것은 우리 의식의 밑바닥에 깊이 팬 상처가 아물지 않은 탓이자 과잉이념이 가져다준 깊은 트라우마이다.

과잉이념의 한국 사회 : 진보정당의 척박한 토양

한국 사회에서 진정한 좌파 정당으로 볼 수 있는 진보신당 · 사회당 · 녹색당94) 등이 비록 척박한 정치풍토이지만 쉽게 뿌리를 내리지 못하는 것도 국가권력에 의해 강요된 망각의 기억 속에 '빨갱이'로 덧난 상처 때문이다. 60년 넘게 과잉이념이 지배한 한국 사회의 풍경이 여전히 우리의 풍경이 되지 못한 이유이다. 과잉이념은 거짓이념이자 허위의식이다. 마르크스의 표현대로 지배집단(친일세력=분단세력)이 자신들의 지배적 지위를 다지고 지배 계급의 이익을 위해 퍼뜨린 이데올로기이다.

21C 과잉이념은 이젠 유물이 되어 역사의 뒤안길로 사라져 박물관에서 만나야 한다. 아직도 21C를 배회하는 유령

---

94) 2012년 4 · 11 총선 결과 2% 득표를 얻지 못해 녹색당, 사회당, 진보신당 모두 정당이 해체되었다.

이라면 인간의 이성과 양심을 걸고 마땅히 퇴치해야 한다. 그런 의미에서 2002년 한일 월드컵 때 등장한 붉은 악마의 표현(Be the Reds)은 과잉이념이 지배하는 한국 사회의 생활문화에 함축하는 의미가 컸다.

5 보수와 진보의 공통점과 차이점

보수 : 강자의 이념, 진보 : 사회적 약자의 이념

역사 속에서 보수와 진보는 상호 갈등관계로 대립적 성격을 보이지만 언제나 그런 것은 아니다. 그 둘 사이 공통점이 있기 때문이다. 휴머니즘에 기초하여 보수와 진보는 공히 인간적이고 공동선의 가치를 추구한다. 따라서 현실 사회의 모순 속에서 둘 다 개혁을 원하지만 개혁의 속도가 다르고 전통적 가치를 대하는 태도 역시 다르다. 휴머니즘에 입각한 가치를 추구하고 민족의 소원은 통일이라는 공동선을 추구하는 데서 보수와 진보의 차이점은 없다.

그러나 보수는 기존 질서와 가치 체계를 확고히 인정하는 속에서 변화를 조금씩 시도하지만 진보는 기존 질서와 가치에 대해 그리 큰 비중을 두지 않는다. 변화의 속도 역시 급진적이다. 보수가 안정을 희구하며 자유의 가치를 강조하는 대신, 진보는 변화를 갈망하며 평등과 사회정의에 이목을 집중시킨다. 보수는 사회지배층을 중심으로 형성된 이네올로기이지만 진보는 사회 기층 민중을 중심

으로 이데올로기를 해석하고 형성한다. 대체로 보수는
강자의 이데올로기이지만 진보는 사회적 소수자이거나
정치적 약자의 이데올로기이다.

민주주의의 건강한 발전 : 진보와 보수의 공존 필수
중요한 것은 보수와 진보가 함께 공존해야 한다는 사실이
다. 새가 좌우의 날개로 날듯이, 우리 인간의 몸에 오른
팔, 왼팔이 모두 필요하듯이 보수와 진보는 상생의 관계
를 유지하며 균형을 이루어야 한다. 인간의 존엄성을 위
해 탄생된 제도인 민주주의 사회에서 보수적 가치인 '자
유'와 진보적 가치인 '평등'은 민주주의 2대 원리로서 항
상 이데올로기적 균형을 이루어야 한다.
자유가 지나치게 강조되는 사회는 빈부격차가 심화된다.
우리 인간 사회가 자유만으로 살아갈 수 없듯이 평등의
가치는 자유가 강조되는 만큼 적절하게 강조되어야 한다.
평등 또한 지나치게 강조된다면 필연적으로 개성이 사라
진 통제 사회로 전락할 것이다. 우리가 역사현실 속에서
경험한 공산주의 사회를 우리 인류는 소망하지 않는다.
인류가 지향하는 사회는 인간의 존엄성이 목적 가치로 보
장되는 사회이다. 칸트가 꿈꾼 이상사회인 '목적의 왕국'
처럼! 그러려면 자유와 평등의 가치는 상호 균형을 이루
면서 보완적 관계를 유지해야 한다. 지배계층의 자유와
피지배 계층의 평등에 대한 요구가 상호 대립하는 갈등관
계가 아니라 상호보완적인 상생의 관계를 유지해야 한다.
한국 사회에서 보수와 진보는 매우 뒤섞인 느낌을 주고

있고 실제로 혼동된 개념으로 사용된다. 특이한 것은 보수가 스스로 진보를 참칭하거나 수구세력이 자칭 보수를 도용하는 사례가 비일비재하다. 21C 보수는 자유와 경쟁의 가치를 중시하지 결코 분배나 평등의 가치를 목표로 설정하지 않는다.

그런데 2010년 무상급식논쟁에서 보듯이 한국정치사회에서 보수세력, 즉 자유주의 정치세력으로 평가되는 민주당은 진보를 자처하며 무상급식에 목을 맸다. 진보정치세력이 극히 미약한 현실에서 시대의 요구에 따라 진보의 목소리를 대신한 느낌이다. 왜냐하면 그들 보수세력은 신자유주의 경제 사조를 한국 사회에 끌어들인 장본인이기 때문이다.

보수가 몇몇 정책에서 진보의 색깔을 취했다고 진보가 될수는 없다. 그것은 역사가 가르쳐주는 교훈이다. 그래도 보수는 인권의 가치를 목숨처럼 소중하게 생각하기에 민주주의를 위해 목숨을 바친다. 나아가 민족의 공동선을 추구하기에 분단의 장벽을 뛰어넘어 뚜벅뚜벅 통일을 향해 주춧돌을 놓는다. 과잉이념의 한국 사회에서 '친북좌파, 빨갱이'라는 주류언론의 마녀사냥을 당하면서도…

한국 사회 : 수구세력이 보수의 가치를 대변

정말 황당한 것은 수구세력이 보수를 참칭하며 보수의 가치를 대변한다는 사실에 있다. 그러나 한국 사회에서 수구는 수구일 뿐 역사적으로 보수가 될 수 없다. 그들 수구세력은 민족의 통일에는 관심이 없고 분단 상황을 유지함으로써 자신들의 기득권을 유지하려 한다. 민족이 처한 분단이라는 참혹한 현실을 이용하여 자신들의 안위만을 추구하는 집단이다. 그들은 보수를 도용하면서도 자유의 가치를 말살하고 시민의 인권을 쉽게 짓밟는다. 진정한 보수는 자유의 가치를 위해 목숨을 바쳐 싸우는데도 그들은 자신들의 이익에 합치될 때만 자유의 가치를 운운할 뿐이다.

수구세력 = 냉전(분단)세력 = 친일(반민족)세력 = 반공세력 = 친미세력

역사적으로 수구세력이 보수가 될 수 없는 이유는 그들의 사상적 뿌리가 친일반민족 세력에 있기 때문이다. 수구세력은 해방공간에서 친미반공 이데올로기를 확산시키며 자신들의 과거 – 친일반민족 행위 – 를 애써 지우면서 한국 사회 지배집단으로 존속하는 데 성공했다. 보수주의자 드골은 괴뢰정부 비시정권 하에서 히틀러 나치에 협력했던 프랑스 지식인과 언론인 7천 명을 처형함으로써[95] 더러운 역사를 청산했지만 권력욕의 화신 이승만은 자신의 정치적 야망을 위해서 친일주구배들을 앞서 기용했다.

이승만 : 김구를 빨갱이로 덧칠하다

민족이 고난에 처했을 때 민족을 배반한 반역세력을 다시

---

95) 한홍구, 앞의 책, 105쪽.

백범 김구
해방 공간 뛰어난 민족 지도자 백범 김구는 이승만의 야욕을 뒤늦게 알아챈 뒤 1948년 초 결별을 선언하고 1948년 4월 남북합작운동에 매진하지만 통일국가 건설을 보지 못한 채 단정 수립 뒤 친일세력의 흉탄에 암살된다.

등용한 이승만은 그런 점에서 역사적으로 단죄되어야 한다. 민족의 정기를 흐리고 한국 사회에 기회주의의 온상을 심어준 장본인이자 백범 김구 선생을 암살함으로써 스스로 이 땅에서 도덕적 가치를 뿌리 뽑은 인물이기 때문이다. 자유를 외치며 4월 혁명(1960)에서 피를 흘린 백 수십 명의 어린 학생들의 영혼을 생각할 때 이승만은 용서받을 수 없다.

기억되지 않는 역사는 되풀이된다. 망각해선 안 될 역사적 사실들을 우리는 기록해야 하고 가르쳐야 한다. 민족의 정기를 되살리고 한국 사회에 정의가 숨 쉬는 날을 꽃피우기 위해서 보수를 도용하고 참칭한 수구세력을 우리는 역사에서 단죄해야 한다. 그들은 반민족 분단세력이자 한국 사회에 과잉이념을 착근시키고 주도한 독재세력의 후예이기 때문이다. 1948년 이승만 정권에서 친일반민족 행위자를 처벌하기 위한 「반민법」을 좌절시킨 세력이 그들의 아버지이고 2004년 노무현 참여정부 시절 「친일 과거사 규명법」을 누더기로 만들며 적극적으로 방해한 한나라당 일부 세력들이 친일반민족 세력의 후손들이다.

수구와 보수의 차이 = 똥과 된장의 차이
이 땅에 민주주의와 통일을 희구하는 민중의 열망을 짓밟고 반세기 넘게 민족이 처한 고통을 외면한 분단세력은 더 이상 보수가 아니다. 수구세력은 보수와 색깔이 비슷할 뿐이지 역사적 뿌리가 다르다. 수구세력은 결코 보수가 아니다. 아니 보수가 될 수 없다. 똥과 된장의 차이[96] 만큼 수구와 보수의 차이는 크다. 색깔이 비슷하다고 섞일 수 없듯이!

---

96) 한홍구, 앞의 책, 153쪽.

4. 칸트의 도덕형이상학과 헤겔의 변증법

-18C~19C 독일 고전철학

1 서양철학사에서 칸트(I. Kant)의 위상

칸트의 위상 : 유럽 사상의 호수(저수지)

칸트 이전 유럽의 모든 사상이 칸트에게로 흘러 들어오고
칸트 이후 서양의 모든 사상이 칸트로부터 흘러나올 정도
로 서양철학사에서 그리고 18C 독일 관념론[97] 철학에서
칸트의 위치는 매우 중요하다. 어떤 이는 칸트를 이렇게
극찬하기도 했다. "천국에 가려거든 칸트의『도덕형이상
학의 기초』와『실천이성비판』, 이 두 권의 책을 사라. 칸
트는 세계의 빛이며 동시에 빛나는 태양계이다."[98]『서
양철학사』를 저술한 버트란트 러셀조차 칸트를 '재앙'이

---

[97] 관념론이라는 표현은 칸트의 뒤를 따랐던 독일 철학자들이 자신을 지칭하
는 표현으로 그렇게 불렀다.

[98] 오트프리트 회퍼, 이상헌 옮김,『임마누엘 칸트』(문예출판사, 1997),
342쪽.

라고 부르기도 했지만 칸트의 철학사적 업적을 비판적으로 높게 평가한다.

임마누엘 칸트
규칙적인 연구 활동을 수행한 걸어 다니는 시계 칸트. 그는 병약한 몸으로 태어난 신체를 극복하기 위해 매우 엄격하고도 규칙적인 생활을 한 철학자로 유명하다. 칸트 철학은 유럽 사상의 호수이자 저수지이다.

「임마누엘 칸트(I. Kant 1724~1804)는 흔히 서양철학자 가운데 가장 위대한 사람으로 간주하고 있다. 그러나 나는 이와 같은 평가에 찬동할 수 없다. 그렇다고 그의 중요성을 부인한다면 이것은 어리석은 일이 아닐 수 없다.」99) 러셀과 동시대의 인물인 C.D. 브로드는 "아무리 칸트에게 비판을 가한다 하더라도… 칸트의 실패는 다른 사람들 대부분이 거둔 성공보다 훨씬 더 중요하다"100)고 훨씬 더 공정하게 칸트를 평가했다.

18C 칸트에서 시작하여 피히테, 셸링을 거쳐 19C 헤겔에 이르러서 완성된 철학을 철학사에서 독일고전철학 또는 독일 관념론이라 일컫는데 칸트는 독일 고전철학의 시조이자 출발점이다. 칸트는 독일 계몽철학을 집대성한 인물이자 프랑스혁명(1789)을 지켜보면서 프랑스혁명을 적극 옹호했던 민주주의자이기도 하다. 칸트에게 독자적인 철학체계가 수립된 때는『순수이성비판』(1781)이 발간된 이후이다. 칸트의『순수이성비판』은 종래의 형이상학과 회의론을 부정하고 인식의 선험적 형식을 확립하고자 했다.

여기서 잠깐 칸트의 철학, 특히『순수이성비판』이 서양철학사에서 중요한 의의를 갖는 이유를 살펴보자. 중세시대엔 가톨릭 신부 등 지식인들만이 진리를 알 수 있었

---

99) 버트란트 러셀, 최민홍 역, 앞의 책, 979쪽.
100) 팀 크레인 외, 강유원 역, 앞의 책, 474쪽.

고 진리를 말할 수 있었다. 제3신분인 일반 백성들은 글을 읽을 수 없었다. 16C 종교개혁가 마르틴 루터(M. Ruther)는 일반 백성들도 성서를 읽을 수 있도록 하기 위해서 종교개혁 당시 가장 먼저 라틴어 성경을 독일어 성경으로 번역하였다. 이어서 루터는 초등교육을 의무화할 것을 주장하였다.

14C~16C에 걸쳐 일어난 르네상스 운동과 16C 종교 개혁은 개인주의 사상을 유럽 사회 전역에 확산시켰다.[101] 나아가 15C~16C 지리상의 발견과 자연과학의 발달은 중세의 세계관을 붕괴시키는 데 일조하였다. 가톨릭 신부를 거치지 않아도 자신의 양심과 성서에 기초하여 하느님과 직접 교통할 수 있고 누구나 진리를 알 수 있다는 생각이 지배적인 형태로 변모하였다. 이러한 시대 배경을 바탕으로 17C 초 철학사에서 인식론이 등장하게 된다.

17C (근세)철학 : 인식론

우리 인간이 어떻게 진리를 알 수 있는지, 무엇이 진리이고 그 진리를 알 수 있는 방법이 무엇인지 진리인식의 방법론에 관한 철학적논쟁이 17C 유럽 사회 철학계를 풍미한다. 이른바 베이컨(F. Bacon)을 시조로 하는 영국의 경험론과 데카르트(R. Descartes)를 시조로 하는 대륙의 합리론이 그것이다.

---

101) 로버트 솔로몬 외, 박창호 옮김, 앞의 책, 291~292쪽.

베이컨 : 근대 과학의 아버지

경험론은 진리 인식의 원천으로 인간의 감각을 통한 지식의 획득을 강조한다. 도그마와 편견에 빠진 중세 스콜라(Schola) 철학을 우상(Idola)이라고 비판하면서 공격하였다. 베이컨은 실험과 관찰 등 구체적인 귀납적 추론을 통한 지식, 즉 자연과학적 지식만이 진정한 앎이자 인생을 행복하게 만드는 힘이라고 역설한다. '아는 것이 힘이다'는 그의 주장은 자연과학적 지식만이 진리일 수 있다는 생각에서 나온 표현이다. 실제로 베이컨은 추운 겨울에 닭의 내장을 들어내고 눈을 채운 뒤 음식의 보존 상태와 부패를 연구하는 냉동 실험을 하였는데 실험 도중 감기에 걸려 폐렴으로 사망하였다. 베이컨의 과학적이고 통제된 실험방법을 중시한 태도는 이후 갈릴레이에게 지대한 영향을 미친다. 오늘날 베이컨이 '근대 과학의 아버지'로 불리는 이유가 거기에 있다. 그리하여 경험론은 영국 철학사에서 영국 철학을 특징짓는 전통으로 남게 된다.

프란시스 베이컨
근대 경험론의 창시자인 베이컨은 과학적 유토피아 사회를 꿈꾸며 자연과학적 지식이 인간의 삶에 유용하고 행복을 가져다 줄 것이라 확신했다. 추운 겨울날 닭의 몸에 눈을 넣어서 관찰하는 실험을 하다 폐렴으로 사망한 과학지상주의자로 귀납법을 창안하였기에 「근대과학의 아버지」로 불린다.

데카르트 : 근대철학의 출발점, 근대철학의 아버지

반면에 데카르트는 인간의 생득적 관념인 이성의 연역적 추론을 통해 참된 명제와 거짓 명제를 분별할 수 있다고 주장하였다. 진리 인식의 방법으로서 데카르트는 진리라고 여겨지는 모든 명제에 대해 회의하는 자세를 강조하였다. 그런 회의의 결과 데카르트는 모든 진리 인식의 출발점이 된 그 유명한 철학적 명제를 고백한다. '나는 생각한

르네 데카르트
해석기하학을 창시한 프랑스 대수학자 데카르트는 어린 시절 병약한 탓에 기숙사에서 늦잠을 잘 수 있었는데 이런 그의 생활습관은 어른이 되어서도 변하지 않았다. 밤늦게까지 연구하고 정오가 다 되도록 늦게 일어나던 그는 스웨덴 여왕 크리스티나의 초빙교수 시절, 아침 강의에 참석하는 일이 어려워 면역체계가 저하되면서 감기에 걸려 폐렴으로 사망하였다.

다. 그러므로 나는 존재한다(cogito, ergo sum).'102)

이것은 모든 것을 의심하고 회의해 보았지만 생각하고 – 생각한다는 것은 과연 저것이 진리인가라고 의심, 즉 회의하는 것이다 – 있는 자기 자신만은 더 이상 의심할 수 없는 분명하고 명백한 진리라고 확신하였다는 것이다. 드디어 철학적 사유의 제1원리이자 진리 인식의 보편 명제가 탄생한 것이다. 근대적 사고는 합리적 사고이자 논리적 사고이다. 합리적 사고를 통해 진리 인식의 기초를 닦은 데카르트를 '근대철학의 아버지'로 부르는 이유가 여기에 있다.

18C 칸트의 비판철학은 종래 진리 인식의 방법론으로 대립하던 17C 경험론과 합리론을 비판적으로 종합한 데 그 철학적 의의가 있다. 칸트는 오성의 개념 없이는 우리의 직관은 맹목적이 되지만 감각 없이는 우리의 개념은 공허해진다103)고 생각했다. 즉, 우리의 모든 지식은 경험과 더불어 시작되고 감각에 기초를 두지만 우리 경험의 기본 범주들은 경험에서 얻어지는 것이 아니라 오히려 경험을 구성하는 선험적 원리로서 경험에 작용한다104)고 보았다. '내용 없는 사상은 공허하고 개념 없는 직관은 맹목'이라는 칸트의 비판철학은 17C 근세철학인 인식론을 비판하고 종합한 철학으로서 그 위상을 갖는다. 왜냐하면 칸트 이전 영국 경험론과 대륙 합리론의 두 조류가 칸트에 의

---

102) 「cogito, ergo sum」은 프랑스어로 쓴 최초의 철학서적 『방법서설』 (1637)에 나오는 표현이다.
103) 로버트 솔로몬 외, 박창호 옮김, 앞의 책, 365쪽.
104) 로버트 솔로몬 외, 박창호 옮김, 앞의 책, 365~366쪽.

해 경험론의 산만성과 합리론의 공허함을 동시에 극복하면서 인간 이성에 근거하여 세계인식을 기도한 철학으로 정립되었기 때문이다. 그런 점에서 칸트의『순수이성비판』은 철학의 역사를 칸트 이전과 칸트 이후로 갈라놓은 철학사적 분기점이 된다.105)

실제로 칸트는『순수이성비판』으로 유명해졌고 출간 이후 비난과 비판106)도 받았지만 칸트는 철학계 스타가 되었다. 칸트의 철학은 유행처럼 번져서 그의 저서가 귀부인들의 안방에도 스며들었고 이발사들이 칸트의 철학용어를 사용한다는 기록까지 나올 정도였다. 서양철학사 전체를 통틀어『순수이성비판』처럼 단 한권의 책이 그토록 커다란 위력을 발휘한 경우는 그리 많지 않았다.107)

칸트의『순수이성비판』: 인식론상 '코페르니쿠스적 혁명'

실제로 칸트의『순수이성비판』은 자연과학 분야에서 천동설이 무너지고 지동설이 탄생되는 과정에서 나온 '코페르니쿠스적 전회'에 비견되는 인식론상의 대변혁에 해당한다. 인식론상의 터무니없는 미신의 상태에서 벗어나 진리 인식의 주체와 객체 간 관계에 대해 일갈한다. 인간의 주관적 인식과 별개로 인식의 대상인 객체는 그 자체

---

105) 칸트, 전원배 역,『순수이성비판』(삼성출판사, 1979), 17쪽.
106) 칸트의『순수이성비판』에 대한 비난과 비판은 대체로 논의의 일관성이 없고 내용이 너무 난해하다는 명분을 내세웠다. 그리하여 칸트는『순수이성비판』(1781)이 나온 2년 뒤에『형이상학서설』(1783)을 출간하여 비판과 비난에 대응하여 독자들에게 좀 더 쉽게 다가가려 하였다.
107) 강성률,『위대한 철학자들은 철학적으로 살았을까』(평단, 2011), 235~236쪽.

피히테
칸트의 수제자로 칸트에서 시작된 독일 고전 철학을 발전시킨 인물. 나폴레옹이 독일을 침공했을 때 행한 연속강연 『독일 국민에게 고함』(1808)으로 유명하다.

로 존재하며 현상의 궁극적 원인이라고 생각되는 사물의 본체로서 물자체(物自體 Ding an sich)를 상정한 것이다. 「순수이성의 이 실험은 화학자들이 흔히 환원법이라고 부르는… 실험과 매우 유사하다. 형이상학자(철학자)의 분석은 선천적 순수인식을 이질적인 두 가지 요소, 즉 현상으로서의 사물의 인식과 물자체로서의 사물의 인식으로 구분한다.」[108]

칸트 : 인간은 물자체에 대한 인식이 불가능하다

우리 인간이 인식한 내용과 실제로 존재하는 사물 그 자체의 본질, 즉 물자체는 다를 수 있다. 인식의 주체로서 인간의 인식구조를 통해 객체인 사물은 변형되기 때문에 물자체에 대한 인식은 불가능하다고 생각했다. 다시 말해 칸트는 대상인 사물의 드러난 현상을 알 수 있을 뿐 사물 그 자체의 본질은 인식할 수 없다고 생각했다. 그러나 칸트의 고유한 철학 용어인 물자체는 칸트의 제자 피히테(J. G. Fichte)에 의해 버려졌고 피히테는 인식의 주체 안에 모든 것을 집어넣는 주관주의로 치닫는 경향을 띠게 된다.

칸트는 순수이성의 영역에서 찾지 못했던 절대성을 실천의 영역에서 찾을 수 있다고 확신했고 또한 그렇게 연구활동을 수행했다. 칸트의 『실천이성비판』(1788)은 그렇게 탄생한 것이다. 칸트는 『순수이성비판』 이후 도덕철학인 『실천이성비판』과 미학이론인 『판단력비판』(1793)

---

108) 칸트, 전원배 역, 앞의 책, 43쪽.

을 저술함으로써 「3비판」을 완성하면서 비판철학의 체계를 확립하였다.

칸트의 영구평화론 : UN 탄생의 사상적 기초

또한 칸트는 『영구평화론』(1795)에서 인간의 역사는 전쟁이 없는 영구 평화의 상태를 희구하고 있고 그것은 세계시민법의 완성에 의해 보증된다[109]고 생각했다. 이러한 칸트의 사상은 20C 들어서서 제1차 세계대전 직후 「국제연맹」의 성립과 제2차 세계대전 직후 성립된 국제연합(UN) 등 세계정부, 세계공화국[110]으로 구체화된다.

2 철학자 칸트에 대한 이해

칸트 : 규칙적인 생활과 연구 활동을 한 걸어 다니는 시계

칸트는 1724년 동프로이센의 쾨니히스베르크(현재 러시아 칼리닌그라드)에서 출생하였는데 태어날 때 매우 병약했다. 9남매 가운데 넷째 아들로 태어났는데 160cm도 채되지 않은 키에 기형적인 가슴을 지닌 허약한 체질이었다. 이는 칸트의 평생 굴레가 되어 칸트 스스로 자신의 건강관리에 지대한 관심을 쏟게 하였다. 하루 일과를 엄격

---

109) 현대사상연구회, 『사상의 흐름』(문학사, 1961), 149쪽.
110) 세계공화국은 21C 일본의 사상가 가라타니 고진(柄谷行人)이 칸트의 용어에서 따온 저서제목이기도 하다.

장 자크 루소
18C 프랑스 절대주의 시대 대표적인 계몽사상가로 그의 사회계약설 등 철학사상은 프랑스 자유주의 시민혁명에 깊은 영향을 끼쳤으며 후대에 로베스피에르, 칸트와 페스탈로치 등 많은 사상가들에게 사상적 감화를 주었다. 일자무식인 세탁부 하녀 테레즈와 결혼 후 낳은 아이들 5명을 모두 고아원에 보낸 특이한 삶을 살았으며 말년에 신경쇠약으로 정신분열증을 앓았다.

한 계획 아래 매우 꼼꼼하고 규칙적인 생활을 하면서 연구 과제를 수행하였다. 5시에 일어나고 10시에 잠을 자는 생활의 연속이었다. 다음의 일화는 칸트가 얼마나 규칙적인 생활을 하였는가를 보여주는 좋은 사례이다.

「한 번은 어떤 귀족이 시골로 가는 드라이브에 칸트를 초대했다. 하지만 이 드라이브가 너무 오래 걸려서 칸트는 밤 10시 무렵에야 두려움과 불만에 가득 찬 모습으로 집 앞에 내려졌다. 칸트는 철학자답게 이 작은 체험을 일반적인 생활규칙으로 바꾸었다. 절대로 누군가의 드라이브에 따라나서지 않기로 정한 것이다.」[111]

칸트 : 루소의 열렬한 추종자

칸트의 규칙적인 생활습관은 당시 독일인의 평균 수명보다 2배가 넘는 80세의 나이(1804년 사망)에 이르게 할 만큼 칸트를 장수케 하였다. 칸트는 매일 오후 3시 30분이 되면 스페인제 지팡이를 짚고 '철학자의 길'이라 불리는 보리수가 늘어선 길을 산책하곤 하여 '걸어 다니는 시계'로 불렸다.[112] 쾨니히스베르크 시민들은 그가 산책을 다니는 길에 자기 집 문전을 지나갈 때면 시계를 맞출 정도였다. 그러나 한 번 시간표가 어긋난 적이 있었는데 그것은 칸트가 루소의 저작 『에밀(Emile)』을 읽었던 때였다.[113] 또한 칸트는 두 번의 결혼기회를 놓치면서 평생

---

111) 빌헬름 바이셰델, 안인희 옮김, 『철학의 에스프레소』 (프리하, 2011), 292쪽.
112) 강성률, 앞의 책, 237~238쪽.
113) 버트란트 러셀, 최민홍 역, 앞의 책, 979쪽.

독신으로 살았으며 생활은 매우 검소하고 단순했다.

칸트는 평생 동프로이센 쾨니히스베르크를 떠난 적이 없다. 다만 프랑스혁명 당시 공포정치 동안에 재난을 피해 잠시 프로이센 동쪽으로 거주를 옮긴 때를 제외하곤 쾨니히스베르크에서 태어났고 쾨니히스베르크 대학을 졸업했으며 모교의 교수가 되고 총장을 역임한다. 칸트는 경건한 루터파 신앙을 지닌 부모 밑에서 태어났는데 아버지는 가난한 마구제작사여서 30살이 넘어서야 결혼을 하였다. 칸트는 어린 시절 어머니로부터 깊은 정신적 감화를 받으면서 성장했는데 훗날 어머니에 대해 이렇게 고백했다.

아이작 뉴턴
미적분을 발견한 영국의 수학자이자 물리학자. 1687년 발간된 『프린키피아』는 자연현상을 수학적으로 해석한 근대 자연과학의 분기점이 되는 역작으로 그 유명한 작용 – 반작용, 관성의 법칙 등 역학법칙과 만유인력의 법칙이 소개된다. 본래 책 제목은 『자연철학의 수학적 원리』이다. 뉴턴은 자연을 일정한 법칙에 따라 운동하는 거대한 기계로 규정하였고 그의 『프린키피아』는 이후 근대 서양세계에 「기계론적 세계관」을 형성하는 데 결정적으로 기여하였다.

"나는 결코 어머님을 잊지 못하겠다. 내 마음에 처음으로 선(善)의 싹을 심어서 가꾸어주신 분이 바로 내 어머님이셨다. 어머님은 자연의 신비를 느끼는 내 마음의 문을 열어 주셨고 내 지식을 일깨워서 넓혀 주셨다. 어머님의 교훈은 일생동안 끊임없이 거룩한 감화를 주었다." 114)

그러나 칸트는 어린 시절 목사가 운영하는 경건주의 학교에 입학하여 매일 아침 예배로 시작되는 일과와 기도로 시작하여 기도로 끝나는 학교 수업에 염증을 느꼈다. 칸트는 후에 이를 '소년 노예제도'115)라고 부르며 자율성이 사라진 학교제도에 극도의 혐오감을 드러내 평생 교회에 충실하지 못한 생활을 하였지만 기본적으로 기독교 신앙의 세례와 영향에서 벗어나진 않았다.

---

114) 칸트, 백종현 옮김, 『실천이성비판』(아카넷, 2002), 360~361쪽.
115) 강성률, 앞의 책, 231쪽.

데이비드 흄
영국 경험론을 완성시
킨 사상가 흄은 인품이
온후하고 관대하였다.
루소가 망명 시절 흄의
집에 머무르며 한때 교
류를 했다. 흄의 사상
은 존 로크와 뉴턴의
학문에 영향을 받아 성
립되었고 그의 사상은
이후 칸트와 19C 공리
주의 사상에 깊은 영향
을 끼쳤다.

칸트 : 강단철학의 가능성을 보여준 최초의 학자

서양 근대철학자들 가운데 칸트는 철학을 가르치는 일을
직업으로 삼은 최초의 사상가이다. 대학에서 강단철학의
가능성을 보여준 철학자로서 칸트 이후 독일은 피히테,
셸링, 헤겔에 이르기까지 강단철학이 독일 사상계의 주
류를 이루었다. 헤겔 이후 반(反)헤겔주의, 반(反)이성주
의 철학사조에 해당하는 쇼펜하우어, 키에르케고르, 마
르크스 등은 강단학자들과 일정한 거리를 두었고 오귀스
트 콩트와 존 스튜어트 밀, 프리드리히 니체 등은 강단철
학, 즉 아카데미 철학자들에 부정적인 태도를 취했다.116)
칸트의 사상은 뉴턴의 자연과학과 흄(D. Hume)의 회의론
그리고 루소의 에밀 등 자연주의와 인격주의 사상에 깊은
영향을 받고 탄생한다. 흄의 회의론은 칸트를 '독단의 잠',
즉 라이프니츠의 형이상학의 무비판적 수용에서 깨어나게
만들었다.117) 사상적으로 18C 독일 계몽주의 철학자 칸트
는 라이프니츠의 제자인 크리스티안 볼프의 제자이자 동시
에 뉴턴의 물리학과 루소의 급진적 이론에 대한 열광적 추
종자였다.118)

칸트는 1804년 80세의 나이로 죽었는데 마지막 임종 시
에 하인에게 마지막으로 '좋다(Es ist gut)'는 말을 남겼
다. 칸트의 죽음을 애도하는 쾨니히스베르크 시민들의
행렬이 줄을 이었다고 전해진다. 셸링은 추도사에서 '칸

---

116) 오트프리트 회퍼, 이상헌 옮김, 앞의 책, 22쪽.
117) 로버트 솔로몬 외, 박창호 옮김, 앞의 책, 363쪽.
118) 로버트 솔로몬 외, 박창호 옮김, 앞의 책, 362쪽.

트의 정신은 철학계의 모든 미래를 통해 완전히 그리고
완결된 유일함으로 빛날 것'[119]이라고 추도했다.

3 칸트의 도덕형이상학과 실천이성비판

라이프니츠
물리학, 철학, 생물학,
역사학 등 다방면에 매
우 박식했던 17C~18C
초 독일사상가로 독일
사상계에 계몽철학의 서
장을 연 인물이다. 그는
많은 편지와 논문을 저
술했음에도 자신의 사
상을 집대성한 저서를
남기진 않았다. 오늘날
우리들이 쓰는 미분기
호와 적분기호 등 미적
분법을 발견하였으며 우
주를 구성하는 상호독립
적인 단일불가분의 실
체로서 모나드(Monad,
단자)이론을 전개하였
다. 모든 단자(모나드)의
운동은 신에 의해 예정
되어 있다는 「예정조화
설」을 주장하였다.

선의지 : 보석처럼 빛나는 의지

칸트의 도덕 철학의 정수는 실천이성의 명령에서 발견된
다. 통상 '정언(定言)명령'으로 일컬어지는 실천이성의
명령은 인간 내면의 마음속 선의지에 기초한 명령이자 무
조건적인 절대 지상의 명령이다. 선의지는 칸트 도덕철
학의 요체로서 모든 가치를 능가하며 그 자체로서 선한
의지이자 인간 내면의 양심이다. 즉 선의지는 그 자체로
선한 의지이지 어떤 이유나 원인 또는 선의지를 실현하려
는 목적에서 달성되는 의지가 아니다. 그런 의미에서 칸
트는 선의지를 '보석처럼 빛나는 의지'[120]라고 주장한다.
결국 선의지란 행위의 결과를 고려하는 마음이나 자연스
런 마음의 경향성에 따라 옳은 행위로 쏠리는 의향이 아
니라 단적으로 어떤 행위가 옳다는 바로 그 이유만으로
그 행위를 택하는 의지를 가리킨다.[121]

「의무란 바로 실천적인 법칙에 대한 순수한 존경심 때문

---

119) 빌헬름 바이셰델, 안인희 옮김, 앞의 책, 299쪽.
120) 칸트, 이원봉 옮김, 『도덕형이상학의 기초 놓기』(책세상, 2011), 29쪽.
121) 칸트, 백종현 옮김, 앞의 책, 386쪽

에 내가 행위 하지 않을 수 없다는 것이자 또한 모든 가치를 능가하는 가치를 지닌, 그 자체로 선한 의지가 따라야 하는 조건이기 때문에 다른 모든 동인(경향성)에 우선해야만 한다는 것이다.」[122]

따라서 선의지의 명령법은 가언적(假言的 조건적) 명령의 형식이 아니라 무조건적 명령, 바로 정언(定言) 명령인 셈이다. 마음속에 정해진 명령, 바로 마음이 시키는 대로 행위할 것을 요구한다. 이는 당연히 다른 목적과 무관하게 마땅히 의무의식 속에서 나오는 필연적 행위인 것이다.

칸트의 윤리설 : 의무론적 윤리설, 엄격주의 윤리설, 동기론

실천이성의 명령은 인간의 의무의식에 기초한 명령으로서 마땅히 해야 할 당위적 명령인 셈이다. 따라서 엄격한 의미에서 도덕성은 순수하게 실천이성의 행위로만 이해될 수 있는 것이다. 그러나 사실상 칸트에게 도덕적 가치란 눈에 보이는 행위가 아니라 눈에 보이지 않는 인간 내면의 원칙에 관한 문제이다. 즉, 행위의 동기는 감추어져 있다.

「도덕적 가치에 관한 한, 눈에 보이는 행위가 아니라 보이지 않는 마음 속 원칙에 관한 문제이기 때문에 겉으로 아무리 엄격하게 검토하더라도 결코 그 은밀한 동기를 완전히 알아낼 수 없다.」[123]

---

122) 칸트, 이원봉 옮김, 앞의 책, 42~44쪽.
123) 칸트, 이원봉 옮김, 앞의 책, 50쪽.

칸트는 '신중한 가게 주인'의 사례를 통해 이 문제의 본질을 확인한다.

「세상 물정 모르는 사람이, 이를 테면 어린 아이가 가게에 들어와 빵을 사려고 한다. 주인이 원래 빵 값보다 더 받아 바가지를 씌워도 아이는 그 사실을 모를 것이다. 하지만 주인은 아이를 그렇게 이용한 사실이 사람들에게 알려지면 소문이 퍼져 장사에 타격을 입을 수 있다고 생각한다. 그래서 아이에게 바가지를 씌우지 않기로 한다. 그리고 정상적인 값을 부른다. 이때 가게 주인은 옳은 일을 했지만 그 이유는 옳지 않다. 그가 아이와 정직하게 거래한 유일한 이유는 자신의 평판 때문이다. 자기 이익만을 위해 정직하게 행동했을 뿐이다. 따라서 가게 주인의 행동은 도덕적 가치가 부족하다.」[124]

인간의 행위가 도덕성을 확보하고 도덕적 가치를 지니기 위해서는 행위의 동기 자체가 순수해야 한다. 이는 의무감에서 비롯된 행위이기는 하지만 의무가 명령하는 그런 성질만으로는 설명이 불충분하다. 가게 주인이 타산적인 동기에서 아이를 속이지 않고 정직하게 행동하거나 상인이 자비심의 충동으로 말미암아 친절을 베푸는 것 등은 미덕이나 도덕적 행위라고 할 수 없다. 도덕성의 본질은 도덕법칙(도덕률)의 개념에서 비롯되기 때문이다.[125]

칸트는 노름에서 돈을 잃은 사람은 자기 자신과 자신이 영리하지 못한 것에 화를 낼 것이지만 만약에 속임수를

---

124) 마이클 샌델, 이창신 옮김, 『정의란 무엇인가』 (김영사, 2010), 159쪽.
125) 버트란트 러셀, 최민홍 역, 앞의 책, 987쪽.

써서 돈을 많이 땄다면 자신의 윤리법칙에 비추어 자신을 경멸하지 않을 수 없을 것이라 주장한다. 비록 자신의 지갑을 두둑하게 채웠지만 자신은 비열한 자라는 도덕적 판단의 척도를 자신이 지니고 있기 때문이다.[126]

칸트의 도덕률 : 도덕의 황금률, 역지사지의 원칙, 종교의 계율

칸트는 순수 실천이성의 원칙으로 '네 의지의 준칙이 항상 동시에 보편적 법칙 수립의 원리로서 타당할 수 있도록 그렇게 행위하라'[127]고 주장한다. 칸트는 이 법칙을 '순수 실천이성의 원칙(기본율)'이라고도 하고 '순수한 이성의 유일한 사실'[128]이라고 불렀다. 이는 도덕법칙의 황금률이자 역지사지(易地思之)의 원칙이기도 하다. 나아가 칸트의 도덕법칙은 본질적으로 종교의 계율과도 통한다.

「그러므로 무엇이든지 남에게 대접을 받고자 하는 대로 너희도 남을 대접하라. 이것이 율법이요 선지자니라.」 -마태복음 7장 12절

칸트에게 인간은 그 자체로 존엄하며 목적적 존재이다. 인간은 이런저런 용도에 따라 그 값이 매겨지고 등급이 결정되는 물건 내지 그 무엇을 위한 도구나 수단이 아니다. 인간을 인격으로 대하고 수단으로 취급하지 말 것을

---

126) 칸트, 백종현 옮김, 앞의 책, 101쪽.
127) 칸트, 백종현 옮김, 앞의 책, 86쪽.
128) 칸트, 백종현 옮김, 앞의 책, 387쪽.

강조한다. 따라서 "너 자신의 인격에서나 다른 모든 사람의 인격에서 인간을 목적으로 대하고 결코 한낱 수단으로서 사용치 않도록 행위 하라"[129]는 실천 명령은 보편적 입법의 원리로서 항상 타당하다.

인간은 도덕적 자율성의 주체이자 자유의 주체가 되는 인격체이기 때문에 그런 점에서 칸트의 윤리설을 '인격주의 윤리설'이라고 일컫는다. 행위의 법칙을 강조한다는 측면에선 '법칙주의 윤리설'이라고 하며 행위의 동기를 중시하고 의무의식을 강조한다는 점에서 '동기론' 내지 '의무론적 윤리설'이라고도 한다.

칸트는 행복의 원리나 동정심이 결코 도덕의 원리가 될 수 없다고 주장한다. 아리스토텔레스의 행복론이나 아우구스티누스의 행복주의, 그리고 데이비드 흄의 동정심의 윤리학을 비판한다. 아리스토텔레스는 인생의 목표인 행복에 다다르기 위해선 도덕적으로 선한 삶이 필수적이라고 생각하였다. 아우구스티누스 역시 인간의 행복은 도덕적 선행을 전제 조건으로 규정한다. 영국 경험론의 완성자 흄은 도덕의 기초를 동정심에서 찾았다. 동정심이 도덕적 공감(sympathy)을 낳는다고 생각했다.

아우구스티누스
A.D. 4~5C 교부철학자. 젊은 시절 방황을 딛고 어머니 모니카의 간절한 기도와 밀라노의 주교 암브로시우스를 만나면서 신앙적으로 개종과 함께 히포의 주교가 된다. 그는 플라톤의 사상에 기초하여 가톨릭 교리에 이론적 기초를 다졌으며 『삼위일체론』, 『신국론』, 『고백록』을 남겼다.

도덕은 행복을 향한 수단이 아니다

그러나 칸트는 도덕의 기초나 도덕의 원리를 인간 내면의 의무의식에 두었다. 칸트에게 도덕의 가치는 결코 행복

---

129) 칸트, 백종현 옮김, 앞의 책, 392쪽.

에 의존하지 않는다. 도덕은 행복을 향한 수단이 아니라는 것이다. 도덕은 그 자체로서 정당하며 그 자체로서 숭고하다.[130] 따라서 칸트 철학의 궁극적 지향점은 '인간이란 무엇이고 인간이 진리를 어떻게 알 수 있으며 무엇을 마땅히 해야 하는가'로 요약할 수 있다.

요컨대 우리의 선한 행동과 아름다운 덕목들은 그 무엇을 위한 보상이나 행복을 위한 수단이 아니다. 만일에 우리들이 덕을 실천하고 선하게 살아야 하는 것이 그 무엇을 얻기 위한 수단이라면 칸트에게 그러한 삶은 인간의 영혼을 모독하는 행위이다. 오직 칸트의 도덕철학은 인간이 왜 선하게 살아야 하는지, 따라서 무엇을 마땅히 해야 하는지에 대해 다만 선의지에 따른 행위, 바로 실천이성의 명령만을 요구할 뿐이다.

아리스토텔레스
B.C. 4C 그리스 철학자로 정치학, 논리학, 해부학, 경제학 등 고대학문을 집대성한 사상가. 그의 사상은 목적론적 세계관에 입각해 있으며 인간의 삶의 목적도 행복을 추구하는 것이라고 생각하는 등 스승인 플라톤의 이상주의 철학과 다르게 현실지향적인 특징을 보인다. 사진은 16C 라파엘로의 그림 「아테네 학당」에서 서로 토론하면서 걷고 있는 장면인데 그림 스스로 플라톤과 아리스토텔레스 철학의 특징을 잘 보여주고 있다. 왼쪽의 플라톤은 관념적 이데아를 상징하듯이 그의 주저인 『티마이오스(Timaeus)』를 손에 들고 손가락으로 하늘을 가리키고 있는 것에 반해 오른쪽 아리스토텔레스는 역시 자신의 주저인 윤리학의 고전 『니코마스 윤리학(Nicomachean Ethics)』을 옆에 끼고 현실을 상징하듯이 땅을 가리키고 있다.

---

130) 김상봉, 『호모 에티쿠스』 (한길사, 2006), 253쪽.

밤하늘에 빛나는 별, 내 마음 속에 빛나는 도덕률

칸트는『실천이성비판』맺음말에서 도덕법칙에 대해 이렇게 토로한다. "그에 대해서 자주 그리고 계속해서 숙고하면 할수록 , 점점 더 새롭고 점점 더 큰 경탄과 외경(畏敬)으로 마음을 채우는 두 가지 것이 있다. 그것은 내 머리 위의 별이 빛나는 하늘과 내 안의 도덕법칙이다. 이 양자를 나는 어둠 속에 감춰져 있거나 과도한(초험적인) 것 속에 있는 것으로 내 시야 밖에서 찾고 한낱 추측해서는 안 된다. 나는 그것들을 눈앞에서 보고 그것들을 나의 실존의식과 직접적으로 연결한다."131)

칸트가 꿈꾼 이상사회 : 목적의 왕국

밤하늘에 빛나는 별과 내 마음 속에 빛나는 도덕률! 이 둘은 칸트를 경탄케 하고 외경심을 갖게 하였을 뿐 아니라 인간의 도덕적 실존의식과 연결된다고 고백한다. 그리하여 칸트는 자유로운 도덕적 인격을 지닌 목적적 주체들이 도덕법칙으로 결합하여 형성된 사회를 '목적의 왕국'이라 칭하여 이상사회로 제시하였다.

「공동의 객관적인 법칙에 의한 이성적인 존재들의 체계적인 결합, 즉 하나의 나라가 생긴다. 이 나라는 이성적인 존재들이 서로 목적과 수단이 되는 관계를 의도하고 있으므로 목적의 왕국(물론 하나의 이상일 따름이지만)이라 불릴 수 있다.」132)

---

131) 칸트, 백종현 옮김, 앞의 책, 327쪽.
132) 칸트, 이원봉 옮김, 앞의 책, 91쪽.

4 철학자 헤겔(G.W.F. Hegel)과 국가주의

쇼펜하우어 : 헤겔에 대해 라이벌의식을 갖다

헤겔과 동시대를 살았던 쇼펜하우어(A. Schopenhauer)는 헤겔과의 라이벌 의식[133] 때문인지 헤겔을 극도로 증오하고 폄하하였다. 헤겔을 '정신적 야만인', '불쌍한 놈', '머리 돌게 하는 작자', '맥주집 주인 같은 얼굴로 헛소리를 짜 맞추는 인간'으로 불렀고 헤겔 철학을 '철학적 어릿광대 놀음', '그 이전까지 정신병원에서만 들을 수 있었던 말싸움'으로 비난했다[134]. 헤겔은 예나대학 강사시절 하숙집 여주인과 불륜을 저지르는 바람에 대학 강단에서 쫓겨나는 스캔들을 일으키기도 하지만 쇼펜하우어의 비난과 달리 철학사에 지대한 영향을 미쳤으며 그의 학문적 제자 마르크스(K. H. Marx)를 통해 세계사에 커다란 영향력을 행사한 인물이다.

18C 칸트에서 시작된 독일 관념론이 완성된 것은 19C 초 헤겔에 이르러서이다. 헤겔 철학은 독일관념론의 최고 정점에 우뚝 선다. 소크라테스가 발견한 보편적 '이성'을 신(神)의 경지인 '세계이성(Welt Geist, World Spirit 절대 정신)'으로까지 끌어 올린 철학자가 헤겔이다. 그런 점

---

133) 쇼펜하우어는 헤겔과의 경쟁의식 속에서 강의시간표를 헤겔과 같은 시간대에 배치하였을 정도이다. 그러나 실제로 헤겔의 강의실은 발 디딜 틈 없이 북적였지만 쇼펜하우어의 강의실에서는 5명도 채 수강하질 않았다.

134) 빌헬름 바이셰델, 안인희 옮김, 앞의 책, 342~343쪽.

에서 헤겔 철학은 서양철학의 우뚝 선 봉우리이자 서양철학, 바로 이성주의(합리주의 Rationalism) 철학 사조의 정점이다. 헤겔 이후 서양철학은 반(反)헤겔주의 철학으로 뒤덮인다. 결국 서양철학의 출발점인 소크라테스의 '이성'은 헤겔의 '세계이성(절대 정신)'에 이르러서 완성된 형태를 띤다.

쇼펜하우어
19C 독일 생(生)의 철학자. 어머니와 극심한 불화 끝에 결별하였고 여성을 열등한 존재로 규정한 페시미스트. 그는 칸트를 열렬히 존경했으며 인도 종교에 깊이 심취하여 그의 서재에는 칸트의 초상화와 불상을 걸어두었다. '해탈'의 윤리사상은 그런 동양 사상에 대한 사색의 결과이다.

헤겔의 철학은 역사상 가장 체계적이고 관념론의 극점에 도달한다. 헤겔은 인간의 이성이 본질적으로 역사의 힘에 의해 규정된다고 보았는데 역사의 힘은 곧 세계이성이며 인류 역사는 세계이성이 실현되어가는 과정으로 설명한다. 헤겔 철학은 관념론의 극치이기에 이해하기 난해한 측면이 크다. 그렇지만 헤겔의 사상은 절대 정신이라는 실재의 궁극적 본질에 대한 사유와 도덕의 기초에 대한 철학적 문제들로 구성됨을 어렵지 않게 파악할 수 있다.

청년 헤겔 : 프랑스혁명에 가슴이 뛰다, 나폴레옹 추종자
헤겔은 1770년 중산층 가정에서 태어난 루터파의 열렬한 신교도였지만 청년 시절 한때 신비주의의 매혹에 깊이 빠져든다. 헤겔 철학의 관념론은 상당 부분 이 시절에 그 자양분이 형성되었다고 할 수 있다. 프랑스혁명이 일어났을 때 헤겔은 19살 청년이었다. 19살 청년의 눈으로 본 프랑스혁명은 헤겔의 가슴을 뛰게 했다.

실제로 프랑스혁명은 헤겔이 역사 현실에 눈을 뜨게 만들어 준 큰 사건이었다. 헤겔은 자유와 혁명을 찬양하였으며 튀빙겐 대학 외곽 들판에 모여 '자유의 나무'를 심어

헤겔

게오르크 헤겔은 독일 고전철학을 집대성한 사상가로 독일 관념론의 극치인 변증법 사유체계를 주장하였다. 베를린대학 시절 헤겔학파가 형성되었고 말년엔 프로이센 국가주의 철학으로 경도되었으며 이는 20C 파시즘의 철학에 악용되기도 하였다.

놓고 '자유 만세', '루소 만세'를 외쳤다. 그리고 프랑스 국가 '라 마르세예즈'를 불렀다.[135] 그래서 헤겔은 젊은 시절 자신의 조국 프러시아를 멸시하고 나폴레옹을 존경했다. 심지어 예나 전투에서 나폴레옹이 승리하자 오히려 기뻐하기까지 하였다.[136] 나폴레옹이 예나 도시로 진군했을 때 헤겔은 나폴레옹을 '말 잔등 위에 앉은 세계 역사'[137]에 비유하며 '세계영혼'이 말 타는 모습을 보았다고 고백한다.[138]

「나는 정찰을 하기 위해 말을 타고 시내를 가로지르고 있는 세계정신(나폴레옹)을 보았네.」[139]

헤겔은 셸링의 친구이자 적수

진지하고 무뚝뚝하며 말을 잘 하지 못했던 헤겔은 19C 당시 학문적으로 크게 주목을 받진 못했다. 칸트의 제자 셸링의 주선으로 헤겔은 예나대학 강사가 되었고 나폴레옹이 예나를 침공하기 전날 『정신현상학』(1807)을 탈고하여 독자적인 학문 세계를 구축하였다. 예나대학 강사 시절, 셸링, 횔더린과 교분을 나누었지만 당시엔 학문적으로 셸링에 미치질 못했다. 셸링[140]은 칸트의 제자로 헤겔에 앞서서 철학적 재능을 인정받아 세계적으로 유명하였

---

135) 강성률, 앞의 책, 257쪽.
136) 버트란트 러셀, 최민홍 역, 앞의 책, 1014쪽.
137) 로버트 솔로몬 외, 박창호 옮김, 앞의 책, 375쪽.
138) 빌헬름 바이셰델, 안인희 옮김, 앞의 책, 346쪽.
139) 강성률, 앞의 책, 258쪽.
140) 셸링은 한때 헤겔의 친구이자 헤겔에게 예나대학 강사 자리를 주선한 인물이지만 헤겔의 베를린대학 교수 시절엔 헤겔의 지독한 적수가 되었다.

다. 헤겔의 최고 사상들은 그의 또 다른 대학 친구인 프리
드리히 횔더린한테서 직접 빌려온 것들이었다.[141]

헤겔 : 피히테의 후임으로 베를린대학 교수, 총장 엮임, 헤겔학파 등장

셸링
칸트의 제자로서 헤겔의 친구이자 사상적 적수. 피히테의 주관적 관념론에 맞서 절대자를 인정한 객관적 관념론을 주장하며 독일고전철학을 발전시킨 인물로서 당대에는 헤겔 이상으로 학문적 가능성이 매우 컸던 인물이다.

헤겔은 하숙집 여주인과의 불륜으로 예나대학을 떠나
게 되었는데 친구의 소개로 뉘른베르크 김나지움 교장
(1808~1818)으로 초빙되었다. 이 시절 헤겔은 『논리학』
(1816)을 저술한다. 1818년 하이델베르크대학을 거쳐 피
히테의 후임으로 베를린대학 교수로 재직할 때 그의 주저
『법철학 강요』(1821)를 출간한다. 그리고 헤겔은 1829년
베를린대학 총장에 취임하여 1년 간 재임하는데 베를린
대학 교수 시절 헤겔의 제자들이 독일 강단을 지배하면서
독일에는 거대한 헤겔학파가 형성되어 국내외의 주목을
받는다. 헤겔은 베를린대학 교수 시절 베를린에 창궐한
급성 콜레라에 감염되어 불행하게도 사망한다.

헤겔은 칸트를 철학적으로 대단히 숭배하였지만 칸트와
경쟁하기도 한다. 칸트의 주관적 관념론에 대항하여 객
관적 관념론 내지 절대적 관념론을 체계화한다. 헤겔 철
학이 지니는 철학사적 의의는 18C 이성주의 철학의 한계
를 극복하려고 노력했다는 점에 있다. 이성을 중시한 계
몽주의, 합리주의 철학이라는 18C 철학이 지닌 한계를 직
시하고 이를 뛰어넘으려 하였다. 프랑스혁명 등 시민혁

---

141) 로버트 솔로몬 외, 박창호 옮김, 앞의 책, 379쪽.

명의 실패를 통해서 헤겔은 이성만으로 모든 문제가 해결될 수 없음을 깨닫는다. 18C 이성 절대주의 시대를 넘어서서 헤겔은 역사의 본질에 깊이 천착한다. 그리하여 헤겔은 역사가 갖는 필연적 법칙성에 주목한다.

「세계사는 통제되지 않은 자연적인 의지의 훈련장이다. 역사는 거의 자연적인 의지를 보편적인 원리에 대한 복종에 이르게 하여 그 의지에게 주체적인 자유를 부여한다. 동양인은 한 사람이 자유인임을 알고 있었으며 지금도 마찬가지이다. 그리스·로마인의 세계에서는 몇 사람이 자유인이며 독일인의 세계에서는 모든 인간이 자유인임을 알고 있다.」[142]

헤겔 철학에서 절대정신(절대자)은 곧 이성이며 이성의 본질은 자유라고 생각한다. 따라서 역사의 본질을 절대정신(절대자)에 두고 있기에 역사가 나아가는 목표는 절대정신(절대자)의 자기실현에 있다고 보았다. 즉 역사는 절대자가 자기를 실현해 가는 과정이기에 역사의 본질은 자유의 확대이다.

헤겔 : 역사는 절대정신의 자기실현의 과정이자 자유의 확대과정

헤겔은 역사를 우연한 사건의 배열로 보지 않았다. 역사를 꿰뚫고 흐르는 이성의 필연성의 법칙에 주목한다. 인류 역사는 인간의 자유를 실현하기 위한 투쟁의 역사이며

---

142) 버트란트 러셀, 최민홍 역, 앞의 책, 1022쪽.

자유를 위한 투쟁을 역사의 유일한 내용으로 보았다. 헤겔에게 세계사는 자유를 실현하기 위한 투쟁의 역사이며 각 시대 단계를 거치면서 절대정신을 지향한다고 생각했다. 따라서 역사의 궁극적 주체를 절대정신에서 찾았으며 역사의 전개단위를 민족으로 보았다. 헤겔 사후에 출간된 『역사철학강의』[143]는 각각의 민족정신의 상호작용이 세계사를 구성한다고 주장한다. 이러한 헤겔의 역사철학은 19C 독일 역사주의의 기초로 작용한다.

헤겔 : 프로이센 국가 철학자로 공인, 국가주의 철학으로 기울어짐

헤겔은 생애 중반기에 애국적인 프러시아 국민으로서 국가주의에 경도된다. 이는 오늘날 헤겔 철학이 파시즘 철학의 기원으로 오해를 받는 원인이기도 하다. 헤겔이 독일을 대표하는 철학자로 대학에서 정열적인 활동을 펼칠 때 그의 강의에는 사람들로 가득 찼고 학생들뿐만 아니라, 군 장교들도 몰려왔을 정도였다. 헤겔의 철학은 차츰 선배 피히테의 국가주의와 마찬가지로 프로이센 국가의 정신적 모습을 결정하게 된다.[144]

실제로 헤겔은 프로이센 정부로부터 '프로이센 국가 철학

---

143) 『역사철학강의』는 헤겔의 제자 가우스(E. Gaus)가 편집하고 헤겔의 아들(Karl Hegel)이 개정 증보한 책으로 『정신현상학』, 『논리학』, 『법철학강요』 등 헤겔의 다른 저서들은 읽기가 난해하고 관념적인데 반해, 『역사철학강의』는 흥미로운 내용과 함께 구체적으로 기술되어 있는데 헤겔의 변증법적 세계관이 잘 나타나 있다.
144) 빌헬름 바이셰델, 안인희 옮김, 앞의 책, 348쪽.

자'145)로 공인되어 독일 철학의 태두로 군림한다. 실제로 헤겔의 철학은 1820년경부터 수십 년에 걸쳐 프로이센의 관학(官學) 같은 권위를 누렸다.146) 젊은 시절 헤겔은 프랑스혁명을 옹호한 반면, 생애 중반기 이후 헤겔 철학은 프로이센 군주를 옹호하는 국가주의 성격을 짙게 드리운다. 일반의지를 군주가 갖는다는 표현이나 '독일정신'을 '세계정신'으로 일치시키는 태도, 그리고 정부를 비판하는 내용의 출판을 허용하지 말아야 한다고 강조하는 대목은 분명 국가주의로 경도된 헤겔의 철학적 오류임에 틀림없다. 헤겔은 프로이센을 의식한 대목이 많다. 헤겔은 프로이센 국가를 세계정신이 구현된 국가로 규정하였을 정도였다.

5 헤겔의 절대정신과 변증법

『정신현상학』: 헤겔 자신의 독자적인 철학체계를 구축하는 계기

헤겔의 변증법은 헤겔이 37세 되던 해 발간한 『정신현상학』(1807)에 나오는 내용이다. 헤겔은 『정신현상학』을 통해 자신의 독자적인 철학체계를 구축하게 된다. 헤겔은 이 책에서 나폴레옹을 옹호하는 글을 쓴다. 민주주의와 귀족정치는 소수의 사람들만이 자유를 누리는 단계이

---

145) 강성률, 앞의 책, 263쪽.
146) 현대사상연구회, 앞의 책, 153쪽.

지만 군주정치는 모든 사람이 자유를 누리는 단계로 주장한다. 또한 '세계정신'의 발전에서 가장 큰 역할을 독일인에게 부여하고 있으며 독일정신이 바로 새로운 세계정신이라고 규정한다.[147]

헤겔은 절대정신의 섭리 아래 인류의 역사는 변증법적인 발전을 거친다고 생각했다. 인류의 역사는 그러한 절대정신의 자기외화의 과정이자 절대정신을 구현해가는 과정이라고 주장한다. 또한 헤겔은 칸트와 달리 윤리의 개인적·내면적 측면보다 국가사회의 역사적·객관적 측면을 주목한다. 그리하여 인륜(人倫 Sittlichkeit)은 가족공동체-시민사회-국가공동체로 변증법적인 발전을 거친다고 생각했다.

「가족이 다른 원리로 이행한다는 의미로서의 가족 확대는 현실로 현현하는 형태에 있어서는 한편, 가족의 한 민족에의, 따라서 하나인 공통의 자연적 기원을 갖는 이상, 국민에의 평온한 확대이고, 또 한편 분산된 모든 가족공동체의 집합이다. 이 집합은 위압적인 권력에 의한 것이든가, 아니면 서로 연계된 모든 욕구와 그것들의 욕구충족의 상호작용에 의해 맺어진 자발적인 결합에 의한 것이든가 어느 한쪽이다.」[148]

그런 의미에서 헤겔은 국가를 윤리적 이념의 현실성으로 규정하여 최고의 인륜(人倫 Sittlichkeit), 즉 도덕공동체로 명명한다. 나아가 개인과 국가는 대립하지 않고 조화

---

147) 버트란트 러셀, 최민홍 역, 앞의 책, 1023쪽.
148) 게오르크 헤겔, 권응호 역, 『법철학 강요』(홍신문화사, 1997), 255쪽.

를 이루며 국가는 개인의 자유를 보장하고 개인은 국가의 일원으로서만 참된 존재 의미를 가지며 행복한 삶을 누릴 수 있다고 역설한다.

「국가는 실체적 의지의 현실성이고 이 현실성을 국가적 보편성으로까지 높여진 특수한 자기의식 속에 갖고 있으므로 즉자이며 대자적으로 이성적인 것이다. 이 실체적 일체성은 결코 움직일 수 없는 자기 목적으로서 이 목적에 있어 자유는 그 최고의 권리를 얻지만 다른 한편 이 궁극의 목적도 개개인에 대해 최고의 권리를 가지므로 개개인의 최고의 의무는 국가의 성원인 것이다.」[149]

이 부분은 헤겔 철학의 국가주의적 성격이 드러난 부분으로 후대 국가주의 내지 파시즘의 철학적 원형으로 악용되기도 한다.

「국가는 이성적인 자유의 구현이며 국가는 도덕적 이념의 실재이다. 국가는 즉자대자적으로 이성적이다. 국가는 객관적인 정신이므로 개인은 국가의 한 구성원으로서 존재하는 경우에만 객관성과 진리의 도덕성을 갖게 된다.」[150]

변증법은 즉자-대자-즉자대자의 운동변화의 사유체계

헤겔의 변증법(辨證法 Dialektik)은 정(正)-반(反)-합(合)의 논리체계로서 철학적 사유의 전개과정이다. 최초의 정립에서 시작하여 그것에 대립하는 반정립을 거쳐 정립과 반정립을 넘어 양쪽의 요소들을 한데 결합한 종합으로 귀

---

149) 게오르크 헤겔, 권응호 역, 앞의 책, 322쪽.
150) 버트란트 러셀, 최민홍 역, 앞의 책, 1027쪽.

결되는 운동이다. 헤겔에게 변증법은 모든 인류의 역사현상과 사회 현상, 나아가 자연현상을 설명하는 역사철학 용어이다. 헤겔은 즉자(卽自, 正, 定立, These)-대자(對自, 反, 反定立, Antithese)-즉자대자(卽自對自, 종합 Synthese)라는 운동변화의 논리체계로써 사회 역사현상이 지양(止揚 aufheben)되고 발전한다고 보았다. '주인과 노예의 변증법'을 통해 헤겔의 변증법을 구체적으로 살펴보자. 주인은 자신이 노동을 하지 않고도 자신의 욕구를 충족시킬 수 있다. 그러나 주인은 노예를 통해서만 대상, 즉 자연과 관계를 맺을 뿐이다. 주인은 일견자립적이지만 실제로는 비자립적이다. 반면, 노예는 노동을 통해 자연(대상)을 변형시킨다. 노예의 노동은 주인에겐 비자립적으로 보이지만 자연에 대해선 자립적이다.

노동은 인간이 자신의 인간성을 발휘하는 과정
노동은 인간이 자신의 본질(인간성)을 발휘하는 과정이기에 노예의 노동은 자신의 본질(자기의식)을 자연 속에 투영·실현시키는 과정이다. 노동의 과정에서 자연과 노예는 자연스레 하나가 된다. 노예는 노동을 통해 자연에 대한 주체성을 확인한다. 이로써 '주인만이 자유롭다'는 일면적이고, 개별적인 자기의식은 '모두가 주인'이라는 보편적 자기의식으로 변증법적인 발전으로 이행한다.[151]

---

151) 김영범, 『철학 갤러리』 (풀로 엮은 집, 2009), 247~248쪽.

헤겔의 변증법적 세계관 → 마르크스의 변증법적 유물론
으로 발전

헤겔의 이러한 변증법적 세계관은 헤겔학파 가운데 헤겔
좌파152)와의 교분을 통해 영향을 받은 칼 마르크스의 변
증법적 유물론으로 발전하여 인류의 역사에 지대한 영향
을 미쳤다. 특히 자본주의 사회에서 노동계급이 겪는 고
통이라는 주제를 철학적 관점에서 조명하였다는 점에서
더없이 중요한 도구가 되었다.153)

---

152) 헤겔좌파를 '청년헤겔학파'라고도 한다. 헤겔 사후 헤겔학파는 종교문제
를 계기로 유신론의 입장에 선 헤겔우파(헤겔노장학파), 범신론 및 유물
론의 입장에 선 헤겔좌파, 그리고 헤겔의 본래 정신을 전하려 한 헤겔중
도파로 나뉜다.
153) 팀 크레인 외, 강유원 역, 앞의 책, 97쪽.

5. 19C 영국 사회사상 : 공리주의와 사회주의

-19C 영국 자본주의 발달과 공리주의·사회주의 발생

1 19C 영국 자본주의 사회에 대한 이해

산업혁명 → 공업화 → 도시화

18C 후반 영국은 역사상 최초로 산업혁명을 겪는다. 18C 말~19C 전반에 걸쳐 영국 사회는 급속한 생산력의 증대를 경험한다.

1851년 영국은 런던 하이드파크에서 산업혁명의 성과를 자랑하는 만국박람회를 개최한다. 다양한 발명품들과 기계, 공산품들이 전시되고 막 개통한 철도를 이용하여 증기기관차를 타고 전국에서 모여든 영국인들은 물론, 유럽에서도 영국이 이룩한 산업혁명의 성과에 대해 경탄과 함께 찬사를 아끼지 않았다.[154]

---

[154] 강철구, 「강철구의 세계사 다시 읽기-〈50〉산업혁명과 비유럽세계의 탈산업화①」, 『프레시안』 2008. 7. 11.

이렇게 하여 영국에서 시작된 산업혁명은 1830년대엔 대륙의 벨기에에 처음으로 전이되고 곧이어 프랑스로 확산되었으며 1850년대엔 독일로, 1860년대 남북전쟁 직후엔 미국으로, 그리고 1890년대엔 일본과 러시아로 산업혁명의 물결이 확산되었다.

매뉴팩처(manufacture)라는 공장제 수공업 생산형태에서 기계의 발명과 새로운 동력에 의존한 공장제 기계공업이라는 대량 생산체제로 진화하였으며 이를 하나의 사회 생산 시스템으로 일반화한다. 증기기관의 발명, 방직기 · 방적기의 발명 등은 기계발명의 대표적 사례로서 영국 사회에 생산력의 비약적 발달을 가져왔다. 특히 철광석과 석탄이 매장된 지역을 중심으로 급속히 공업이 발달하고 노동자가 몰리면서 자연스레 도시가 형성되었다. 리버풀, 글래스고우, 에든버러, 맨체스터 등이 그렇게 성장한 도시들이다.

도시의 성장은 산업화에 따른 필연적 결과이지만 도시 생활은 극심한 양극화를 피할 수 없었다. 프리드리히 엥겔스는 당시 영국 산업화 과정에서 나타난 도시의 참상을『영국 노동자 계급의 상태』(1845)에서 이렇게 전하고 있다.

「노동자의 가족은 판잣집이나 지하실의 구질구질한 방에서 살고 있었다. 조그마한 집에서 두 가족 이상이 살기도 하였다. 그나마 자기 집을 가지고 산다면 행복한 편이었다. 많은 노동자가 움막 속에서 합숙을 하기도 했는데 그것도 없어서 공원의 벤치나 길거리에서 밤을 새기도 했다. 먹는 것은 형편없었고 입는 것 역시 누더기였다.」155)

소년노동, 여성노동의 문제 심각한 상황, 노동자 평균 수
명 20살
19C 영국 자본주의 발달에 따른 심각한 빈부격차는 자본
주의 사회의 야만성을 맨얼굴 그대로 드러내었다. 아동
노동과 여성노동의 문제가 심각한 상황이었음에도 영국
사회는 자본가 계급의 이해관계만을 대변하였다. 특히
소년노동의 경우 공장주의 가혹한 감시를 받으며 열악한
노동환경 속에서 14시간 이상 노동을 하였는데 그들 중에
는 5살에서 6살밖에 안 된 어린 아이들도 다수 존재했다.
「광산에서 10세 이상 소년들의 노동은 광산까지 왕복시
간을 포함해 보통 14시간 내지 15시간이며 예외적으로는
더 장시간이 되는데 새벽 3, 4, 5시로부터 저녁 5, 6시까
지 계속된다.(중략) 현재 아동들과 미성년자들은 어느 시
기보다 더 심하게 혹사되고 있다. 광부들은 거의 이구동
성으로 14세 미만의 아동들의 광산노동을 금지하는 의회
입법을 요망하고 있다.」156)
그리하여 마르크스는 19C 영국 사회 아동노동에 대한 구
인광고를 당시 미국 신문 광고에 나오는 「흑인노예에 대
한 구인광고」와 흡사하다고 통렬히 비판한다.
「나의 지역의 가장 중요한 한 공업도시에서 발행되는 지

---

155) 구로역사연구소, 『우리나라 메이데이의 역사』(거름, 1991), 14쪽.
156) 칼 마르크스, 김수행 옮김, 『자본론–정치경제학 비판』 제1권 하(비봉,
    2003), 664쪽.

방신문지상의 다음과 같은 광고가 나의 주의를
끌었다. 광고에는 이렇게 쓰여 있다. '13세로
인정할 수 있는 연령 이상의 소년 12~20명을
구함. 임금은 주당 4실링. 지원하라 운운'」157)
로버트 필(Sir Robert Peel)의 노력으로 국회
를 통과한 법률「도제의 건강과 도덕에 관한 법
률」은 9세 이하의 소년노동을 금지하고 소년의
야간노동 금지와 한 달에 한 번 교회에 갈 수
있도록 규정하였는데158) 당시 자본가들은 이
규정을 무시하였다. 10살도 안 된 어린 소년들
과 여성이 14시간 이상 고된 노동에 방치된 사
회이자 노동자의 평균 수명이 20살에도 미치지

아동노동의 참상
19C 서구사회에서 아
동노동과 여성노동이
사회문제로 부각되었
다는 것은 당시 자본주
의 사회가 노동력을 착
취함으로써 성립된 체
제였음을 반증하는 것
이다. 19C에도 아동노
동은 심각한 사회정치
문제로 이슈화되었다.

못하는 대단히 야만적인 현실이었다. 실제로 노동계급의
아이들은 적어도 2명 중 한 명이 다섯 살을 넘기지 못하
고 죽었다.159)

19C 영국 사회에서 여성노동자의 경우 1842년 이후 지하
노동에는 고용되지 않았지만 광산에서 석탄 적재와 탄차
를 끌고 가는 작업, 그리고 석탄 선별작업에 투입되었다.
여성노동자의 인원은 3~4년 사이 크게 증가하였는데 대
개 12세로부터 50세, 60세까지이고 탄광노동자들의 부인
과 딸 및 과부들이 대부분이었다.160)

이처럼 19C 영국 사회는 자본주의 발달에 따른 극심한 빈

---

157) 칼 마르크스, 김수행 옮김, 앞의 책, 531쪽.
158) 敎師養成硏究會, 『近代敎育史』(學藝圖書, 1961), 65쪽.
159) 자크 아탈리, 『마르크스 평전』(예담, 2006), 239쪽.
160) 칼 마르크스, 김수행 옮김, 앞의 책, 667쪽

부격차와 아동노동 및 여성노동의 문제가 만연하였으며, 이는 당대의 위정자뿐만 아니라 지식인들에게도 중요한 정치 사회적 문젯거리가 아닐 수 없었다.

역사적으로 노동계급은 시대에 따라 다른 양상을 보인다. 고대 사회에서 노동자는 말하는 생구(生口)로서 노예의 신분이었으며 귀족의 소유물 내지 재산으로서 물건처럼 매매되었다. 중세 시대 노동자는 태어날 때부터 신분적 차별이 존재했으며 봉건 영주에 의해 인신이 예속된 상태였다. 근대 자본제사회에서 노동자는 자신의 육신 이외에 생산수단을 소유하지 못한 무산계급으로서 근대 자본주의 사회가 성립되면서 역사의 무대에 등장하였다.

근대 사회 노동계급은 자본에 예속된 존재로서 임금 노동자로 불렸으며 마르크스의 표현대로 '산업 예비군'을 형성하여 거대한 사회세력이면서도 스스로 자각하지 못한 채 끊임없이 자기 자신의 노동으로부터 소외된 상태였다. 그들 노동계급이 생산력의 주체로서 자각하기만 하면 그들은 일치단결하여 자신의 노동을 중지시킴으로써 세계를 정지시킬 수 있는 존재이기도 하였다.

2 19C 사회경제적 모순의 해결을 위한 철학, 공리주의의 등장

자본주의 모순을 해결하기 위한 철학적 고민 → 공리주의 등장

19C 영국 자본주의 사회의 모순은 심각한 빈부격차에 있었다. 자본주의 체제의 야만성이 현실로 드러난 상황에서 당대의 사상가들은 영국 사회가 직면한 사회경제적 모순에 깊이 천착하였다. 영국 사회의 모순을 바라보는 관점에는 두 가지 다른 시각이 존재한다. 공리주의와 사회주의이다. 공리주의는 '최대 다수의 최대 행복(the greatest happiness of the greatest number)'을 주장하며 사회 전체의 쾌락의 증진에 철학적 목표를 두었다.

공리주의(Utilitarianism)의 창시자인 제레미 벤담(J. Bentham)은 자본가 계급의 개인적 쾌락을 비판하며 영국 사회의 다수를 차지하는 노동계급의 쾌락, 즉 사회 전체의 쾌락과의 조화를 추구하였다. 개인적 쾌락과 사회적 쾌락의 조화를 추구한 것이 벤담의 사회철학이다. 따라서 벤담은 공리성(Utility)의 원칙에 입각하여 다수의 쾌락과 조화를 이루며 행동할 것을 역설한다. 18C 이탈리아 형법학자 베카리아(C. Beccaria)로부터 차용한 용어 '최대 다수의 최대 행복'의 추구는 벤담의 그런 철학을 반영한 것이다.

'최대 다수의 최대 행복'은 벤담의 공리주의의 본질이다.

공리주의자 벤담
내성적인 성격의 외톨이 천재 사상가 벤담은 존 스튜어트 밀의 천재성에 비견될 정도로 젊은 시절 두각을 나타냈다. 벤담은 '공리성'을 도덕과 입법의 원리로 제시했으며 '최대 다수의 최대 행복'을 모든 행위에서 가치 판단의 준거로 적용시켰다.

벤담은 『도덕과 입법의 원리』에서 "어떤 행위든지 간에 그 행위가 그것과 관계가 있는 당사자의 행복을 증진시키는가 혹은 감퇴시키는가, 그 어느 쪽으로 보이는가에 따라 그 행위를 승인 또는 부인하는 원리, 이것이 공리성의 원리"라고 그 개념을 규정하고 어떤 행위에는 개인과 개인 간의 행위뿐만 아니라 정부의 모든 정책까지도 포함한다고 주장했다.[161]

그리하여 벤담은 개인이 갖는 쾌락의 정도를 계측하여 수량화할 수 있다 하여 그의 공리주의를 흔히 양적 공리주의라고 일컫는다. 즉, 쾌락과 모두 동일하고 동질적이라는 생각에서 쾌락의 강도와 원근성, 지속성(계속성), 그리고 쾌락의 다산성(생산성)과 순수성, 연장성(범위), 확실성 등을 척도로 쾌락의 양을 계산할 수 있다고 주장한다.

벤담 : 공리성의 원리 = 도덕과 입법의 원리

벤담 스스로 '공리성의 원리(principle of Utility)'는 '도덕과 입법의 원리'라고 확신하여 사회적 제재 수단으로 많은 입법 활동을 강조한다. 실제로 벤담은 입법을 통해 개인의 행동을 사회적으로 제재할 수 있다고 믿었다. 그리하여 벤담은 교도소 역시 파놉티콘(panopticon)이라는 원형감옥을 구상하여 이를 직접 그림으로 그려 입법화하려 노력했다.

「벤담의 파놉티콘에는 당시 교도소나 감옥에서 볼 수 없

---

161) 현대사상 연구회, 『사상의 흐름』 (문학사, 1961), 141쪽.

는 세 가지 특징이 있다. 파놉티콘의 감시가 '시선의 비대 칭성'에 근거했다는 것이다. (중략) 두 번째 특징은 그것 이 국가나 지방단체가 운영하는 감옥이 아니라 파놉티콘 의 주인이 국가와 계약하여 운영하는 사설 감옥이자 계약 식 감옥이었다는 것이다. (중략) 세 번째 특징은 파놉티 콘이 죄수의 노동으로 유지되는 공장형 감옥이었다는 것 이다.」162)

‖ 참고 ‖ 파놉티콘(Panopticon)

파놉티콘은 '원형감옥'을 일컫는 표현인데 공리주의자 제레미 벤담 이 1791년 죄수를 감시할 목적으로 이 용어를 처음 사용하여 파놉티 콘 설계도를 직접 그려 입법 청원을 시도하기도 하였다. 파놉티콘은 죄수에 대한 감시의 효율을 높이기 위해 고안된 원형감옥으로 근대 사회에서 등장한 학교와 공장, 병원, 감옥 시설 등에 그대로 적용되 었다. 감시를 받는 죄수 스스로 규율을 내면화하여 스스로 자신을 감 시하는 존재로 만듦으로써 감시기제의 효율성 을 극대화한다. 20C 프랑스의 철학자 미셸 푸 코는 『감시와 처벌』(1975)에서 파놉티콘을 근 대 사회 통제기제의 원형으로 비판하였다.

파놉티콘
원형감옥을 가리키는 파놉티콘은 제레미 벤 담이 고안한 것으로 그 는 효율성과 공리성을 위해 죄수 스스로 감시 를 내면화할 필요가 있 다고 생각했다. 그리하 여 벤담은 직접 파놉티 콘을 그려서 입법청원 을 하기도 하였다.

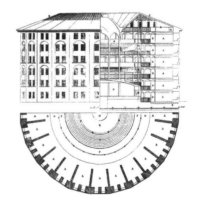

벤담의 파놉티콘은 근대 사회에서 학 교와 병원, 군대의 병영, 공장의 모델 이 된다. 20C 프랑스의 철학자 미셸

---

162) 홍성욱, 『파놉티콘』 (책세상, 2007), 31~33쪽.

푸코

근대 사회의 파놉티콘을 통한 감시를 비판한 프랑스 포스트모더니즘 철학자 미셸 푸코. 그는 근대 사회에서 '규율권력'의 미시구조를 드러내주는 것으로 감옥, 군대, 학교, 병원 등을 지적하면서 근대 규율 권력의 상징을 비판하였다.

푸코(M. Foucault)는 『감시와 처벌』(1975)에서 파놉티콘을 통해 근대 '규율사회'가 형성되는 과정을 예리하게 분석하였다. 즉 푸코는 벤담의 파놉티콘이 근대 '규율권력'의 미시구조를 잘 드러내는 전형적인 사례로 해석한다. 푸코의 해석은 파놉티콘을 통한 감시가 오늘날 정보혁명시대 '전자감시'와 흡사하다[163]는 인식을 갖게 했다. 푸코는 현대사회 개인의 사생활을 관리·통제하는 권력의 일망 감시적인 양식을 날카롭게 비판한 것이다.

「일종의 사회적 '검역기간'이라 할 수 있는 폐쇄적인 규율로부터 '일망 감시 시설'이라는… (중략) 어떤 규율 중심적 사회의 형성에 관해 전체적으로 논할 수 있는 것이다. (중략) "대다수의 군중들을 동시에 감시하기 위한 건물의 건설과 배치라는 큰 목표를 위해 이끌어가고 또 이것을 활용하면서 국가가 사회생활의 보호영역을 넓혀나가고 나아가서 그 보호를 완전하게 하는 것은 국가의 영향이 점점 커지고 사회생활의 모든 세부적인 사항과 모든 관계들 속에서 국가가 매일매일 점점 더 깊숙하게 개입하는 현대에 이르러서이다."」[164]

벤담은 기본적으로 인간은 고통(불행)을 피하고 쾌락(행복)을 추구하는 존재이고 사회는 개인들로 구성된 공동체라 하여 개체주의적 사회관을 피력했다. 그리하여 그는 자본가 개인의 쾌락과 사회 전체의 다수를 차지하는 노동

---

163) 홍성욱 외, 『과학기술의 철학적 이해』(한양대출판부, 2010), 583쪽.
164) 미셸 푸코, 오생근 옮김, 『감시와 처벌-감옥의 역사』(나남, 2005), 332~333쪽.

계급의 쾌락의 조화를 추구했다.

「벤담의 견해에 의하면 선(善)은 행복 일반이라고 주장할 뿐 아니라 각자가 자기 자신이 행복이라고 믿는 것을 추구하고 있다고 주장한다. 그러므로 입법자의 과업은 공적인 이익과 개인의 이익을 조화시키는 데 있다. 내가 도둑질하는 것을 자제하는 까닭은 대중의 이익을 위한 것이지만 현행 형법을 염두에 두면 단지 나 자신의 이익이 될 뿐이다. 그리하여 그는 형법은 개인의 이익을 사회의 이익에 부합시키는 방법이라고 주장한다.」[165]

즉, 벤담의 공리주의는 자본주의 체제의 문제점 특히 빈부격차의 심각한 현실을 인정하면서도 자본주의 체제의 유지를 위해 개인의 쾌락과 사회 전체의 쾌락의 조화를 추구하도록 강조한다. 벤담은 결국 사회적 쾌락주의를 주장함으로써 영국 자본주의 사회의 문제점을 해결하려 노력한다.

존 스튜어트 밀 : 배부른 돼지가 되기보다는 배고픈 인간이 되는 게 좋다

쾌락의 질적 차이를 인정하지 않았던 벤담과 달리, 존 스튜어트 밀(J. S. Mill)은 19C 영국 사회철학을 대표하는 사상가로 양적 공리주의의 문제점을 지적하고 쾌락에는 질적인 차이가 있음을 강조한다. 질적 공리주의자 밀은 인간은 동물적 본성 이상의 능력을 가지고 있으므로 질적

---

165) 러셀, 최민홍 옮김, 앞의 책, 1075쪽

으로 높고 고상한 쾌락을 추구한다고 보았다.

그 유명한 명제 "배부른 돼지가 되기보다는 배고픈 인간이 되는 게 좋고 만족한 바보가 되기보다는 불만족스러운 소크라테스로 살아가는 게 낫다"는 표현은 그런 질적 공리주의자 밀의 생각을 잘 드러낸다.

「제임스 밀(J. Mill)도 벤담과 마찬가지로 쾌락은 유일한 선이요, 고통은 유일한 악이라고 생각하였다. 그러나 그는 에피쿠로스처럼 온화한 쾌락을 가치 있게 보았다. 그는 지적인 기쁨이 최상이요, 절제를 최대의 미덕이라고 생각하였다. 그의 아들인 존 스튜어트 밀은 이성으로 정치를 해야 한다고 생각하였다. 논쟁에서 양쪽의 주장이 비슷할 경우에 수가 더 많은 편이 옳다고 판단하는 것은 도덕적 확실성 때문이다. 존 스튜어트 밀은 벤담학도들의 주장을 다소 완화하여 그가 죽은 1873년까지 유지하였다.」[166]

존 스튜어트 밀 : 여성과 노동자의 권리 옹호

존 스튜어트 밀은 그의 평생의 연인이자 사상적 동반자였던 해리엇 테일러(H. Taylor)의 영향을 받아 19C 영국 사회에서 여성의 정치적 지위를 향상시키는 데 열정을 쏟는다. 그는 『여성의 종속』(1863)에서 여성을 차별하는 영국 사회의 불의한 현실을 규탄한다.

「어떤 사람은 여성이 남성보다 열등하다는 말로도 부족

---

166) 러셀, 최민홍 옮김, 앞의 책, 1077쪽

해 여성이 자주적인 삶을 살기보다 남성의 지배를 받길 더 원한다는 말을 하기도 한다. (중략) 그러나 현실은 불의로 가득 차 있다. 인류의 절반이나 되는 사람(여성)들이 사회적 존경과 명예를 얻을 기회를 봉쇄당한 채, 자기가 원하는 대로 직업을 선택할 수 있는 평등한 도덕적 권리를 박탈당하고 있다. 이런 불의한 현실이 당사자인 여성에게만 문제를 일으키는 것이 아니라 남성, 나아가 사회 전체에도 큰 피해를 준다는 점을 지적한다.」167)

존 스튜어트 밀
고전파 자본주의 경제학을 집대성한 경제학자이자 여성과 노동자의 권리 향상을 위해 노력했던 청치철학자로 19C 영국 사회철학을 대표하는 사상가이다.

존 스튜어트 밀도 벤담의 공리주의처럼 개인주의, 경제적 자유주의 사상에 기초한다. 그러나 밀은 아담 스미스로부터 시작된 19C 고전파 경제학 이론을 집대성한 인물이긴 하지만 그의 생애는 존경받을 만한 충분한 정치적 · 사상적 궤적을 남겼다. 그는 여성의 참정권 못지않게 노동자의 참정권 획득을 위해 노력한다. 1838년~1848년에 차티스트 운동에 참여하였으며 하원의원으로 선출되어 정치적 노력을 배가한다.

「부르주아 사상가들과 정치가들은 주장하였다. '신분적 특권의 폐지, 민주적 자유의 도입, 빼앗길 수 없는 권리의 선언'-이것들은 인간의 완전한 자유와 평등을 의미한다. 그러나 노동자들은 자본주의적 압박에 대한 투쟁을 시작하고 있었다. 영국 노동자 최초의 대중운동인 차티즘(Chartism 인민헌장운동)이 이를 증명하고 있다. 이 운동은 정치적으로 조직된 노동자 계급의 최초의 혁명적

---

167) 존 스튜어트 밀, 서병훈 옮김, 『여성의 종속』 (책세상, 2006), 209~210쪽.

대중운동이었다. 차티스트(Chartist)들은 전체 노동자에게 선거권을 주라고 요구하였다. 그들은 노동자 계급이 자기들의 대표를 의회에 많이 보내 그들을 통하여 노동자에게 필요한 사회개혁을 수행할 수 있으리라고 생각하였던 것이다.」168)

존 스튜어트 밀은 노동자와 여성의 권리 등 사회복지의 기초를 닦은 사상가이자 다수결의 원리 등 정치적 민주주의를 옹호했던 철학적 급진주의자에 속했다. 이들 철학적 급진주의(philosophical Radicalism)는 보통선거권 획득, 비밀투표 등 차티스트 운동을 통해 의회제도의 개혁, 나아가 사회개혁을 추구했다.

「철학적 급진주의자들은 하나의 과도적인 학파였다. 그들의 체계는 다른 두 체계를 배출시켰는데 다윈주의(Darwinism)와 사회주의(Socialism)가 그것이다. 다윈주의는 맬서스의 『인구론』을 동물과 식물 전체의 생활에 적용한 것이다. (중략) 지구상에서 자유경쟁을 하여 승리를 거두는 것은 언제나 성공적인 자본가를 닮은 동물들이었다.」169)

존 스튜어트 밀 : 영국 페이비언주의의 사상적 선구자

국가의 개입에 의한 분배 등 점진적 사회개혁을 추구한 존 스튜어트 밀은 영국 페이비언주의(Fabianism)의 사상적 선구가 된다. 페이비언주의는 혁명이나 급진적인 사회개혁보다 점진적인 형태의 사회개혁을 통해 영국

---

168) 편집부, 『세계철학사 1』 (녹두, 1985), 15쪽.
169) 러셀, 최민홍 옮김, 앞의 책, 1081쪽

사회의 문제를 해결할 수 있다고 믿는 점진적 사회주의
(Fabianism)를 가리킨다.

자본주의 체제를 유지하는 것을 기본 조건으로 하면서 영
국 자본주의 사회의 빈부격차라는 사회문제를 해결하려
애썼던 밀과 같은 공리주의자들과 달리 사회주의자들은
자본주의 체제 자체를 전면 부정하고 대안을 제시하면서
근본적인 영국 사회의 변혁을 지향하였다. 이들 가운데
대표적 인물로는 영국의 공상적 사회주의자 로버트 오언
과 망명지 영국에서 생애의 절반을 보내면서 활동한 독일
의 철학자 마르크스와 엥겔스를 들 수 있다.

3 공상적 사회주의와 로버트 오언

로버트 오언은 자본가이면서도 노동자의 열악한 환경에
주목한 인물

영국의 공상적 사회주의자 오언은 자본가 계급 출신이다.
19C 영국 자본주의 사회의 빈부격차라는 심각한 모순과
함께 빈곤한 노동계급이 무참하게 버려진 환경에 주목한
인물이 오언이다. 기계의 발명이 점점 숙련노동자를 공
장에서 배제하여 실업자로 내모는 현실을 직시했다.

「사회주의라는 말을 처음 쓴 것은 1827년 오언의 후계자
들에게 적용되었을 때였다. 오언에 의하면 기계는 노동
을 점점 배제하게 되고 자유방임은 노동계급에게 기계의

로버트 오언
오언은 자본가 출신이면서 노동자의 권리를 위해 조직적으로 투쟁했던 사회주의자이다. 그가 노동자의 자녀들을 위해 만든 '성격형성학원'은 일종의 오늘날 유치원에 해당한다.

힘과 싸울 수 있는 충분한 방법을 제공하지 않았다. 그리하여 오언이 이 사회악을 제거하기 위해 제안한 것이 현대적인 사회주의의 최초 형태였다.」[170]

공상적 사회주의라는 명칭은 프리드리히 엥겔스가 처음 쓴 표현이다. 엥겔스는 노동자들에게 마르크스주의를 쉽게 이해시키기 위해 쓴 자신의 논문 『공상에서 과학으로』(1880)에서 19C 전반기 프랑스와 영국에서 발생한 사회주의의 다양한 흐름을 비판한다. 마르크스의 사상에 과학적 사회주의(Scientific Socialism)라고 이름을 붙이고 그 이전에 등장한 영국과 대륙의 사회주의를 공상적 사회주의(Utopian Socialism)라고 명명하였다.

공상적 사회주의의 여러 유형은 다음과 같다. 프랑스의 생시몽(Saint-Simon)은 자본가들을 설득함으로써 평화롭게 새로운 사회를 건설할 수 있다고 생각하였다. 봉건 영주와 산업가의 타협을 통해 계획 생산을 수행하는 새로운 사회제도를 창출할 수 있다고 주장한다.

프랑스의 샤를 푸리에(C. Fourier)는 상업 활동을 극도로 혐오하여 상업이 존재하지 않는 자유로운 생산자 협동조합(팔랑쥐 phalange)사회를 이상사회로 건설하고자 하였다. 푸리에는 엄연히 존재하는 계급 간 대립과 갈등을 외면한 채, 계급투쟁을 부정하고 자본가와 권력집단에게 도덕적·종교적으로 호소하여 문제를 해결하려 하였다. 그의 생산자 협동조합 팔랑쥐는 이상 사회로 가는 중요한

---

170) 러셀, 최민홍 옮김, 앞의 책, 1083쪽.

초석이었다.

로버트 오언 : 노동자의 참정권 획득을 위한 차티스트 운동에 적극 참여

오언은 19C 초 영국 자본가 계급의 탐욕과 참학한 현실에 크게 낙담하여 사회악의 근원인 자본주의 사회를 뛰어넘어 사회주의 사회를 지향하였다. 그는 경쟁이 사라지고 불건전한 환경의 영향을 받지 않으면 생산력이 곧 인류의 행복에 기여할 것이라 믿었다. 오언의 이러한 생각은 미국 인디애나 주에 3만 에이커의 토지를 사들여 '뉴 하모니'라는 이상촌을 건설한 것에서 알 수 있다. 이러한 오언의 공동체 건설 노력은 실패하였지만 협동조합운동과 노동조합운동은 영국 사회주의 운동사에 중요한 흔적을 남겼다.

오언은 방직공장을 경영한 자본가 계급 출신이었지만 불건전한 환경에 노출된 노동자 자녀들을 위해 유아교육시설을 설립·운영하였다. 노동자 자녀들을 위해 오언이 설립한 '성격형성학원'은 일종의 유치원에 해당하는데 노동자의 자녀들에게 교육적인 환경을 제공함으로써 노동자의 노동조건을 개선시키고 생산성을 향상시키는 데 주력하였다.

1832년 노동운동이 활성화되던 그 당시에 오언은 노동자의 보통선거권 획득을 위한 차티스트 운동에도 적극 참여하였다. 오언은 1834년 마침내 '전국 노동조합 대연합' 결성을 주도적으로 결행하여 노동자를 전국적 단위로 조직함으로써 19C 전반기 영국 지배세력인 부르주아 정치 권력을 압박하는 중심에 서게 된다.

4 과학적 사회주의와 『공산당 선언』

『공산당 선언』: 과학적 사회주의의 분기점

19C 영국의 사회사상 가운데 자본주의 체제를 옹호했던 공리주의와 함께 자본주의 체제를 부정하며 이를 뛰어넘고자 했던 사회주의 철학이 있었다. 오언의 사회주의는 바로 그러한 시기에 등장한 사회사상으로서 마르크스주의 형성에 지대한 영향을 미쳤다. 그러나 공상적 사회주의는 그들이 꿈꾸는 사회주의를 실현하는 방법에서 비현실적이었다. 19C 전반기 공상적 사회주의의 여러 흐름에 크게 실망한 마르크스와 엥겔스는 이들 공상적 사회주의를 비판하면서 19C 자본주의 체제를 넘어서는 새로운 사회를 꿈꾸며 변혁 운동에 매진하였다.

19C 영국은 자본주의 발달에 따라 빈부격차가 심화됨과 함께 세계 최초로 최저임금제 도입 투쟁이 전개되고 있었다. 영국 본국에서 최저임금제 제정이 가장 먼저 계획되었으면서도 최저임금제 법제화는 20C로 넘어가고 말았다. 이런 시대 상황이 영국 사회에서 마르크스주의가 등장한 시대배경으로 작용하였다. 실제로 뉴질랜드와 오스트레일리아 빅토리아 주에서는 19C 말에 최저임금제가

가장 먼저 법으로 제정되었던 것이다.[171]

이러한 시대 상황 속에서 마르크스와 엥겔스는 19C 영국 자본주의 체제에 대해 객관적·과학적인 분석을 시도하면서 자본주의 체제를 극복할 수 있는 변혁이론을 생산해 낸다. 1848년 발간된 『공산당 선언』은 마르크스주의가 과학적 사회주의로 이행하는 중요한 논문이 된다. 마르크스와 엥겔스가 1848년 '영국 공산주의자 동맹'에 가입하면서 강령을 기초한 내용이 바로 『공산당 선언』인데 내용은 부르주아사회와 사회주의 제(諸)조류를 비판하면서 공산주의 혁명이론을 구체적으로 묘사하고 있다.

「공산주의 혁명이란 전통적 소유관계와 가장 철저한 단절이다. (중략) 프롤레타리아트는 그의 정치적 지배를 이용하여 점차 부르주아지로부터 모든 자본을 빼앗고 모든 생산수단을 프롤레타리아트, 즉 '국가'의 수중에 집중시킨다. (중략) 선진적인 나라들에서 적용될 수 있는 일반적인 조치들로서 토지소유의 폐지와 고액의 누진소득세 과세, 모든 상속권의 폐지, 모든 반역자의 재산 몰수, 교통·통신·운송 수단의 국가집중, 공립학교 의무교육, 아동의 공장노동폐지, 모든 사람에게 동등한 노동의무 부과 등등.」[172]

『공산당 선언』의 제1장 : 인류의 역사는 계급투쟁의 역사

『공산당 선언』의 제1장은 '지금까지 모든 사회의 역사는

---

171) 편집부 편역, 『최저임금제』 (형성사, 1984), 29쪽.
172) 마르크스, 엥겔스, 이대환 편역, 『공산당 선언』 (연찬, 1987), 132쪽.

계급투쟁의 역사였다'로 시작한다. 『공산당 선언』 머리말에서 하나의 유령, 곧 공산주의라는 유령이 유럽사회를 떠돌아다니고 있다며 유럽의 낡은 정치세력들이 공산주의를 몰아내려고 동맹을 맺은 것을 규탄한다. 낡은 유럽 정치세력은 바로 교황과 짜르, 메테르니히와 기조, 프랑스 급진파와 독일 경찰의 끄나풀들이며 공산주의를 박멸하기 위해 신성한 동맹을 맺었다고 비판한다. 나아가 『공산당 선언』 제3장에서 마르크스와 엥겔스는 다양한 사회주의 조류들을 비판하면서 공상적 사회주의의 성과와 한계를 지적하고 비판한다.

「생시몽, 푸리에, 오언 등의 사회주의 체계들은 프롤레타리아트와 부르주아지 간의 투쟁이 아직 미발전된 시기에 등장한 사회사상으로 (중략) 이들의 사상은 당시 모든 사회원리들을 공격하였다. 그들의 글들은 노동계급의 계몽을 위하여 매우 가치가 있는 자료들을 풍부하게 지니고 있었다.」[173]

근대 국가 : 부르주아지의 공동관심사를 처리하는 위원회

마르크스와 엥겔스는 『공산당 선언』 제1장에서 '근대 국가의 행정부를 부르주아지 전체의 공동 관심사를 처리하는 위원회에 지나지 않는다'고 국가의 성격을 규정짓는다. 또한 마르크스와 엥겔스는 부르주아지의 역사적 역할의 공과에 대해 객관적 분석과 통렬한 비판을 가한다.

---

173) 마르크스, 엥겔스, 이대환 편역, 앞의 책, 142~143쪽.

「부르주아지는 역사상 매우 혁명적인 역할을 하였다. 부르주아지는 자신이 지배하는 모든 곳에서 일체의 봉건적·가부장적 관계들을 파괴해 버렸다. 부르주아지는 인간을 "태어날 때부터 상전에게 묶어 두고 있던 잡다한 봉건적인 관계들을 가차 없이 끊어버렸고 인간과 인간 사이에는 적나라한 이기심, 메마른 현금거래" 이외에는 다른 아무런 관계도 남겨두지 않았다.」[174]

역사적으로 마르크스와 엥겔스에 의해 공동으로 기초된 『공산당 선언』은 마르크스주의가 과학적 사회주의로 전환되는 계기가 된 저술로서『공산당 선언』과 과학적 사회주의는 상호 밀접한 관련을 맺고 있다.

공산당 선언
마르크스의 사상이 급진적 자유주의에서 과학적 사회주의로 변모하는 분기점이 되는 논문이다. 엥겔스와 함께 '영국 공산주의자 동맹'에 가입하면서 1848년 초 공동 작성한 것이다.
문장의 마지막 구절이 그 유명한 '만국의 노동자들이여 단결하라!' 이다.

---

174) 마르크스, 엥겔스, 이대환 편역, 앞의 책, 114~115쪽.

6. 마르크스주의의 비판적 이해

-19C 독일 사회사상

1 마르크스에 대한 오해와 이해

칼 마르크스
노예근성을 가장 혐오
했으며 인간의 가장 훌
륭한 특성을 소박함에
서 찾았던 칼 하인리히
마르크스. 인류 역사상
마르크스만큼 크고 깊
은 영향력을 미친 사상
가는 없다.

분단시대를 살고 있는 이 땅의 사람들에게 마르크스는 인
류를 파멸로 이끄는 공산주의를 창시한 사상가이자 인간
성을 파괴하는 괴물로 인식된다. 적어도 과거 군부독재
정권 하에서 언론매체나 활자를 통해 이야기되는 마르크
스는 잔인하고 폭력적인 인물로 묘사되었다. 역사적으로
사특하고 교활한 위인으로 언급되는 마르크스에 대해 그
생애와 사상 그리고 휴머니즘 넘치는 인간적 면모를 살펴
본다.

마르크스는 할아버지가 유태교 랍비였던 유태인 가정에
서 태어났다. 그러나 마르크스의 아버지는 프로테스탄트
로 개종했고 변호사로서 루소·볼테르·레싱을 애독했
던 열렬한 자유주의자였다. 마르크스는 그런 기독교 가

정에서 7남매 중 셋째 아들로 태어났다. 아버지의 바람대로 마르크스는 당시 최고의 학문으로 인정받던 법학175)을 공부하기 위해 베를린으로 갔다. 베를린대학 시절 그리스·로마 신화와 미술사, 법률, 그리고 역사와 철학을 공부했다.

청년 마르크스 : 헤겔좌파와 사상적 교류

그러나 무엇보다 마르크스에게 베를린은 헤겔의 세계로 들어가는 계기로 작용하였다. 마르크스는 베를린에서 헤겔좌파인 청년헤겔학파와 교류를 시작한다. 무신론적 급진 자유주의자들과의 학문적 교류는 그때까지 자유주의자로 머물던 마르크스에게 상당한 충격을 주게 된다. 23세 되던 해에 마르크스는『데모크리토스와 에피쿠로스의 자연철학의 차이』라는 유물론 연구로 예나대학에서 박사학위를 받는다. 물론 마르크스는 예나대학에 다닌 적은 없었다.

마르크스의 논문은 에피쿠로스와 데모크리토스의 유물론에 대한 비교연구였는데 논문 내용이 난해하였다고 한다. 당시 예나대학은 박사학위 논문을 쉽게 내주는 대학으로 이름이 나 있었다. 마르크스는 24세 되던 해에 프로이센 국가 방침에 저항하는 반정부 신문인「라인신문」편집장이 되는데 이는 마르크스가 임금을 받는 첫 직장이자

---

175) 법학은 19C 프로이센 당시에 최고의 학문으로 평판이 자자했지만 철학은 별 볼일 없는 비인기 학문으로 간주되었다. 마르크스는 아버지의 바람을 어기고 철학에 심취하였고 철학박사 학위를 얻는다.

마지막 직장이었다.176) 그때 마르크스는 프리드리히 엥겔스와 처음으로 만난다.

25살이 되었을 때 마르크스는 4살 연상인 프로이센 귀족의 딸 예니와 결혼한다. 예니는 프로이센 귀족의 딸이었지만 마르크스를 열렬히 사랑하였고 스스로 마르크스의 비서 역할을 자처했다. 예니 역시 사회주의자였고 마르크스의 사상적·정치적 동반자였다. 1844년(26세)에 마르크스는 『헤겔 법철학 비판 서설』을 저술하고 1845년 27세 되던 해에는 유물사관이 처음으로 기술된 『독일 이데올로기』를 쓴다. 1847년 29살 되던 해에는 프랑스 아나키즘의 선구자 프루동이 쓴 『빈곤의 철학』을 비판하며 『철학의 빈곤』을 저술하였다.

마르크스는 정치경제학에 대한 지식이 많이 부족함을 깨닫고 스스로 공상적 사회주의자들, 즉 생시몽, 푸리에, 시스몽디, 오언을 공부한다. 이어서 국영공장을 세우고 계획경제를 주장한 루이 블랑의 사상(블랑키주의)을 접하고 존 스튜어트 밀의 아버지인 제임스 밀이 강조한 노동조합을 구상한 서적을 읽는다. 특히 시스몽디의 사상을 접했을 때 마르크스는 시스몽디가 처음 사용한 '잉여가치'란 개념을 발견하게 된다.177) 잉여가치는 후에 레닌이 극찬한 경제학 용어로 마르크스가 자본주의 경제현상을 분석하면서 임금착취를 설명하는 데 사용한 용어이다. 그리고 이 해에 마르크스는 영국 런던에서 '공산주의자

---

176) 자크 아탈리, 앞의 책, (예담, 2006), 93쪽.
177) 자크 아탈리, 앞의 책, 96~97쪽.

동맹'이 결성되자 엥겔스와 함께 가입한다. 그리고 마르크스는 1년 뒤 1848년 1월 「공산주의자 동맹」의 선언문인 『공산당 선언』을 엥겔스와 함께 작성한다. 『공산당 선언』은 마르크스의 사상이 '과학적 사회주의'로 자리매김이 되는 중요한 논문이자 역사상 「마르크스주의(marxism)」가 탄생하는 계기가 된 논문이다. 이처럼 마르크스는 19C 자본주의 사회의 과학적 분석을 시도한 대학자이자 인류 역사에 지대한 영향을 미친 위대한 사상가이다.

프리드리히 엥겔스
마르크스의 절친한 동지이자 재정적 후원자. 엥겔스는 마르크스 사후 마르크스의 유고를 모아 자본론 2, 3을 출간한다.

1848년 2월 마르크스는 프랑스 2월 혁명과 벨기에 브뤼셀, 독일 쾰른 혁명에 참여하지만 혁명의 좌절과 함께 국외로 추방되면서 결국 생애 절반을 보낸 영국 런던에서 망명생활을 시작한다. 망명지 런던에서의 생활은 망명 초기(1850~1856) 극심한 경제적 궁핍과 빈곤 속에 정신적으로 고통스런 나날을 보낸다.

「아내는 병들고 작은 예니(큰 딸)도 앓고 있으며 엘리나(넷째 딸)는 신경열 비슷한 증세를 보이고 있다네. 의사는 부르지 못했고 지금도 부르지 못하고 있네. 치료비를 치를 돈이 없기 때문일세. 요 1주일째 나는 빵과 감자로 가족을 부양하고 있다네. 그리고 오늘은 그것이나마 손에 넣을 수 있을는지 의문일세. 그런 조잡한 식사는 물론 좋을 리가 없지. 기온마저 이 모양이니…」[178] ‒1852년 9월 8일 마르크스가 엥겔스에게 보낸 편지에서

---

178) 피에르 뒤랑, 나혜원 역, 『인간 마르크스』 (두레, 1984), 103쪽.

마르크스의 궁핍한 런던 망명시절 : 두 아들과 셋째 딸을 잃다

이 미칠 것 같이 고통스런 궁핍한 시절 마르크스는 둘째 아들과 셋째 딸 그리고 큰 아들과 어머니의 죽음을 차례로 맞는 비극을 겪는다. 특히 19C 중반 런던 빈민굴에 창궐했던 결핵으로 수천 명의 아이들이 죽었을 때 마르크스의 아이들도 마찬가지였다.

「어린 귀도(둘째 아들)가 죽었고 셋째 딸 프란치스카도 1년 남짓 살다 오빠 뒤를 따랐다. 마르크스의 아내 예니는 이렇게 썼다. "살아 있는 세 명의 아이들이 바로 우리 곁에 누워 있는데 그 조그만 천사가 바로 우리 곁에서 핏기가 걷히며 차갑게 죽어가고 있는 것을 보고 우리는 통곡했습니다. 사랑하는 그 아이가 죽은 것은 우리가 가장 궁핍했던 시기였습니다. 나는 부근에 사는 프랑스인 망명자의 집으로 달려갔습니다. 그 사람이 조금 전에 우리를 방문해 주었기 때문입니다. 그는 진심에서 우러나오는 동정을 표시하면서 나에게 2파운드를 빌려주었습니다. 그 2파운드 덕택에 우리는 관을 살 수 있었습니다. 그 관 속에 나의 불쌍한 그 아이는 지금 편안히 잠들어 있습니다."」[179]

이 잔인한 시절이 마르크스에게 씻을 수 없는 상처와 고난을 안겨다 주었다. 마르크스는 절망적으로 부르짖었다. 1862년 6월 18일 마르크스는 편지에 이렇게 쓰고 있다.

---

179) 피에르 뒤랑, 나혜원 역, 앞의 책, 99쪽.

「아내는 날마다 내게 말하고 있다네. 정말로 아이들과 함께 무덤 속으로 들어가고 싶다고. 그런 말을 들어도 사실 나는 아내를 탓할 수 없네. 왜냐하면 이런 상황 아래서 겪지 않으면 안 되는 굴욕과 고통과 공포는 사실 필설로 도저히 표현하기 어려운 것이기 때문일세. (중략) 돈 한 푼 없이 7주일 동안이나 산다는 것은 우리 집에서는 만성이 되어 있다네.」[180]

그러나 마르크스는 고난을 삭히며 규칙적으로 대영 박물관 도서관에 가서 경제학 서적을 미친 듯이 파고들며 경제학 연구에 몰두한다. 그 시절 마르크스는 1851년 「뉴욕 데일리 트리뷴(New York Daily Tribune)」지 유럽 통신원으로 활동하면서 10년 동안 500 차례가 넘는 기고를 한다. 이 얼마 되지 않는 원고료가 유일한 수입원이었다. 그 힘든 고난의 시절을 견뎌낼 수 있었던 힘은 절친한 친구 엥겔스의 재정적 후원 덕이었다.

엥겔스는 섬유공장을 이어받아 경영하기를 바랐던 아버지의 바람을 뿌리치고 마르크스를 따라 영국 런던으로 망명하였지만 친구 마르크스의 궁핍한 생활과 마르크스의 둘째 아들 귀도의 죽음에 충격을 받아 맨체스터에 있는 자기 집안의 공장에 가서 일하기로 결심하였다. 엥겔스가 런던에 있을 때 마르크스는 자주 식사 초대를 받았고 마르크스의 딸들은 엥겔스를 '둘째 아버지'로 불렀을 정도로 친근하게 지냈다.[181]

180) 피에르 뒤랑, 나혜원 역, 앞의 책, 147쪽.
181) 자크 아탈리, 앞의 책, 246쪽.

마르크스가 경제적 궁핍으로부터 벗어나기 시작한 때는 1856년 9월 이후이다. 당시 마르크스 가족은 생활비를 갖게 된다. 엥겔스가 보내주는 정기적인 후원금과 「뉴욕 데일리 트리뷴」지에 기사를 써서 받는 수입, 그리고 아내 예니가 받은 유산이 마르크스의 가족을 경제적 궁핍으로부터 벗어나게 했다. 마르크스는 150리브르(하위 중산층 수입)에서 500리브르(상위 중산층 수입에 해당하는 금액) 사이의 수입을 갖게 되면서 런던 중산층이 자리 잡은 동네로 이사를 한다.[182]

마르크스 : 남북전쟁 발발 당시 미국 남부동맹과 연합한 영국정부를 비난

1861년 미국 남북전쟁이 발발하자 같은 해 마르크스는 유럽 통신원으로 일주일에 한 번씩 기사를 쓰던 「뉴욕 데일리 트리뷴」지에 영국 정부와 미국 남부동맹의 연합을 비판하는 기사를 보내고 관련 시위에도 참여한다. 당시 남부동맹은 북부 연방군에 반대하여 광활한 목화밭을 경영하고 있었기에 영국과의 자유무역을 옹호하면서 흑인 노예제를 적극 지지하였다.

「흑인 노예제도 지지자들과 북미에 있는 그들의 하수인들(필자 주 : 남부 연맹)에게 무엇보다 중요한 바람은 북부 아메리카 연방을 영국과 전쟁하도록 끌어들이는 것이다. 왜냐하면 이런 전쟁이 터지게 되면 영국이 가장 먼저

---

182) 자크 아탈리, 앞의 책, 324쪽.

해야 할 일은 남부 연맹을 인정하는 것이고 두 번째로는 남부 연맹을 가두고 있는 봉쇄를 끝내버리는 일이기 때문이다.」[183]

남북전쟁이 지속되면서 목화가격이 폭등하게 되고 영국 섬유산업은 심각한 위기에 봉착했다. 마르크스 역시 「뉴욕 데일리 트리뷴」지의 재정상태가 어려워지면서 유일한 수입원인 신문기고도 할 수 없게 되었다. 오직 엥겔스가 보내주는 후원금으로 살아갈 수밖에 없는 곤궁한 처지로 다시 내몰렸다. 1862년 6월 18일에 엥겔스에게 보낸 비장한 편지 -날마다 아내는 자식들과 함께 무덤으로 들어가고 싶어 한다는 표현이 담긴 내용- 는 그런 상황에서 나온 것이다.

이 시기에 마르크스는 임금을 받는 일자리를 찾으려 하였고 실제로 철도사무소에 지원한다. 그러나 마르크스는 영어로 말하는 것은 능숙했으나 영어로 쓰는 것은 서툴렀고 무엇보다 그의 알아보기 힘든 필체 때문에 떨어졌고 궁핍한 생활은 계속되었다.[184] 1863년 여름 내내 마르크스는 두통, 폐질환, 간질환 등으로 건강 상태가 악화돼 한 달 이상 침대에 누워 지내게 된다.

마르크스는 1863년 말 어머니의 죽음과 함께 유산을 물려받게 되면서 다시 경제적 궁핍으로부터 해방된다. 또한 1864년 마르크스가 46살이 되던 해 엥겔스는 평생 동안 싫어했던 아버지로부터 거대한 유산을 상속받게 된다.

---

183) 자크 아탈리, 앞의 책, 377~378쪽.
184) 자크 아탈리, 앞의 책, 387쪽.

엥겔스는 마르크스에 대한 재정적 후원금을 연 200리브
로 이상 늘리면서 마르크스는 완전히 빈곤으로부터 벗어
난다.

마르크스는 제1인터내셔널의 스승

1864년 망명 후기에 접어들면서 마르크스는 경제적 궁핍
에서 완전히 벗어나 적극적인 혁명 활동에 참여한다.
1864년에 세계 최초로 노동자 국제조직인 「인터내셔널」
이 런던에서 창립된다. 총평의회 82명의 구성원 중 40명
은 영국의 개량주의적 노동조합주의자들이었고 12명은
독일 사회주의자들, 12명은 프랑스의 푸르동주의자들이
자 블랑키주의자들이었다. 9명은 이탈리아 마치니주의자
로서 총평의회 자체는 다양하게 구성됐다.[185] 「국제노동
자협회(International Working Men's Association)」인
제1인터내셔널의 창립에 마르크스는 총평의회 서기로서
창립선언문과 규약을 만드는 등 인터내셔널의 스승이 되
어 1871년까지 적극적으로 활동한다.

푸르동
프랑스 아나키즘의 선구
자이자 사적 소유를 부정
한 사회주의자. 그의 『빈
곤의 철학』(1846)은 마
르크스와의 결별을 낳
았고 그와 함께 『철학
의 빈곤』(1847)으로 비
판받는 계기가 되었다.
마르크스는 푸르동의
이 저서를 두고 '소부
르주아 사회주의의 법
전'이라고 비난하였다.

1867년 마르크스는 아내 예니의 도움을
받아 『자본론』 1권을 출판함으로써 자본
주의 체제의 모순을 이론적으로 설명해낸
다. 『자본론』의 출간은 사회변혁을 위한
노동운동의 이론적 무기를 생산한 것으로
기념비적 사건이 되었다.

---

185) 자크 아탈리, 앞의 책, 407~408쪽.

예니는 남편을 열렬히 사랑하였고 마르크스에겐 세상에 다시없는 동반자이자 전 생애에 걸친 조언자였다. 마르크스의 견해에 완전히 공감하고 있었으며 그의 활동에 적극 협력하고 정치적 집회에도 함께 참석했다. 그녀는 스스로 자기 자신을 마르크스의 '비서'라고 선언[186]했을 정도로 정신적 동반자였다. 마르크스는 악필이어서 『자본론』1권을 탈고했을 때 예니가 하나하나 세밀하게 교정을 보며 원고를 손질하여야만 했다.

예니 마르크스
프로이센 귀족의 딸로 파리, 브뤼셀, 런던 등으로의 추방과 극심한 빈곤 속에서도 평생 마르크스를 열렬히 사랑했던 예니 마르크스. 사회주의자로서 마르크스의 정치적·사상적 혁명동지이자 마르크스가 『자본론』을 완성했을 때 교정을 볼 정도로 스스로 마르크스의 비서 역을 자처했다. 평생을 혹독한 빈곤과 정치적 탄압에 시달린 칼 마르크스에게 아내 예니는 힘의 원천이었다. 뛰어난 지성과 문필로 남편 마르크스의 악필원고와 거친 문장을 이해할 수 있도록 고쳐준 이가 바로 예니 마르크스이다. 아내 예니 마르크스가 간암으로 죽자 엥겔스는 '이제 마르크스의 삶도 끝났다'고 탄식했고 마르크스는 아내와 연이은 큰 딸의 죽음 이후 시름시름 앓다가 1년 뒤에 죽었다. 예니 마르크스의 묘비명에는 이렇게 적혀 있다. '칼 마르크스의 절반 예니 마르크스 여기에 잠들다.'

청년 마르크스 : 휴머니스트

청소년기 마르크스는 자유주의 정신과 휴머니즘으로 가득 차 있었다. 장래의 직업에 대해 고민하면서 17살 청소년 마르크스는 속물적인 직업을 경계하는데 '인류의 공공선에 기여할 수 있는 직업'을 선택해야 한다고 생각했다. 그가 쓴 『직업 선택을 앞둔 젊은이의 사색』은 바로 그러

---

186) 피에르 뒤랑, 나혜원 역, 앞의 책, 95쪽.

한 생각을 피력한 마르크스의 고등학교 졸업 에세이였다. 실제로 마르크스는 직업을 선택하려고 서두르는 젊은이의 경우, '의무와 자기희생', '인류의 안녕', '완벽에 대한 자신의 염려'에 따라 직업을 선택해야 한다고 생각했다. 나아가 잘못된 직업 선택은 평생 동안 사람을 불행하게 할 위험이 있다고 주장했다.[187]

「나를 (정신적으로) 더 고귀하게 만들고 속세의 군중들과 차별화시키는 동시에 타자들을, 그리고 인류의 공공선을 위해서도 기여할 수 있는 직업이어야 한다.」[188]

마르크스에게서 우리는 휴머니즘으로 가득 찬 인간적 면모를 엿볼 수 있다. 그는 어떤 사람보다 부지런하고 성실했으며 열정적으로 살았다. 극심한 궁핍 속에서도 인간성을 잃지 않았으며 가족을 지극히 사랑하였고 자녀들을 친구로 대했다. 살인적인 빈곤 속에서도 마르크스는 자녀들에게 아버지로서 깊은 사랑을 보였다. 생애 마지막까지 마르크스는 자녀들과 애정이 넘치는 편지를 주고받는다. 한때 마르크스는 이렇게 고백한 적도 있다. '나에게 아이들이 없었다면 나는 자살했을 것이다.'

정열적인 혁명가 마르크스는 1848년 벨기에 혁명과정에 자신의 재산을 쏟아 부을 정도로 헌신적이고 실천적인 혁명가였지만 자신의 신념과 염원을 자녀들에게 강요하지는 않았다. 다만 자신의 그러한 열정과 염원이 왜 이 세상에 필요한지를 자녀들에게 이해시키려 애썼다.

---

187) 자크 아탈리, 앞의 책, 45쪽.
188) 박노자, 「학습은 있어도 교육은 없다」, 『한겨레』 2009. 5. 25

마르크스는 궁핍한 환경 탓에 폭식을 했고 자주 굶었으며 간질환에 시달렸다. 그런 생활은 마르크스의 건강을 해 쳤는데 봄만 되면 마르크스는 심각한 간질환[189]으로 고 생했다. 그런 악조건 속에서도 마르크스는 내면의 도덕 성을 드높이는 데에 게으르지 않았다. 마르크스의 그런 면면은 빌헬름 리프크네히트(W. Liebknecht)가 쓴 『마 르크스의 회상』속에서도 발견된다. 마르크스는 런던 빈 민지역을 지날 때면 모르는 집 앞 계단에 누더기를 걸친 채 앉아 있는 아이에게 다가가 아이의 머리를 쓰다듬으며 동전을 아이 손에 쥐어주곤 했다.[190]

인생에서 가장 불행한 삶 : 노예근성, 인간의 가장 훌륭한 특성 : 소박함

마르크스는 헌책방을 뒤지는 게 취미였는데 인생에서 가 장 불행한 삶은 노예근성을 갖고 복종하는 삶을 살아가는 모습이라고 생각했다. 마르크스는 '인류를 위하여'라는 표현을 가장 좋아했는데 실제로 19C 유럽 사회에서 인류 에 대한 사랑(박애정신)을 상징했던 색깔인 붉은 색을 가 장 좋아했고 역사 인물 가운데 스파르타쿠스를 제일 좋아 하는 영웅으로 삼았다. 인생에서 가장 행복한 순간은 투 쟁하는 때라고 생각했으며 가장 훌륭한 인간의 특성을 소 박함에서 찾았다.

---

189) 자크 아탈리, 앞의 책, 343쪽.
190) 피에르 뒤랑, 나혜원 역, 앞의 책, 123쪽.

2 마르크스주의에 대한 비판적 이해

마르크스가 쓴『자본론』은 사회주의 바이블이자 노동계급의 이론적 무기이지만 읽기가 매우 어렵다.『자본론』은 알려진 것과 달리 사회주의나 공산주의 서적이 아니다.『자본론』(1867)의 부제가『자본 : 정치경제학 비판』(Das Kapital : Kritik der politischen Oeconomie)인 점을 생각하면 이해할 수 있다. 정치경제학191)은 18C 후반 아담 스미스로에서 시작하여 리카르도(D. Ricardo), 19C 후반 존 스튜어트 밀(J. S. Mill)에 이르러 완성된 19C 고전적 자본주의 경제학192)을 가리킨다. 결국『자본론』은 19C 시민 사회, 즉 자본주의 사회의 경제현실을 객관적 · 과학적으로 분석하고 비판한 논문이다.

마르크스의 사상은 정치 · 역사 · 경제 · 철학 · 소외이론 등으로 다양하게 구성된다. 먼저 정치이론으로는 '계급투쟁론'과 '국가소멸론'이 있다. 계급투쟁론은 생산수단을 소유하고 물적 토대가 견고한 지배계급(부르주아지)이 생산수단이라고는 몸뚱이밖에 없는 피지배계급(프롤레타리

---

191) 우리나라에서 '정치경제학'은 역설적이게도 '마르크스주의 경제학'을 지칭하는데 그렇게 된 연유는 분단 상황에서 비롯된다. 대한민국 정치경제학자 김수행 교수는 1960년대 박정희 군사정권 하에서 마르크스주의 경제학을 공부하면서 반공 독재 권력의 감시와 탄압을 피하기 위해 일부러 '정치경제학=마르크스주의 경제학'으로 쓰기 시작하였는데 여기에서 비롯됐다고 회고했다. 학문적으로 대단히 슬프고 역설적이다.
192) 1930년대 케인즈는『일반이론』(1936)에서 그들을 '고전파 경제학'이라 딱지를 붙이고 비판하였다.

아트)의 노동력을 착취할 때 다수의 프롤레타리아트에 의해 필연적으로 폭력적 형태의 계급투쟁이 발생할 수밖에 없고 이는 역사의 발전으로 나아간다는 이론이다.

「프롤레타리아트는 근대공업의 특수하고 본질적인 산물이다. 지금까지 일어난 모든 역사적인 운동은 소수의 이익에 따른 운동이었다. 하지만 프롤레타리아트의 운동은 압도적인 다수의 이익에 따른 운동이고 자각적이고 독자적인 운동이다.

프롤레타리아트[193], 즉 현 사회의 최하층민은 관료적 사회의 모든 상류층을 박살내지 않고서는 떨쳐 일어설 수도 자신을 향상시킬 수도 없다.」[194]

마르크스에게 계급투쟁은 역사적 필연

따라서 마르크스에게 계급투쟁은 역사적 필연이다. 부르주아지가 지배하고 착취하는 근대 자본주의 사회에서 계급혁명을 통해 자본가계급이 소멸된 계급평등한 공산사회로 인류의 역사는 전진할 것이기 때문이다. 물론 계급투쟁이 계급혁명으로 전화되는 시점은 자본주의 사회가 고도로 발달한 시점이며 따라서 자본주의 체제의 모순, 즉 빈부격차의 심화가 극대화된 시점이다. 그러나 마르크스의 생각과 달리 자본주의가 앞서 발달한 유럽의 현실 사회에서는 계급투쟁에 따른 폭력혁명보다는 계급 간 사

---

193) 프롤레타리아트는 고대 로마제국 당시 '최하층민'을 지칭하던 용어로서 마르크스가 이를 차용하였다.
194) 마르크스, 이대환 편역, 앞의 책, 123쪽.

회적 대타협의 형태로 발전하였다. 그 결과 북서유럽에서 사회민주주의의 탄생과 사민주의적 성격이 강한 국가들이 오늘날 유럽의 복지국가 건설을 주도하여 왔다.

오히려 세계사적으로 자본주의 발달이 가장 더딘 러시아에서 노동자-농민-병사에 의한 사회주의 혁명이 성공하였고 노동자-농민-병사 소비에트가 결성되었다. 소비에트 사회주의 연방공화국(소련)의 탄생은 진보적인 생각을 갖고 있던 사회주의자들에게 그리고 식민지 억압 상태에서 약소민족 해방을 열망했던 당시 수많은 독립 운동가들에게 강렬한 희망이었다.

그러나 소련사회 역시 마르크스의 이론과 달리 생산력이 미약한 상태에서 일어난 프롤레타리아 혁명이었던 만큼, 소련사회의 '사회국가'적 성격이 물질적으로 뒷받침되지 못했다. 생산력이 미약한 현실에서 이념이 앞서 갔던 스탈린 체제 하 국가주도의 집단농장은 숱한 희생과 함께 실패로 끝났고 그 와중에서 스탈린 체제는 관료적 경직성과 1인 독재체제로 굳어졌다. 1940~1950년대 서유럽 지성들이 소련사회를 격렬하게 비판한 것은 바로 변질된 공산주의, 바로 스탈린주의(Stalinism)였다.

마르크스는 생산력이 고도로 발달한 자본주의 사회에서 필연적으로 사회주의 혁명이 발생한다고 주장하였다. 그러나 자본주의가 앞서 성숙했던 유럽 국가들에선 계급 혁명이 실패하였고 오히려 사회계급 간 계급투쟁보다 계급 대타협이 성사되었다. 이는 독점자본주의 발달단계에서 서구 선진 자본주의 국가들이 자국 경제의 국내적 모순을 해외 식민지 개척을 통해 폭력적으로 해결함으로써 국내 자본주의 체제의 모순을 완화시켰기 때문이다.

제국주의로 변신한 결과 자국의 계급 갈등과 빈부격차의 심화라는 혁명적 상황이 해외 식민지를 착취하고 수탈함으로써 완화된 탓이다. 결국 20C 초 해외 식민지 민중을 수탈함으로써 제1세계 노동계급이 혁명적 성격을 포기하고 약간의 달콤함에 취해 사회적 대타협의 길로 급선회했다. 여기에 서구 선진 자본주의 국가들에서 마르크스의 계급혁명론이 설 자리를 잃은 이유가 있다.

생산력의 변화가 생산관계의 변화를 가져 온다

마르크스의 역사이론을 유물사관, 즉 사적 유물론이라고 한다. 고대 노예제사회 – 중세 봉건제사회 – 근대 자본제사회 – 현대 공산제사회로의 전환을 하부구조, 즉 토대의 변화로써 설명하는 이론이다. 토대, 즉 하부구조는 각 시대의 생산력을 의미하고 생산력의 변화가 생산관계의 변화를 가져왔다고 주장한다. 고대사회 생산관계인 귀족과 노예, 중세시대 봉건 영주와 농노, 근대 사회에서 부르주아지와 프롤레타리아트 등 지배-피지배의 생산관계는 생산력에 따른 생산양식이 변화함에 따라 그 관계가 규정된다고 본다. 바로 유물론적 역사관이다.

생산력이라는 물질적 토대의 변화가 상부구조인 정치, 철학, 종교, 예술, 사회제도, 법률체계의 성격을 규정짓고 그에 상응하는 이데올로기를 생산한다고 본다. 이러한 마르크스의 유물사관은 마르크스의 사상이 19C 전반기 공상적 사회주의의 한계를 뛰어넘어 사상에 과학성을 부여한 것으로 엥겔스는 평가했다.

「유물론적 역사관, 사적 유물론이 처음으로 완전한 이론으로 형성된 저작이 『독일 이데올로기』(1845)이다. 엥겔스는 나중에 사회발전의 진정한 법칙을 밝혀내고 사회과학을 혁신한 이 이론이야말로 마르크스주의(Marxism)의 위대한 발견 중의 첫 번째이며 사적 유물론은 사회주의를 '공상에서 과학'으로 바꾸는 데 지대한 역할을 하였다고 말하였다.」195)

마르크스는 역사발전 4단계설을 주장했다. 계급사회인 고대 노예제사회에서 중세 봉건제사회로 그리고 다시 근대 자본제사회로 생산력의 변화와 그에 따른 생산관계의 변화, 즉 지배계급과 피지배계급의 변화가 존재했고 마지막으로 프롤레타리아트의 계급혁명에 의해 무계급사회인 평등한 공산(共産)사회가 실현된다고 생각하였다. 마르크스가 꿈꾸었던 이상사회인 공산사회는 '능력에 따라 일하고 필요에 따라 분배받는' 사적 소유가 배제된 평등사회를 가리킨다.

「무계급사회가 실현되면 계급지배의 도구인 국가는 자연스레 소멸된다」고 생각하였다. 바로 '국가고사론', 즉 '국가소멸론'인 셈이다. 마르크스는 『공산당 선언』 1장에서 근대 국가, 즉 부르주아지가 사회를 지배하는 '근대국가의 행정부를 부르주아지 전체의 공동 관심사를 처리하는

---

195) 마르크스, 이대환 편역, 『독일 이데올로기』 (연찬, 1987), 23쪽.

위원회'에 지나지 않는다고 그 성격을 규정지었다.[196] 엥겔스는 원시 공산제사회를 설정함으로써 역사발전 5단계설로 마르크스의 역사이론을 수정, 확정한다. 즉 인류의 역사는 구석기 · 신석기 시대 등 생산력의 발달이 미약했던 시기에는 잉여가치가 존재하지 않기에 계급이 평등한 사회였는데 청동기 시대 이후 생산력의 발달에 따라 계급사회가 출현하였다는 것이다.

그러나 마르크스의 열망과 달리 인류 역사는 계급 특권의 시대에서 계급 평등의 사회를 오랫동안 지향하여 왔지만 사적 소유가 완전히 소멸되는 공산사회의 실현은 여전한 유토피아일 뿐이다. 계급사회를 지양하고 평등사회를 지향한 마르크스의 역사발전 법칙은 복잡한 현실의 지나친 단순화이자 비약일 수 있다. 역사의 진전이 직선 형태를 띠며 발전하기도 하였지만 대부분 곡선 형태를 띠며 인류 역사는 전진과 후퇴를 반복하기도 하기 때문이다.

현존 자본주의 사회가 절대선도 아니며 사회주의 사회의 이념 역시 절대악도 아니다. 역사 현실 속에서 자본주의와 사회주의는 상호 갈등을 빚기도 하지만 변증법적 과정을 거치면서 상호 수렴되기도 하기 때문이다. 마르크스의 역사발전 단계설은 단지 19C 참혹한 자본주의 현실 속에서 인간사회의 절망을 과학적으로 분석하고 사회변혁에 대한 열망을 이론적으로 증명하려했던 것에 그 중요한 의의가 있다.

---

196) 마르크스, 이대환 편역, 앞의 책, 114쪽

포이에르바하
헤겔좌파의 유물론 철
학자. 마르크스주의 형
성에 일정 부분 영향을
미치지만 마르크스의
『포이에르바하에 관한
테제』와 엥겔스의 『루
드비히 포이에르바흐
와 독일 고전철학의 종
말』 등을 통해 오히려
마르크스와 엥겔스로
부터 철학적 비판을 받
는다.

의식이 존재를 규정하는 게 아니라 존재가 의식을 규정한다
마르크스는 『독일 이데올로기』에서 '인간의 의식이 생활
을 규정하는 것이 아니라 인간의 생활이 의식을 규정한
다'고 주장하였다. 즉, 사회적 존재가 사회적 의식을 결정
한다는 의미이다. 따라서 도덕·종교·형이상학 및 이데
올로기, 그리고 그것들에 대항하는 여러 가지 의식형태
들은 더 이상 자립적인 모습을 가질 수 없다고 생각했
다.[197] 인간의 물질적 조건이 인간의 의식을 비롯한 다양
한 관념형태를 만들어낸다는 주장이다.

마르크스 : 철학자는 세계를 해석하는 게 아니라 세계를 변혁시키는 자

마르크스의 철학이론을 변증법적 유물론이라고 하는데 이
는 헤겔의 변증법과 헤겔좌파의 철학자 포이에르바흐의
유물론에 영향을 받고 만들어진 철학이론이다. 그러나 마
르크스는 헤겔이나 포이에르바흐와 달리 현실에서 분리된
철학이란 공허한 추상일 뿐 실체가 아니라고 생각했다. 마
르크스가 26세에 노트 형식으로 적어둔 『포이에르바흐에
관한 테제』 마지막에서 '철학자들은 세계를 단지 다양하
게 해석해 왔을 뿐이나 중요한 것은 세계를 변혁시키는
것'[198]이라고 기술했다. 인간의 구체적 현실에서 나온 철
학이 시작되는 순간 그 공허함(허구성)의 외피가 벗겨져
실체를 드러내고 존재기반은 사라진다는 의미이다.

---

197) 마르크스, 이대환 편역, 앞의 책, 40쪽.
198) 김영범, 『철학 갤러리』 (폴로 엮은 집, 2009), 258쪽.

헤겔좌파는 청년헤겔학파를 가리키는데 헤겔철학의 영향을 받은 철학자들 가운데 젊은 소장학자들로 구성되었으며 이들은 헤겔철학의 절대정신과 기독교의 신을 동일시할 수 있는가의 철학적 문제에서 헤겔철학의 경계를 넘어서서 급진적인 경향을 띠었다. 슈트라우스, 바우어, 루게, 포이에르바흐 등이 여기에 속한다. 마르크스는 이들 헤겔좌파의 철학자들과 학문적으로 깊이 교류하였다.

마르크스는 『헤겔 법철학 비판』, 『독일 이데올로기』에서 헤겔의 관념론적 역사관을 비판한다. 나아가 근대 유물론자 포이에르바흐의 사변적이고 조잡한 유물론과 사이비 공산주의를 비판한다. 마르크스는 수백만 프롤레타리아들이 실천적인 방식으로 혁명이란 수단을 통해 자신들의 존재와 본질을 통일시켜버리는 순간 그들의 관념론과 일체의 허구성이 입증될 것이라 주장했다.

현실과 동떨어져 있고 나아가 현실을 오해하고 있는 포이에르바흐의 철학을 마르크스는 물고기와 물의 관계로 비판한다.

「물고기'의 '본질'은 물고기의 '존재'이다. 신선한 물고기의 '본질'은 강물이다. 하지만 그 강물이 산업용수로 쓰이게 되는 순간, 염료와 온갖 쓰레기, 증기선이 흘린 오물 등으로 오염되는 순간, 또는 그 강물이 운하로 바뀌면서 간단한 배수장치로 인해 물고기의 생존환경이 박탈되어 버리는 순간, 그 강물은 더 이상 물고기의 '본질'이기를 중지하게 되고 또한 더 이상 생존에 적합한 환경이 아니게 된다.」199)

노동자의 존재와 본질이 일치하지 않는 환경을 포이에르바흐는 어쩔 수 없는 불행으로 치부하며 조용히 참고 지내야 하는 일로 생각했다. 그러나 마르크스는 노동계급의 적대자들과 손을 잡고 있던 포이에르바흐의 이런 생각을 통렬히 비판한다.

자본주의 경제사회 = 상품경제사회, 노동력 = 상품, 인간성 = 소외

마르크스는 자본주의 사회를 상품경제사회로 파악하였다. 심지어 노동력조차 상품으로 보았다. 다만 다른 상품들과 달리 노동을 특별한 상품으로 생각했다. 왜냐하면 다른 상품들과 달리 노동은 가치를 창조하는 힘이자 가치창조의 원천200)이기 때문이다. 그러나 현실은 노동자를 끊임없이 노동으로부터 소외시킨다. 노동을 통해 자신의 인간성을 실현시켜야 할 것이지만 현실의 힘든 노동은 노동자의 육체를 병들게 하고 영혼을 피폐하게 만든다. 소외의 원인은 노동력 착취에 있다.

19C 영국 자본주의 사회에서 자본가들은 노동력 착취를 위해 성인노동을 여성노동으로 대체하고 다시 아동노동으로 교체하였다. 성인 노동자 1명을 쓰는 대신 여러 명의 여성노동자나 소년 노동자를 고용함으로써 그에 따라 노동자의 수는 폭발적으로 증가하였다. 1주일에 6~8실

---

199) 마르크스, 이대환 편역, 앞의 책, 63쪽.
200) 마르크스, 이대환 편역, 『임금노동과 자본』 (연찬, 1987), 156쪽.

링의 임금을 받는 13세 소녀 3명은 18~45실링의 임금을 받는 성인 1명을 대신했다.[201] 결국 자본의 거대한 횡포 속에 숱한 노동자의 인간성은 왜곡된다. 마르크스의 소외이론은 여기에 깊이 뿌리를 내리고 전개된다.

마르크스의 경제이론을 '자본주의 붕괴론'이라고 한다. 자본주의 체제의 역사적 출현과 붕괴의 과정을 과학적으로 설명한 이론이다. '자본주의 붕괴론'은 3가지 법칙을 따라 진행된다. '자본축적의 법칙'과 그에 따른 '자본집중의 법칙' 그리고 '빈부격차의 심화'가 바로 그것이다. 자본주의 발달과정은 자본가의 불변자본 축적으로 시작된다. 이는 과도한 시장경쟁이 낳은 필연의 산물로 생산단가를 낮추기 위해 자본가는 필사적으로 공장 등 생산시설을 확장하면서 불변자본의 크기를 늘린다. 문제는 불변자본의 크기가 커질수록 자본의 유기적 구성이 높아져 이윤율이 저하된다는 사실이다. 즉, 불변자본의 축적은 이윤율 저하를 초래한다.

마르크스는 『자본론』에서 자본집적이 진행되면서 한편으로 노동자들을 위한 「공장법」이 전면적으로 확대됨에 따라 중소자본의 몰락과 실업의 증가, 그리고 어떻게 대자본이 형성되면서 노동자에 대한 배타적 지배가 가능한지를 분석한다. 즉, 노동자들을 보호하기 위해 제정된 「공장법」이 오히려 자본주의 모순을 더욱 심화시키고 투쟁을 격화시킬 것으로 예측한다.

---

201) 칼 마르크스, 김수행 옮김, 앞의 책, 530쪽 재인용.

「노동자계급의 육체와 정신의 보호 수단으로서 공장법의 전반적 확대가 불가피한 것이 되었다면 다른 한편 이 확대는… (중략) …소규모 가내공업을 파괴함으로써 '과잉인구'의 마지막 피난처를 파괴하며, 따라서 전체 사회 메커니즘의 종래 안전판을 제거한다. 공장법의 확대는 생산과정의 물질적 조건과 사회적 결합을 성숙시킴으로써 생산과정의 자본주의적 형태의 모순과 적대를 성숙시키고 이리하여 새로운 사회를 형성할 요소들과 낡은 사회를 타도할 세력들을 모두 성숙시킨다.」202)

전 세계 노동자들이여 단결하라!
결국 자본주의 발달은 치열한 시장경쟁 속에서 필연적으로 중소 부르주아지의 몰락과 거대 독점자본의 탄생을 낳아 사회양극화의 심화, 즉 빈익빈 부익부 현상을 초래하는데 이는 심각한 경제적 불평등과 정치적 불만을 야기하고 이는 '양의 질로의 전환', 즉 계급혁명의 분위기를 조성한다고 생각했다. '양의 질로의 전환'을 엥겔스는 물이 액체 상태에서 고체 상태 또는 기체 상태로 이행하는 현상으로 설명한다.203) 따라서 계급혁명은 본질적으로 폭력혁명이며 혁명의 주체가 프롤레타리아트(노동계급)이기 때문에 프롤레타리아 혁명이라고 한다. 그래서 마르크스는 『공산당 선언』 마지막에서 '전 세계 노동자들이여

---

202) 칼 마르크스, 김수행 옮김, 앞의 책, 675쪽.
203) 게오르크 루카치, 박정호, 조만영 옮김, 『역사와 계급의식』(거름, 2005), 297쪽.

단결하라'고 역설한다.

「공산주의자들은 자신들의 견해와 목표를 숨기는 일을 경멸한다. 그들은 자신들의 목적이 오직 현행 사회조건들의 폭력적 전복에 의해서만 달성될 수 있다는 것을 공공연하게 선언한다. 지배계급으로 하여금 공산주의 혁명 앞에 전율케 하라. 공산주의 혁명으로 프롤레타리아트는 자신들을 묶어놓았던 쇠사슬 이외엔 잃어버릴 것이 없고[204] 그들이 쟁취해야 할 것은 전(全) 세계이다. "전 세계 노동자들이여, 단결하라!"」[205]

공산주의 사회를 갈망하는 19C 마르크스의 생각과 다르게 현존 공산주의 체제는 붕괴되었고 사회구성체 역시 노동계급이 중심세력이 되던 자본-노동으로 이분화된 사회가 아니다. 현실 사회는 대단히 복잡하고 다층화되었으며 계급적 속성도 단순하게 양분할 수 없다. 자본과 노동의 대립구도가 심각했던 19C와 20C를 지나 21C 오늘날 전 세계는 탈산업사회로 변모하였다.

자본과 노동의 이동이 일상화, 세계화된 현실 속에서 전 지구적 자본주의의 모순을 하나로 설명하기는 곤란하다. 마찬가지로 사회변혁의 주체 역시 노동계급 하나로 설정하는 것 역시 불가능하다. 노동계급은 사회변혁의 하나의 주체일 뿐 중심 세력은 아니기 때문이다. 다층화 · 다기화된 현실 사회의 복잡성을 반영하듯 사회변혁 역시 다양한

---

204) '노동자에게 잃을 것은 쇠사슬밖에 없다'는 표현을 최초로 사용한 사람은 프랑스혁명 당시 로베스피에르와 함께 급진적 혁명주의자인 장 폴 마라(J. P. Marat 1743~1793)이다.

205) 마르크스, 이대환 편역, 『공산당 선언』(연찬, 1987), 146쪽

세력에 의해 점진적으로 움직이고 추동될 뿐이다. 혁명의 시대가 지나갔다. 21C는 자본과 노동의 대립이 여전히 존재하고 신자유주의의 광풍 속에 국내적으로, 그리고 전 세계적으로 빈부격차가 심화되었지만 자본과 노동의 대립이 이전 시대처럼 단순하지도 않고 절대적이지도 않다.

21C 자본주의 위기는 거대 금융자본의 탐욕에서 비롯됨 여전히 자본과 노동의 대립양상은 산업자본의 형태로도 존재하지만 21C 착취와 수탈, 그리고 세계 자본주의 체제의 위기는 금융자본으로부터 오고 있다. 인터넷이 구축되고 정보화된 세계에서 거대 금융자본의 실체는 괴물이 되어 우리들 앞에 얼굴을 들이밀고 있다. 2007년 미국 금융위기로부터 시작되어 2012년 현재 유럽을 뒤흔들고 있는 자본주의 위기의 본질은 거대 금융자본의 탐욕이라는 사실은 널리 알려져 있다.

세계 자본주의 체제를 근간에서부터 뒤흔들고 위기의 진원을 형성하는 거대 금융자본의 횡포는 21C 오늘날 세계 경제의 주요모순이자 기본모순이다. 국경을 넘나들며 특정 국가와 지역을 초토화시킬 수 있는 거대금융자본의 실체를 주목하고 그들의 운동방식을 과학적으로 분석하는 것이 21C 사회변혁의 제1의 과제이다.

3 제1인터내셔널과 마르크스 · 엥겔스

제1인터내셔널과 마르크스주의 → 19C 후반 각국의 노동자 정당건설에 결정적인 영향을 미침

마르크스의 런던 망명 시절 가운데 1850년대 10여 년 간은 끔찍한 궁핍의 연속이었다. 살인적인 궁핍과 질병은 마르크스의 아이들과 아내를 벼랑 끝으로 내몰았다. 두 아들과 딸, 그리고 어머니의 죽음을 비극적으로 맞은 뒤 1864년이 되면 마르크스는 궁핍한 생활에서 어느 정도 벗어나 경제적으로 여유를 갖게 된다. 마르크스의 절친한 동료이자 재정적 후원자였던 엥겔스가 바르멘 엥겔스(Barmen Engels) 상회의 공동소유자가 되면서 새로운 전기를 맞았기 때문이다.[206] 이후 1875년경엔 친구의 유산으로 집을 옮길 정도로 경제적 여유가 생겼다.

마르크스는 폴란드 봉기 탄압에 항의하는 집회를 계기로 1864년 9월 영국 런던에서 엥겔스와 함께 세계 최초로 노동자 국제조직을 창설한다. 바로 제1인터내셔널의 창립이 그것이다. 정식 명칭은 '국제노동자협회(International Working Men's Association)'이다. 전 세계 노동자의 권익을 위해 모인 국제적인 노동자 조직이다. 19C 중반엔 각국에 노동자 정당이 존재하지 않았기 때문에 대부분 미국과 유럽의 노동조합과 노동자 교육단체 그리고 범사회주의자들이 모여 만든 조직이었다.

---

206) 피에르 뒤랑, 나혜원 역, 앞의 책, 151쪽.

따라서 제1인터내셔널에서는 푸르동주의, 바쿠닌주의 등 다양한 이념적 색채를 띤 단체들이 한편으론 사상적 유대를 공고히 하면서도 또 다른 한편으론 분파활동과 헤게모니 다툼을 벌이곤 했다. 그러나 당시 마르크스는 유럽 내에서 그리고 미국 좌파진영에서도 인정하는 정신적 스승이었기에 제1인터내셔널을 지도하는 위치에 있었다.[207] 마르크스는 여기서 인터내셔널 총평의회 서기를 맡아 인터내셔널 창립선언문과 규약 등 주요문서를 기초함으로써 각국의 노동자 정당 창설에 심대한 영향을 끼쳤다.

제1인터내셔널의 운동 목표 → 8시간 노동의 법제화, 보통선거권 확립, 약소민족 독립운동 지원

제1인터내셔널은 스위스 제네바의 제1차 대회를 시작으로 스위스 로잔, 바젤, 영국 런던, 벨기에 브뤼셀 등에서 대회를 개최하는 등 전 세계 노동자의 정치경제적 권익을 향상시키기 위해 활발히 활동하였다. 인터내셔널은 각국의 노동운동을 지원하고 노동조합 활동을 후원하였으며 '8시간 노동제 확립'과 '보통선거권 획득', '약소민족 독립운동 지원'을 주요 목표로 설정하였다.

그러나 1871년 파리코뮌이 잔혹한 학살 참극으로 붕괴되자 시대의 흐름을 거스르는 부르주아 반동정권의 탄압이 가중되면서 1872년부터 활동이 정지되고 1876년에 가서 공식적으로 인터내셔널은 해산된다. 그러나 비록 인터내

---

207) 자크 아탈리, 앞의 책, 533쪽.

셔널이 실패하였지만 인터내셔널 활동을 통해 구미 각국에 마르크스주의를 확산시키는 계기를 만들었으며 1869년부턴 유럽과 미국사회에 사회주의 정당이 출현하는 밑거름이 되기도 하였다.

마르크스가 열정을 쏟아 붓던 인터내셔널은 세계 최초로 결성된 노동자 국제조직으로 이후 전 세계 사회변혁운동에 지대한 영향을 미쳤다.

‖ 참고 ‖ 파리코뮌

1871년 3월부터 5월까지 70일간 프랑스 민중들에 의해 설립된 자치정부를 가리킨다. 역사상 노동계급에 의해 건설된 인민의회로서 사회주의적 색채가 강한 정부였다. 어린이 야간 노동의 금지와 여성 참정권 보장, 정치와 종교의 분리, 공장에 대한 노동자의 관리, 노동자의 최저생활보장, 부채의 지불유예와 이자의 폐기 등 오늘의 시각으로 보면 별 내용도 아니지만 당시로선 매우 급진적인 사회개혁을 실천하였다. 파리코뮌은 파리시 시가전 끝에 3만 명이 넘는 사망자가 발생하면서 프랑스 정부군과 독일, 오스트리아 등 외국군대에 의해 참혹하게 학살이 자행되면서 진압된다. 정부군에 의해 피의 학살이 자행된 파리코뮌은 이후 사회주의 운동에 지대한 영향을 끼쳤다.

파리코뮌
1870년 보불전쟁 패배 이후 1871년 3월~5월 사이 파리 시민과 노동자들에 의해 세워진 최초의 혁명적 자치정부. 파리에 수립된 혁명적인 노동자, 시민 자치정부는 프랑스 정부군과 프로이센 군대에 의해 잔혹하게 진압되었으며 코뮌이 해체되는 과정에서 파리 시민 3만 명이 학살되었다.

4 제2인터내셔널과 메이데이(May Day)

제2인터내셔널 : '8시간 노동' 법제정 요구, 메이데이 기념

제2인터내셔널은 프랑스혁명 100주년을 기념하여 1889년 7월 프랑스 파리에서 결성되었다. 제1인터내셔널과 마찬가지로 제2인터내셔널 역시 노동자 국제기구로서 사회주의 운동을 배경으로 창립되었다. 제2인터내셔널은 3년 전인 1886년 5월 1일에 일어난 미국 시카고 노동자의 8시간 노동 법제화를 위한 파업을 기념하여 매년 5월 1일을 '메이데이'로 정해 전 세계 노동자의 단결과 연대를 과시하는 기념일로 제정하였다. 또한 제2인터내셔널은 '세계 여성의 날 선포'와 함께 '8시간 노동제 확립'을 위한 사회 캠페인 활동을 전개하였다.

제2인터내셔널이 역사상 중요한 의의를 지니는 이유는 미국노동운동을 주목한 데 있다. 미국 시카고 노동자의 8시간 노동제 확립을 위한 거리시위와 경찰의 발포, 그리고 노동운동가들에 대한 사형선고 등 미국 노동운동 상황을 주요 현안으로 상세히 보고받고 심도 있게 논의하였다는 사실에 있다. 마르크스가 1864년 제1차 인터내셔널 강령에서 8시간 노동제의 법제화를 요구한 이래 8시간 노동제는 독점자본주의, 곧 제국주의 단계로 이행하던 1871년 이후 세계 노동운동의 중심적 과제였다.

그 결과 제2인터내셔널은 5월 1일을, "기계를 멈추자, 노동시간 단축을 위해 투쟁을 조직하자, 만국의 노동자가

단결하여 노동자의 권리 쟁취를 위해 동맹파업을 결행하자"는 세 가지 결의를 전 세계 노동자의 연대와 단결을 통해 실천하는 날로 선언하였다. 그리하여 제2인터내셔널은 창립 이듬해인 1890년 5월 1일을 메이데이로 정해 전 세계 노동자들에게 매년 기념식을 통해 그날의 의미를 상기시켰다. 그러나 제2인터내셔널은 제1차 세계대전에 대한 각국 사회주의 정당의 참전논쟁으로 급속히 분열되면서 1916년에 해체되고 만다.

메이데이 : 8시간 노동 법제화 투쟁을 위한 전 세계 노동자 기념일

메이데이는 노동자의 날이기도 하지만 전 세계 노동자의 기념일이다. 인류 역사에서 노동의 가치와 소중함을 되새기고 노동자로서의 자긍심을 확인하며 노동자의 권익과 단결을 전 세계에 과시하는 날이다. 메이데이의 발단은 1886년 5월 1일 미국 시카고 노동자들의 파업에서 비롯되었다. 8시간 노동을 위한 파업에서 공장의 기계소리가 멈췄다. 망치질이 멈추고 공장의 굴뚝 연기가 사라지고 거리의 상점들이 철시하였으며 다니던 버스도 운행을 중단했다. 노동자의 총파업이 세상을 멈춘 것이다. 8시간 노동을 법제화하기 위해 거리를 행진하는 동안 독점자본과 국가 권력의 하수인 역할을 하던 경찰은 5월 3일 파업 농성중인 '맥코믹 농기계 공장' 노동자들에게 무차별 발포하여 소녀를 포함하여 6명을 학살하는 만행을 저질렀다.

이에 격분한 시카고 노동자 30만 명이 5월 4일 헤이마켓

광장에 모여 항의집회를 개최하였다. 문제는 집회가 진행되는 동안 의문의 폭탄이 폭발하였는데 경찰은 이를 노동자의 집회를 주도한 노동운동가들에게 들씌웠다. 결국 폭력시위로 몰아가려는 자본과 권력의 음모로 그들 노동운동가들은 사형선고를 받고 형장의 이슬로 사라진다. 그러나 교수형이 집행된 지 7년이 지났을 때 의문의

메이데이
미국 시카고 노동자들의 8시간 노동제 확립을 위한 투쟁을 기리기 위해 제2차 인터내셔널에서 1890년 5월 1일을 제1회 메이데이로 제정, 선포하였으며 전 세계 노동자의 단결과 국제적 연대를 과시하는 기념일로 오늘에 이르고 있다. 사진은 2012년 5월 1일 메이데이를 맞아 전태일 재단 관계자, 민주노총 산하 노조원 등이 서울 청계천에 위치한 '전태일 다리' 앞에서 행진하는 모습. 전태일 열사의 동생 전태삼 씨 (사진 오른쪽)가 이소선 여사의 영정을 들고 있다. 왼쪽에 쌍용자동차 평택공장 김정우 지부장이 전태일 열사 사진을 들고 있다.

폭탄은 독점자본과 권력의 음모였음이 폭로되면서 세상은 발칵 뒤집힌다.

법정에서 노동운동가 파슨은 비장한 어조로 최후진술을 하며 자본과 권력의 음모를 규탄한다.

「"그렇다. 나는 지금은 비록 임금을 받아먹고 사는 노예에 지나지 않지만 그렇다고 이 노예 같은 신분에서 벗어나기 위해 나 자신이 노예의 주인이 되어 남을 부리는 것은, 나 자신은 물론 내 이웃과 내 동료들을 욕되게 하는 것이라고 확신하는 사람 가운데 하나다.

만약에 인생의 길을 달리 잡았다면 나도 지금쯤 시카고 시내의 어느 거리에서 호화로운 저택을 장만하고 가족과 더불어 사치스럽고 편안하게 살 수 있었을 것이다. 노예들을 나대신 일하도록 부려가면서 말이다. 그러나 나는 그 길을 가지 않았다. 그 때문에 나는 여기 재판정에 서게 되었다. 이것이 내 죄인 것이다.

파업하는 노동자에게 폭탄을 던지라고 제일 먼저 말한 것이 누구인가? 독점자본가들이 아니었던가? 놈들에게 본

때를 보이라고 하지 않았던가, '그 놈들에게 총알 세례나 퍼부어라'고 말한 것은 누구였던가? 펜실베니아 주지사인 톰 스코트가 아니었던가, '놈들에게 흥분제나 먹여주라'고 말한 것은 누구였던가? 『시카고 트리뷴』지가 아니었던가, 그렇다. 그들이 주모자들이다. 5월 4일 헤이마켓 광장에 폭탄을 던진 것은 바로 그자들이다. 8시간 노동 추진 운동을 분쇄하기 위해 뉴욕에서 특파된 음모자들이 폭탄을 던진 것이다. 재판장, 우리는 단지 그 더럽고 악랄 무도한 음모의 희생자들이오."」208)

해방 후 「전평」 : 5월 1일 메이데이 기념
한국 사회에서 메이데이는 일제 치하 1923년 최초의 기념식이 거행되었다. 「조선노동 총연맹」 주최로 2000명 정도가 기독청년회관에 모여 '노동시간 단축과 인금인상, 실업방지'를 주장하였다. 삼엄한 일본제국주의 경찰의 탄압을 뚫고 양화 직공조합과 반도 고무, 서울 양말 등은 파업을 단행함으로써 전 세계 노동자들과 공동 행동을 취했다. 해방 후엔 「조선노동조합 전국평의회(전평)」 주최로 20만(1946), 30만(1947) 명이 모여 메이데이를 기념했는데 이승만 정권은 형식적인 5월 1일 메이데이 기념일조차 공산당의 선전도구로 이용되고 있다는 이유로 관변 어용 노조인 대한노총 창립일인 '3월 10일'로 노동절을 공식화하였다.

---

208) 구로역사연구소, 앞의 책, 22쪽.

이승만 : 5/1→ 3/10로 변경, 박정희 : 노동절→근로자의 날로 변경

박정희 정권은 한술 더 떠 껍데기만 남은 노동절을 '근로자의 날'로 명칭조차 바꿔버렸다. 교활하고 후안무치한 태도가 아닐 수 없다. 87년 6월 민주항쟁 이후 민주화의 진전 속에 1994년부터 다시 5월 1일을 메이데이로 기념하게 된다. 그러나 여전히 21C 들어서도 5월 1일의 공식적인 이름은 박정희 군사정권 때 만든 '근로자의 날'이다. 미국은 21C 들어 5월 1일이 사회주의 냄새가 난다는 이유로 9월 첫째 주 월요일로 기념일을 바꿔버렸다.

19C 말 미국 자본주의 발달이 급속히 진행되던 시기에 자본가들은 다이아몬드로 이빨을 해 넣고 100달러짜리 지폐로 담배를 말아 피웠다. 그들은 자신이 키우는 강아지 목에 15000달러 다이아몬드가 박힌 목걸이를 걸어주며 부도덕한 생활을 영위하였다. 노동자들은 30달러의 임금으로 한 달을 살아야 했는데 구질구질하고 허름한 월세방에다 매달 10~15달러씩 내야했다.[209]

1845년 프리드리히 엥겔스는 『영국 노동계급의 상태』라는 논문에서 노동자들의 생활상을 이렇게 묘사하였다.

「아버지가 받는 쥐꼬리만한 임금으로 가족을 부양한다는 것은 도저히 불가능하여 젖먹이 엄마마저 일터에 나가지 않을 수 없었다. 집에 남은 아이는 온 종일 울어도 젖 주는 사람이 없기 때문에 온 종일 울 수밖에 없었다. 그리하

---

209) 구로역사연구소, 앞의 책, 18쪽.

여 엄마들 사이에선 우선 어린 아이가 우는 것을 막기 위하여 아편을 넣은 약(팅크)을 먹이는 것이 유행했을 정도이다.

이것을 먹이면 위가 마비되므로 어린 아이가 배고픈 것을 느끼지 못해 울지 않기 때문이다. 그러나 약을 먹이면 체질이 약화되어 어린 아이의 사망률이 매우 높아질 수밖에 없었다. 이렇게 해서라도 가까스로 살아남은 아이들은 6~7세가 되면 공장이나 탄광으로 일터를 찾아 나가야만 했다. 특히 탄광의 갱도에서는 말을 이용하여 수레를 끌 수가 없었기 때문에 어린이들이 혁대로 자기 몸과 석탄 상자 네다섯 개를 묶을 수레를 끌어내는 일을 했다. 하루 종일 햇빛이 들어오지 않는 굴 속에서 중노동으로 시달리게 되니 발육이 제대로 되지 않아 기형적인 신체를 갖게 되는 경우가 많았다. 특히 구루병에 걸리는 것은 보통이었다. 초등학교도 못가고 바로 공장에 들어가 어른들 틈에 끼어 밤늦게까지 기계 옆에서 씨름하게 되니 몸이 망치게 되는 것은 물론, 정신적으로도 정상적인 발달이 불가능했던 것은 당연한 일이었을 것이다.」[210]

주일학교의 탄생, 19C 영국 리버풀 노동자의 평균 수명은 15세

주일학교의 등장, 바로 선데이스쿨(SUNDAY SCHOOL)이 생긴 것도 19C 노동계급의 비참한 생활상을 종교단체

---

210) 구로역사연구소, 앞의 책, 14~15쪽.

가 휴머니즘의 관점에서 거두어들인 탓이다.[211] 1866년 영국의회 「아동노동위원회」 5차 보고서는 이렇게 아동노동의 참상을 기록하고 있다.

「… (중략) 유년기의 과도노동이 자라고 있는 세대들의 신체를 파괴하며 그들을 일찍 늙어버리도록 하는 것을 방지할 것이며, 마지막으로 그것은 적어도 13세 미만의 아동에게는 초등교육의 기회를 주며 그렇게 함으로써 그들의 무지(無知)를 종식시킬 것이다. 그들의 무지에 대해서는 보조위원회의 보고에 충실히 묘사되어 있는데 그것을 비통한 감정과 매우 깊은 국민적 굴욕감 없이는 볼 수가 없다.」[212]

19C 당시 노동계급의 평균 수명은 20세가 되지 못했다. 실제로 19C 영국 신흥공업도시 리버풀의 노동자 평균 수명이 15세였다. 따라서 당시에 40세면 할아버지 축에 속했을 정도이다.[213]

여성노동자의 퍼머 머리 : 미국 자본주의 발달의 한 슬픈 단면

오늘날 미용실 퍼머 머리가 미국 여성노동자의 빈발한 산재 사고에서 유래된다는 사실은 미국 노동운동사의 한 슬픈 단면을 읽는 기분이다. 장시간 노동 환경 속에 긴 머리가 기계에 빨려 들어가는 사고가 자주 발생하자 자본가들

---

211) 教師養成研究會, 앞의 책, 64쪽.
212) 칼 마르크스, 김수행 옮김, 앞의 책, 659쪽.
213) 이규조, 「영국인의 평균 수명이 15세였던 까닭」, 『어, 그래? : 세계사』(일빛, 1998), 50쪽.

은 취업 여성들에게 머리를 자를 것을 요구했다. 짧게 자른 머리가 보기 싫어서 여성노동자들은 머리를 볶아 올렸다. 여성노동자의 퍼머 머리에는 이렇듯 미국 자본주의 발달의 슬픈 역사가 배어 있다.[214]

1886년 5월 4일 헤이마켓 사건으로 구속된 오거스트 스파이스는 법정 최후진술에서 전 세계를 울린 감동적인 연설을 한다.

「만약 너희가 우리를 처형함으로써 노동운동을 쓸어 없앨 수 있다고 생각한다면, 그렇다면 우리의 목을 가져가라! 가난과 불행과 힘겨운 노동으로 짓밟히고 있는 수백만 노동자의 운동을 없앨 수 있다고 생각하는가? 그렇다. 너희는 하나의 불꽃을 짓밟아 버릴 수는 있다. 그러나 너희 앞에서, 뒤에서, 그리고 사면팔방에서 불꽃은 끊이지 않고 들불처럼 타오를 것이다. 누구도 그 들불을 끄진 못할 것이다. 이제 나의 사상에 대해 말해 두겠다. 그것은 나의 일부다. 나는 그것을 버릴 수 없다. 아니, 버릴 수 있더라도 버리지 않겠다. 그리고 그대가 만약 이 같은 우리의 사상을 부수어 버릴 수 있다고 생각한다면 만약 우리를 교수형에 처함으로써 우리의 사상을 부술 수 있다고 생각한다면… 만약 그대가 진리를 말했다고 해서 그 국민을 사형에 처하기를 원한다면… 나는 기꺼이 내 목을 그대에게 주겠노라! 자, 어서 사형 집행인을 불러라! …진리를 말하다 죽은 선인들, 소크라테스, 예수그리스도, 조

---

214) 구로역사연구소, 앞의 책, 16쪽.

르다노 브루노, 그 밖의 진리를 위해 싸우다 죽은 수많은 선조들, 그들은 죽었으되 진리는 영원히 살아 있다. 나도 그들의 뒤를 따르겠다. 모든 준비는 끝났다. 어서 사형집행인을 불러라!」215)

우리의 침묵이 언젠가 당신들의 사형 명령보다 강력해지는 날이 올 것이다

오거스트 스파이스는 교수대에서 마지막 확신에 찬 신념을 짧게 토한다. "언젠가 우리의 침묵이 오늘 우리를 목매다는 당신들의 사형 명령보다 훨씬 강력해지는 날이 오고야 말 것이다."216) 그는 독점자본가의 음모에 의해 형장에서 이슬처럼 사라져 갔지만 100년이 지난 오늘날 스파이스의 신념은 진리로 부활하여 전 세계 노동자들의 가슴을 뛰게 한다.

5 21C 마르크스주의의 의의와 한계

21C 마르크스주의의 의의 : 노동계급의 투쟁에 정당성 제공

21C 오늘날 마르크스주의는 어떤 의미를 지니고 있을까? 1989년 '현존 사회주의'가 붕괴되고 '사회주의 조국'으로 불렸던 소련 사회가 해체되면서 마르크스의 사상 역시 인

---

215) 구로역사연구소, 앞의 책, 23~24쪽.
216) 구로역사연구소, 앞의 책, 24쪽.

기가 시들해졌다. 그러나 마르크스의 사상은 19C 자본주의 사회의 야만성을 고발하고 자본주의 사회의 참혹한 현실을 과학적으로 분석한 사상이라는 점에서 그 역사적 의의가 매우 크다. 나아가 자본주의 사회에서 노동계급의 투쟁을 이론적으로 정당화시키고 그 투쟁에 정당성을 제공한다는 점에서도 마르크스주의는 위대한 사상이다.

미하일 바쿠닌
러시아 출신의 대표적인 아나키스트로서 제1차 인터내셔널에서 활동했으며 마르크스와 사상적으로 갈등과 대립관계를 유지했지만 마르크스를 대사상가로 평가했다.

제1인터내셔널에서 마르크스와 사상적으로 대적했던 아나키스트 미하일 바쿠닌(M. A. Bakunin)이 마르크스를 평가한 내용은 대학자로서 그리고 뛰어난 실천적 지식인이자 혁명가로서의 마르크스의 진정한 면모를 엿볼 수 있게 한다.

「마르크스는 우리 시대 최고의 경제학자이자 사회주의자이다. 나는 평생 동안 많은 학자들을 만났지만 그만큼 박식하고 깊이 있는 학자는 본 적이 없다. 인터내셔널의 구상과 설립을 제안하면서 전체 정관을 심오하고 아름다운 전문으로 작성하여 거의 모든 유럽 국가 프롤레타리아의 본능적이고 일치된 열망에 형체를 부여해준 사람은 마르크스이다.」[217]

21C 마르크스주의의 한계 : '인간'의 문제에만 한정

19C~20C는 자본과 노동의 대립이 첨예했던 이데올로기 시대이자 그들 이데올로기인 자본주의와 사회주의가 대립했던 시대이다. 그러나 21C는 자본과 노동의 대립과 갈

---

217) 자크 아탈리, 앞의 책, 533쪽.

등으로 점철되는 시대는 아니다. 인간의 물질적 이해관계를 이데올로기적으로 표현하던 20C를 넘어서 인간의 물질적 탐욕이 빚어낸 자연의 파괴와 우주를 포괄하는 정신적 삶의 가치에 주목하는 시대로 전환하였다. 이 점에서 20C 분석철학자이자 실천적 지성이었던 버트란트 러셀은 마르크스주의에 대해 이렇게 비판하였다.

「마르크스를 순전히 철학자로 생각할 경우에 그는 큰 약점을 갖고 있다. 그는 너무나 실천적이고 또 너무 당대의 문제에만 쏠렸던 것이다. 그의 시야는 이 지구에만 한정되고 또 이 지구 안에서도 인간에게만 국한되어 있었다.」[218]

그러나 21C 오늘날 신자유주의가 여전히 맹위를 떨치며 그 탐욕스런 모습을 멈추지 않는 이상, 마르크스주의는 21C에도 신자유주의 금융자본의 탐욕에 맞선 사회사상으로 그리고 노동계급의 사상적 지주로서 그 역할을 다할 것이다.

---

218) 버트란트 러셀, 최민홍 역, 앞의 책, 1092쪽.

7. 20C 민주주의 이념논쟁

-자유민주주의와 사회민주주의 비교

1 19C 자본주의 발달과 시민민주주의, 그리고 한국 사회

근대 사회 = 부르주아사회, 근대 민주주의 = 시민민주주의 = 부르주아민주주의

19C 자본주의 발달은 근대 사회의 모습을 특징짓는다. 근대 사회의 사회 운영 및 작동 방식이 자본과 임금노동이라는 생산관계에 의해 규정되는 만큼 근대 사회는 철저하게 부르주아사회였다. 근대 사회의 주요 세력이 소수 부르주아지와 다수의 프롤레타리아트로 구성된 것은 이를 잘 보여준다. 근대 사회의 지배세력으로서 부르주아지는 역사적으로 시민의 자유권 쟁취에 혁혁한 공을 세웠다. 근대 시민혁명은 바로 시민의 자유권적 기본권을 획득하기 위한 역사적 사건들이다.

19C 유럽 자본주의와 시민민주주의가 꽃을 피웠던 근대

사회는 적어도 형식적으로는 만인에게 자유가 보장되고 자유를 누릴 수 있었다. 물론 경제적 불평등이 그러한 자유를 형식화하고 유명무실한 이념적 가치로 구겨버린 것은 사실이지만 적어도 만인은 형식적 자유를 보장받았다. 근대 사회에서 만개한 시민민주주의가 형식적 민주주의였음을 보여주는 대목이다. 마르크스의 절규처럼 근대인들은 자유라는 추상적인 언어에 속았고 자유는 '가진 자들을 위한 자유'에 지나지 않았다. 근대 사회의 절대 다수를 차지하는 노동계급에게 자유는 형식적인 휴지조각에 지나지 않았던 것이다.

19C 물질적 궁핍이 극에 달했을 때는 형식적 자유보단 비록 노예 같은 삶이라도 굶주림을 면할 빵을 약속받는 예속된 삶을 살 수밖에 없었기 때문이다. 근대 임금노동자들의 삶이 왜 자본에 예속된 삶이 될 수밖에 없었는지 그리고 자신들의 노동으로부터 왜 스스로 소외된 삶을 살 수밖에 없었는지를 마르크스는 이론적으로 밝혔다.

근대 사회 시민민주주의는 지배계급인 부르주아지에겐 자유의 가치가 의미 있었지만 노동계급에겐 별다른 의미를 부여하질 못했다. 따라서 근대 민주주의, 바로 시민민주주의를 정치학자들은 '부르주아민주주의'라고 일컫는다. 누구를 위한 자유였는지 곰곰이 생각하면 소수 특권계급인 부르주아지를 위한 자유였다. 자유방임주의를 바탕으로 하는 상공시민계급의 이해관계는 정치적으로 자유민주주의, 바로 부르주아민주주의였던 것이다.

가난한 자가 게으른 자로 비난받게 되는 현실, 근면하고 검소한 데도 불구하고 비참한 상태에서 벗어날 수 없는 다수의 인민대중은 그들의 가난이 제도의 모순에 있음을 인식하고 이의 개선을 요구하였다. 빈곤은 개인의 탓이 아니라 사회에도 책임이 있다[219]는 사조가 시대의 저변을 요동치게 했다.

19C 자유주의 = 지배 계급의 '보수'적 이데올로기

역사는 소수 특권계급에서 다수 평등의 사회로 자유의 영역을 넓혀 나갔다. 만인이 자유를 누릴 수 있도록 장치되고 보장된 사회가 진정한 자유 사회이고 민주주의 사회인 것이다. 놀랍게도 자유주의는 19C 들어 평등을 요구하는 사회주의 이념에 밀려 보수적인 이데올로기로 귀착되고 만다.

한국 사회에서는 아직도 제대로 보장되지 않고 가끔 사회를 떠들썩하게 만드는 자유가 있다. 표현의 자유나 집회·시위·결사의 자유, 그리고 언론의 자유 등이 그렇다. 사상과 양심의 자유로 넘어가면 한국 사회는 더욱 시끄럽다. 공산주의, 공산당은 누구나 예외 없이 국가보안법으로 처벌을 받고 재판을 받아야 한다.

자유민주주의 사회는 사상과 표현, 양심의 자유를 보장하는 사회이다

국민 스스로 나는 사회주의자라고 신념을 표현하는 것조

---

219) 차기벽, 『민주주의의 이념과 역사』 (한길사, 1980), 162쪽

차 상당한 용기와 불이익을 감수해야 하는 상황은 한국
사회가 과연 자유민주주의 사회인가하는 의문을 갖게 한
다. 자유민주주의는 누구든 사상과 양심의 자유를 인정
받고 보호받는 사회이기 때문이다. 프랑스 공산당과 녹
색당이 사회당과 연립정부를 구성하는 현실은 21C 한국
사회에선 먼 나라 이야기에 불과하다.

양심에 기초한 병역 대체복무를 용인하지 않는 사회, 종
교의 신념에 따라 병역을 거부하는 젊은 신앙인들을 매년
600명씩 처벌하고 감옥으로 보내는 것을 아무렇지도 않
게 여기는 사회, 헌법적 가치인 노동자의 파업을 불온시
하는 사회 등등. 아무리 남북 분단이라는 객관적 시대 상
황을 의식한다 하더라도 한국 사회는 자유주의보다 '국가
주의'가 앞서는 사회라고 할 수 있다.

시민의 자유를 보장받기 위해 시민 스스로 피를 흘리며
싸워 쟁취한 역사적 경험이 철저하지 못한 만큼 한국 사
회 시민의 자유는 일정한 한계를 지닌다. 역설적인 점은
'자유주의'를 참칭하는 세력이 지배하고 '자유주의'가 큰
소리치며 사회주의를 압도하는 사회에서 시민의 자유권
적 기본권이 여실히 침해되고 있다는 사실이다. 그런 점
에서 한국 사회는 아직도 19C 유럽 근대 자본주의 사회에
서 배울 게 많다.

양심적 병역거부
유엔인권위원회는 1997
년 '종교적 병역 거부자
가 어떠한 정치·종교
적 이유로도 차별 받아
서는 안 된다'고 결의했
지만 해방 후 한국 사회
는 오늘날까지 16000명
이 넘는 젊은 여호와의
증인들을 감옥에서 수
형생활을 시켰다. 노무
현 정부는 2007년 9월
대체복무제 시행에 대
해 종교적 병역 거부자
들이 36개월 동안 한센
병원이나 결핵병원 등
에서 근무하면 병역 이
행으로 간주하겠다고 발
표하면서 2009년 초부
터 시행하려 했으나, 이
명박 정부 출범 후 이 결
정은 없었던 일로 되었
다. 2009년 현재 징병
제를 실시하는 83개국
가운데 31개국이 병역
거부를 인정하고 있으
며 러시아, 타이완, 독
일 등 20개국이 대체복
무제를 허용하고 있다.
사진 속 정춘국 씨는 여
호와의 증인으로서는 가
장 긴 7년 10개월을 감
옥에 있었다.

2 19C 노동운동의 성장과 국가의 성격 변천, 그리고 20C 복지국가의 등장

노동조합비가 소득공제를 받는 이유 : 노동운동이 사회 발전에 기여하기 때문

우리나라 직장인들은 노동조합에 가입할 경우 매년 연말정산 시에 소득공제를 받는다. 왜 그럴까? 노동운동을 불온시 하는 나라에서 왜 노동조합비에 소득공제 혜택을 주는 것일까? 그것은 세계사적으로 노동운동이 민주주의 발전에 기여한 공이 크고 인류사회의 발전에 긍정적으로 영향을 미쳐왔기 때문이다. 실제로 19C 노동운동은 수많은 탄압을 뚫고 성장하면서 궁극적으로 민주주의의 가치인 자유와 평등의 이념을 확산시키는 데 결정적으로 기여하였다.

나아가 19C 노동운동은 노동계급의 중산층화를 가져와 마르크스의 사회혁명론을 빗나가게 하였다. 두터운 중간계급의 등장은 자본주의 체제의 문제점을 수정하면서 오히려 체제를 공고히 했다. 19C 노동운동의 성장은 국가의 소극적 성격을 전환시켜 '사회국가'적 역할을 부여하였다. 국가의 적극적 기능을 요구한 것이다. 인간다운 삶을 보장하기 위해 국가가 해야 할 역할이 19C 야경국가의 역할보다 비교할 수 없이 광범위하게 팽창되고 확대되었다. 20C에는 적극 국가의 성격이 강화되면서 행정 국가로 변모하는 경향을 보였다.

20C 국가는 치안유지와 국방에 머물지 않고 교육, 의료, 건강, 상하수도 시설, 주택문제, 사회보험제도, 사회간접자본의 확충 등 다양한 분야에서 국민의 인간다운 생활을 책임져 갔다. 이러한 경향은 20C 중반 뚜렷하게 드러나면서 복지국가의 탄생을 가져왔다. 20C 국가는 국민에게 자유권적 기본권을 보장하는 선에서 역할을 그치는 게 아니라 사회권적 기본권을 보장하기 위해 정책적 지원을 아끼지 않는다.

북서유럽 : 6시간 노동제 확립

북서유럽 국가들이 여기에 해당한다. 스칸디나비아 반도에 있는 북유럽 3국 스웨덴, 노르웨이, 핀란드가 세계 최고의 복지 시스템을 갖추었다. 벨기에, 네덜란드, 덴마크도 마찬가지이다. 서유럽으로 가면 프랑스, 독일 역시 복지국가를 지향한다. 대학 등록금이 없는 나라, 가난해도 치료를 받을 수 있고 수술을 받을 수 있는 나라, 일찌감치 1일 8시간 노동에서 6시간 노동을 확립하거나 지향하는 나라들이다.

노동운동의 발전이 북서유럽 민주주의 성장을 이끌었고 이는 국가의 성격 변천과 복지국가를 현실화시켰다. 이들 국가에선 노동자 1명의 산업재해가 1면 머리기사나 중요한 뉴스거리가 되는 나라이다.

세계 최장의 노동시간을 자랑하고 1년에 2000명이 넘게 산업재해 사고로 사망하는 한국 사회와 비교할 때 하늘과 땅만큼 차이가 크다.

대한민국 헌법에도 명시된 교육권(31조), 노동권(32조), 노동3권(33조), 인간다운 생활권(34조), 환경권(35조) 등은 바로 사회권적 기본권을 명문화 한 규정들이다. 적절하게 교육받지 못하면 누구도 인간답게 살기는 어렵다. 나아가 노동할 의사와 노동 능력을 갖추고 있음에도 일자리가 없다면 그것은 국가의 정책적 잘못에서 비롯된 것이다. 인간다운 사회생활을 영위하기 위해서 국민 누구나 최소한 보장받아야 할 생활권적 기본권으로서 20C 국가는 마땅히 이를 이행하고 책임을 져야 한다.

프랑스는 1인당 GDP 6000$ 시대에 대학까지 무상교육 실현

1인당 GDP 2만$ 시대에 한국 사회는 아직도 고등학교도 무상의무교육을 실현시키지 못하고 있다. 중학교 무상교육도 10년 전 김대중 국민의정부 때 반발 끝에 시행됐을 뿐이다. 아니 오히려 초등학교 무상급식을 가지고 정치적 논란거리가 되는 이상한 나라이고 수구세력의 온갖 궤변이 상식을 교묘하게 압도하는 기이한 나라이다.

지하철 역사 내 엘리베이터가 설치된 것은 장애인의 죽음과 눈물어린 투쟁의 결실

헌법에 노인, 여성, 어린이에 대해 국가의 보호를 명시하고 있음에도 사회적 소수집단에 대한 복지예산이 미약한 것이 대한민국의 부끄러운 현실이다. 장애인에게로 눈을 돌리면 부끄러움을 넘어 참담한 지경이다.

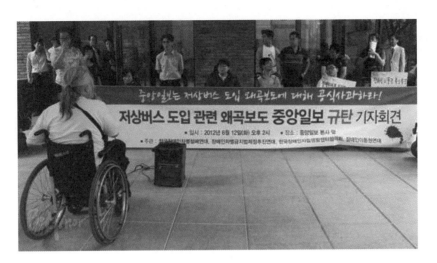

서울시 지하철 역사 내에 설치된 엘리베이터 역시 장애인
의 죽음220)과 「장애인 이동권연대」 등 장애인 NGO의 '더
이상 죽을 수 없다'는 눈물어린 활동과 투쟁의 결실221)

'전국 장애인 차별철폐
연대' 항의 집회 모습
장애인 운동단체가 저상
버스 도입에 대한 중앙
일보의 왜곡보도에 대해
중앙일보 본사 앞에서
항의하는 장면(2012. 6.
12).

---

220) 2002년 5월 19일 저녁 7시쯤 5호선 발산역 1번 출구에서 집으로 돌아가
　　던 윤재봉(63세, 1급 중증장애인) 씨가 지하철 리프트를 이용하다 자신의
　　전동휠체어에서 추락해 사망한 사고가 발생했다. 이외에도 2001년 1월
　　오이도역 사고, 2006년 9월 인천지하철 신연수역 사고 등 장애인 편의시
　　설 부족에 따른 사고가 빈발했다.
221) 「이동권 연대」('장애인 이동권 쟁취를 위한 연대회의'의 약칭)는 노들장
　　애인 야간학교 등 20여 개 장애인 사회단체의 연합으로 2001년 결성되
　　었다. 이후 한국노동사회연구소, 노동자의 힘, 다함께, 민교협, 천주교
　　정의구현전국연합, 진보교육연구소, 사회당, 민주노동당 등 진보적인
　　시민단체·사회 정당이 연대하여 60여 개 연대회의를 구성하였다. 장애
　　인 「이동권연대」는 2002년 발산역 사고 이후 국가인권위원장실을 점거
　　하여 한 달 넘게 단식 농성을 진행하였다. 장애인들은 지하철 1호선 시
　　청역 철로에다 자신의 몸을 쇠사슬로 감고 절규하며 지하철 역사마다 승
　　강기 설치를 요구하였다. 나아가 장애인들이 안전하게 버스를 타고 거리
　　를 이동할 수 있도록 국가와 서울시에 지하철 엘리베이터 설치와 대중교
　　통수단으로서 저상버스를 대폭 확대 운행할 것을 요구하며 지난한 투쟁
　　을 전개했다. http://access.jinbo.net 참고.

이라고 보아야 한다. 우리는 별 생각 없이 이용하는 지하
철 엘리베이터에는 그런 피눈물어린 투쟁이 어려 있다.
지하철 선로에 쇠사슬로 자신의 몸을 칭칭 감고 절규하는
그 장면을 생각하면 아직도 가슴이 저민다. 복지를 이야
기할 때면 한국 사회는 여전히 부끄러워 고개를 들 수가
없다.

3 자유민주주의(미국)와 사회민주주의(북유럽)의 특징 비교
－경쟁과 효율 대 형평과 분배

민주주의의 어원 = 민중권력
민주주의(Democracy)의 어원은 인민, 민중을 뜻하는 그
리스어 데모스(Demos)와 권력, 지배를 의미하는 크라토
스/크라티아(Kratos/Kratia)의 합성어이다. 즉 민주주의
는 인민에 의한 지배, 민중권력을 가리킨다. 인민과 국민,
그리고 시민은 각각 역사적으로 상이한 의미를 함축한다.
인민, 민중은 다수의 피지배계급을 상징하고 국민은 황
국신민(皇國臣民)의 줄임말이며 시민은 근대 시민민주주
의, 즉 부르주아민주주의에서 지배계급인 부르주아를 가
리킨다.
민주주의의 기원을 이야기할 때 우리는 흔히 고대 아테네
의 직접 민주주의를 언급한다. 의결 정족수를 채우기 위

해 저잣거리에서 배회하는 아테네 시민들을 동아줄로 묶어 민회에 참석시키고 참석한 사람에게 하루 일당에 해당하는 수당을 지급하면서 유지된 것이 아테네 직접 민주주의였다. 사실 40만 명을 넘는 아테네 인구 가운데 참정권이 없는 여자와 노예를 제외한 자유시민은 2만 1천 명 정도이고 그 중에서 실제 참석한 인원은 1만 명 정도였기에 가능했다.

실제로 고대 노예제사회의 주된 생산인구는 노예였고 주된 기생 인구는 자유시민이었다. 자유시민 1명 당 적어도 18명의 노예가 있었는데 대부분의 철학자들도 노예 없이는 살 수 없었다. 플라톤은 5명의 노예를 소유했고 아리스토텔레스는 14명의 노예를 거느렸다고 전한다.[222) 아테네 직접 민주정치가 이루어졌던 민회에서는 모든 걸 거수로 투표했으며 군사령관 임명, 법안 통과, 외국과의 전쟁 선포, 조약의 인준, 공직자 소환 등 국가 중대사를 결정했다.

자유민주주의는 19C 시민민주주의의 20C 버전

근대 민주주의는 부르주아 계급에 의한 시민혁명을 통해 확립되었기에 시민민주주의, 부르주아민주주의라고 한다. 시민민주주의의 20C 버전이 자유민주주의이다. 20C 현대 민주주의를 통상 대중민주주의라고 한다. 19C 보통선거권 획득을 통한 노동계급의 참정권이 확립되면서 시

---

222) 박장현, 『노동자와 철학』(노동의 지평, 2010), 125~126쪽

민민주주의는 대중민주주의로 구성원이 확대되고 내용면에서 진전되었다. 나아가 1920년을 전후한 시기에 영국과 미국, 프랑스 등에서 여성의 참정권을 공식화함으로써 대중의 의미 속에는 여성이 포함됨에 따라 진정한 대중민주주의가 성립된 것이다. 우리가 오늘날 누리는 민주주의라는 제도의 확립이 바로 최근의 역사라는 사실에 그저 놀라울 뿐이다.

자유민주주의는 19C 시민민주주의의 20C 버전이다. 따라서 자유민주주의는 자유주의 + 민주주의의 혼합형이다. 다만 자유주의에 더 많은 강조점을 두는 민주주의이다. 자유주의는 부르주아지의 이데올로기로서 경쟁의 논리, 시장의 논리를 바탕으로 효율성(생산성)의 가치를 지고의 가치로 추구하는 시스템이다. 자유주의는 이념적으로 경제활동의 자유, 경제적 자유주의를 근간으로 하기에 경제적 불평등을 당연한 현상으로 받아들이는 자본주의 논리이다.

반면에 민주주의는 1인 1표의 평등주의 논리이기에 정치적 민주주의를 지향한다. 문제는 자유민주주의가 민주주의 논리보다 자유주의 논리에 더 치중하기에 역사적으로 그리고 현실적으로 자유민주주의 국가에선 민주주의 논리, 즉 평등주의 논리가 형식화된다는 데 있다. 세계에서 가장 빈부격차가 극심한 미국 사회는 바로 그러한 사례에 속한다.

아침에 자가용 비행기를 타고 출근하는 사람이 있는가 하면 수백 만 슬럼가의 빈곤층은 피폐한 영혼과 약물에 찌

들어 살아간다. 하늘을 이불 삼고 땅을 요로 생각하며 길거리에서 잠을 자는 수천 만 인도의 거지보다 더한 상거지이다. 인도의 거지는 차라리 영혼이라도 아름답지 않은가?

경쟁과 시장의 논리, 능률과 효율성을 중시하고 성장과 성과를 지고의 가치로 생각하는 미국 사회는 사회 저변에 철저한 개인주의 논리가 지배하고 있다. 그토록 끔찍한 총기 사고가 빈발해도 개인이 총기를 휴대할 수 있도록 하는 개인주의가 미국인들 의식 저변에 깔려 있기 때문이다. 실상 역사적으로 개인주의는 자유주의와 그 사상적 뿌리를 같이 한다. 15C~16C 유럽 사회에서 개인주의를 토양으로 자유주의가 17C~18C 이데올로기로 등장하기 때문이다.

자유민주주의 → 경쟁과 효율성, 시장의 논리를 최우선 국가정책으로 강조

자유민주주의가 지배하는 사회에선 복지자본주의 국가의 꼴을 갖추었음에도 그들 국가들은 복지에 초점을 두기보다 자본주의 논리, 즉 시장의 논리에 역점을 두기에 어중간한 복지형태를 취하는 게 일반적이다.

미국 의료보험제도를 보라! 의료보험의 공공성보다 사보험이 압도적으로 발달한 현상은 미국사회가 진정한 복지국가로 분류되기 어려운 중요한 이유 중 하나이다.

사회민주주의 → 분배 정의, 형평성, 공동체의 가치를 최우선 국가정책으로 강조

반면에 사회민주주의223)가 지배하는 사회는 자유주의 논리보다 사회주의(=평등주의) 논리를 더 강조한다. 국가 정책의 중심도 시장의 효율성에 초점을 맞추기보다 분배 정의 및 형평성에 초점을 맞춘다.

사회민주주의 = 자유주의 + 민주주의 + 사회주의인데 사회주의, 바로 평등주의 가치를 정책적으로 실현하려는 의지가 강렬한 국가의 정치이념이다.

사회민주주의의 이론적 기초는 에두아르트 베른슈타인 (E. Bernstein)이 기초를 닦았다.224) 베른슈타인은 수정주의자225)로 또는 '기회주의자' 내지 '배신자'226)로 낙인이 찍히고 비난을 받았지만227) 그의 이론은 민주사회주의의 등장에 밑거름이 되었다.228)

---

223) 박호성 편역, 『사회민주주의와 민주사회주의』(청람, 1991), 6쪽.
'사회민주주의'라는 용어는 본질적으로 독일적 개념이다. 1848년~1849년 독일혁명에서 구스타프 폰 슈트루베와 프리드리히 헥커를 중심으로 하는 남서독 민주주의자들이 스스로를 '사회적 민주주의자'로 지칭하고 있다.
224) 베른슈타인의 수정주의는 독일 사회민주주의의 개량적 실천을 이론적으로 정당화하였다.
225) 박호성 편역, 앞의 책, 9쪽.
독일 사민당은 1911년을 전후하여 로자 룩셈부르크를 중심으로 하는 혁명적 급진파, 베벨과 카우츠키를 핵으로 하는 '중도 통합적' 마르크스 정통파, 베른슈타인을 이론적 대부로 하는 개량주의적 우파로 분열하였다.
226) 시드니 후크 외, 권인태 역, 『정통이냐 이단이냐』(지양사, 1984), 32쪽.
227) 시드니 후크 외, 권인태 역, 앞의 책, 31쪽. 베른슈타인의 저작들은 독일 사회민주주의 운동 내에서 결렬한 논쟁을 불러일으켰다.
228) 까갈리츠키 외, 이성형 엮음, 『사회민주주의 연구 1-회고와 전망』(새물결, 1991), 197쪽. 사회사상사에서 유명한 '수정주의논쟁'에서 베른슈타인의 주장은 20C 사회민주주의 및 사회개혁 사상의 전개에 중요한 하나의 출발점이 되었다.

실제로 베른슈타인은 자신을 비난하고 비판한 정통 마르크스주의자들보다도 훨씬 용감하고 지속적으로 민주주의와 사회주의의 이상을 옹호한 인물이다. 그 덕분에 사회민주주의는 신세계에서는 불모지였으나 독일 사회에서는 크게 번창하였다.[229]

에두아르트 베른슈타인
독일 수상 비스마르크에 의해 추방된 뒤 영국 망명 중에 마르크스주의에 대한 수정을 기도하여 수정주의자로 비난을 받았다.

20C 대표적인 사회민주주의 대정치가이자 민주사회주의자로는 스웨덴의 올로프 팔메 수상, 독일의 빌리 브란트 총리, 프랑스의 프랑수와 미테랑 대통령을 들 수 있다. 민주사회주의는 마르크스의 계급투쟁을 부정하고 자본주의 사회의 점진적 개혁을 추구한다. 민주사회주의자들은 민주주의를 사회주의의 실현을 위한 수단으로 본다. 나아가 사회주의 자체의 통합된 한 부분으로 민주주의의 성격을 규정한다.

그들은 민주주의를 통해 사회주의 사회를 건설할 수 있다고 확신했다. 자본주의의 폐해를 극복하기 위해 민주사회주의자들은 완전 고용과 생활수준의 향상 등 사회보장정책을 추진하고, 경제 성장과 분배의 평등화를 지향하였으며 SOC 등 기간산업의 국유화 등 사회주의적 계획화를 추진하였다. 나아가 좌우익 독재를 배격하기 위해 인간의 자유와 존엄, 그리고 정치적 민주주의를 강조하였다.

민주사회주의자들의 범세계적 기구인 사회주의 인터내셔널(S. I)이 1951년 채택한 「프랑크푸르트 선언문」(정식 명칭 : '민주사회주의의 목적과 임무')에서는 다음을 천명

---

229) 시드니 후크 외, 권인태 역, 앞의 책, 28쪽.

하고 있다. "사회주의는 생산수단을 소유·통제·독점하는 소수자로부터 인민을 해방시키는 것과 경제권이 인민 전체의 수중에 장악되고 모든 자유인이 평등한 지위에서 힘을 합해 공동체 건설에 노력하는 것을 지향한다."

사회민주주의의 역사적 의의 → 유럽의 복지국가 건설의 주역, 인간의 얼굴을 한 자본주의 사회 건설

사회민주주의가 지니는 중요한 역사적 의의는 오늘날 20C 유럽 복지국가 건설의 주역이자 19C 자본주의 체제에서 야만성과 잔혹함을 제거하여 20C '인간의 얼굴을 한 자본주의'를 지향하였다는 점에 있다. 그들 북유럽 사회민주주의 국가들에서는 자본의 힘보다 노동의 힘이 강하여 국가의 주요한 정책 결정도 노·사 간 사회적 대타협을 통해 이뤄지며 정부의 역할은 부득이할 경우에만 제3자의 위치에서 조정하는 데 그칠 뿐이다.

북서유럽 국가들에서 볼 수 있는 최상의 복지시스템은 진정한 사회국가, 바로 복지국가의 모습 그대로다. 그들 국가들이 성장의 논리보다 분배의 논리를 정책적으로 강조하고 경쟁의 논리보다 형평의 논리를 이념적으로 뒷받침하였기에 지구상에서 최상의 복지사회를 실현하고 있는 것이다. 불법 이민자의 아이들에게도 대학까지 무상교육서비스를 제공하는 것은 분명 국가의 성격과 이념이 다른 것이다.

미국 사회에서 불법 이민자의 아이들은 추방의 대상이지만 프랑스에서는 교육서비스의 대상이 된다. 국적과 인종, 종교에 상관없이 누구나 교육을 받아야 인간답게 살 수

있기 때문이다. 그리고 부유함과 가난함을 떠나서 누구나
아플 때 의료서비스를 받아야 하는 것은 인간다운 삶을 위
한 최소한의 권리이다. 가난 때문에 평생 약국 문만 두드리
다 병원 문턱을 넘지 못하고 생을 마치는 사람들이 존재하
는 사회는 어떻게 보면 매우 야만적인 사회라고 할 수 있다.

고졸의 배관공 연봉이 국립대학 정교수의 연봉보다 많은 나라

북유럽 국가의 정책 최우선 순위가 완전고용과 분배 정의
라고 한다면 이해가 되는가? 불법적으로 잠입한 러시아
창녀들의 인권조차 보호해주는 사회복지국가, 그들 국가
들은 하나같이 자유민주주의가 아니라 사회민주주의를
이념적으로 지향한다. 번잡한 도심에서 휠체어를 이용하
는 장애인과 노인들이 가장 먼저 눈에 띄고 유모차를 탄
아이들을 쉽게 목격할 수 있는 나라[230], 의사와 벽돌공
이 비슷한 대접을 받고 비정규직이 정규직보다 임금이 더
많은 나라[231]가 그들 북유럽 사회의 일상적인 모습이다.
종합병원의 특실은 돈 많은 기업총수나 고관대작의 전유
물이 아니며, 환자의 질병상태와 중증도가 방 배정의 유
일한 기준이 되는 인도주의가 실현된 나라, 대학교수가
미장일을 해도 하나도 어색하지 않은 나라, 늙어서도 평
등한 나라[232], 버스기사의 월급이 대학교수와 비슷하거

---

230) 이진희, 「내가 만드는 복지 국가」, 『프레시안』 2012. 5. 21.
231) 김영희, 『프레시안』 2008. 2. 18/2008. 7. 22
232) 변광수, 「복지국가 SOCIETY」, 『프레시안』 2012. 4. 3.

나 약간 많은 나라, 고등학교밖에 졸업하지 못한 배관공의 연봉이 국립대학 정교수의 연봉보다 많은 나라, 버스 기사가 모국어처럼 영어를 유창하게 구사하는 나라, 이 모든 것이 평등의 산물이라고 박노자 교수는 역설한다.[233] 미국보다 GDP 대비 복지 예산 비율이 2배나 많은 나라가 이들 북유럽 국가들이다.

공부 못하는 자녀가 대학 간다고 할까봐 걱정하는 나라
미국사회는 대졸자와 고졸자의 연봉 차이가 크다. 따라서 능력만 된다면 비싼 대학 등록금을 내면서 미국의 젊은이들은 대학을 다닌다. 그러나 대학도 무상교육인 북유럽 덴마크에선 고졸자나 대졸자의 연봉에 큰 차이가 없다. 그래서 아이가 공부를 못하면 부모들은 아이가 대학에 간다고 할까봐 걱정한다.[234] 고등학교만 졸업해도 인간답게 살 수 있는 사회복지시스템이 구축되어 있기에 부모들은 아이가 대학에 진학하여 공부를 하기보단 직업학교에 진학하여 자신이 좋아하는 기술을 배워 행복하게 살아갈 것을 권유한다.

전교 꼴찌를 해도 부모는 어떻게든 대학을 보내고자 하는 나라
한국 사회에선 반에서 꼴찌를 해도 부모 마음은 어떻게든 지방에 있는 대학이라도 보내려고 안간힘을 쓰면서 허리

---

233) 박노자, 『좌우는 있어도 위아래는 없다』(한겨레신문사, 2002), 19쪽.
234) 김영희, 『프레시안』2008. 2. 14.

띠를 졸라매는 게 우리의 현실이다. 무서운 학벌주의 때문에! 어른들이 일을 하고 아이들에게 대학을 가라고 하는 것도 돈 때문이지만 아이들이 공부하는 것도 돈 때문이다. 어른들은 오늘의 돈벌이를 하고 있고 아이들은 내일의 돈벌이를 하고 있는 것이다.[235] 스위스의 대학 진학률은 40%대로 한국의 절반에도 미치지 못한다.[236] 자본의 힘보다 노동의 힘이 강한 북유럽은 이미 6시간 노동을 정착시켰다. 아니 독일, 오스트리아, 네덜란드 등 서유럽 상당수 국가들이 1일 6시간 노동을 한다.

OECD 국가 가운데 자살률 1위, 청소년 행복 지수 꼴찌인 현실

한국은 OECD 국가 가운데 노동시간 1위로 1일 8시간을 초과할 뿐만 아니라 2위 그리스보다 연간 100시간이 많고 산재사고 사망자가 매년 2000명이 넘는 자본 천국의 나라, 기업하기 좋은 나라이다. 2009년 평택 쌍용자동차 노동자들의 피켓 시위 당시 등장한 '해고는 살인'이라는 피맺힌 절규는 한국 사회에선 진실이다. 채 3년이 지나지 않은 2012년 5월 현재 22명의 젊은 쌍용차 노동자들이 스스로 목숨을 끊었다. 불행히도 한국은 OECD 국가 가운데 자살률 1위이고 청소년 행복 지수 또한 부끄럽게도 꼴찌이다.

---

235) 박장현, 앞의 책, 107쪽.
236) 장하준, 『그들이 말하지 않는 23가지』(부키, 2010), 246쪽.
　　　스위스는 2007년 기준 대학 진학률이 47%이고 한국은 96%이다.

4 사회민주주의와 복지자본주의

역사적으로 자본주의 체제는 상업자본주의(14C~18C 중반)-산업자본주의(18C 후반~19C 후반)-독점자본주의(19C 후반~20C) 발달단계를 거치면서 진행되었다. 상업자본주의 발달단계에서 상업 부르주아지들은 르네상스 운동의 물질적 후원자였고 산업자본주의 발달단계에서 산업 부르주아지들은 산업혁명의 주체였으며 독점자본주의 발달단계로 자본의 모순이 심화되는 단계에선 독점자본가들이 식민지 수탈 전쟁의 주체가 된다.

독점자본주의 발달단계부터 제1세계는 제국주의 국가의 침략적 성격을 띠면서 영토 팽창주의로 치달았다. 그것의 종착점이 제1, 2차 세계대전이었고 1, 2차 세계대전의 성격은 경제적 측면에선 선발·후발 자본주의 국가들 간 식민지 쟁탈 전쟁이었다. 자국의 경제 위기를 해외 시장을 통해 폭력적으로 해결하는 과정에서 충돌한 역사적 사건이다.

21C 오늘날 세계 자본주의 체제는 단일한 시장경제체제를 형성하고 있지만 조금만 안을 들여다보면 자본주의 유형에서 극과 극을 달린다. 자본주의 체제의 유형은 크게 3가지로 정리해 볼 수 있다. 미국을 중심으로 하는 경쟁자본주의 체제는 경쟁과 효율성의 가치를 최고의 가치로 추구하는 자본주의 체제이다. 철저한 개인주의와 자유주의 사상을 근저에 깔고 있는 경쟁자본주의 체제는 시장의

논리를 최우선시 하는 경제체제이다.

막스 베버 : 자본주의 발달과정에서 유교적 가치 부정

동아시아를 중심으로 형성된 공생 자본주의는 유교적 가
치를 자본주의 성장의 원동력으로 삼고 있기에 유교 자
본주의라고도 한다. 유교적 가치가 자본주의 발달에 마
이너스 요인으로 작용한다고 분석했던 막스 베버(Max.
Weber)와 달리 가족주의, 책임감, 근면성, 공동체의식,
높은 교육열 등은 한국, 일본, 홍콩, 싱가폴, 타이완 등
동아시아 국가의 자본주의 발달과정에서 정신적 원천으
로 작용했다. 1970년대 서방 학자들과 언론들은 이를 '아
시아적 가치'라고 명명하기도 하였다.

투 웨이밍 교수는 이를 '신유교 윤리(New Confucian
Ethics)'라고 이름을 붙였다. 유교 윤리와 청교도 윤리가
조화를 이룬 새로운 유교 윤리라는 의미이다. '신유교 윤
리'는 조직의 화합과 단결, 사회적 책무성을 중시하고 개
인의 수양과 기강을 강조하며 역사적 경험과 정부의 리더
십을 발전의 요체로 본다. 특히 프랑크푸르트학파의 마
지막 생존자 위르겐 하버마스(Jürgen Habermas)는 한
국이야말로 전근대적인 농업사회에서 근대적인 산업사
회로 변모하는 데 30년밖에 걸리지 않았다고 매우 높게
평가했다. 그는 전 세계에서 가장 짧은 기간에 경제 성장
을 이룩해낸 유일한 국가로서 한국을 극찬했다.

북서유럽을 중심으로 발달한 복지자본주의 체제는 성장
보다 분배를, 경쟁의 논리보다, 연대의 논리를, 효율성의

막스 베버
마르크스주의를 비판하
며 정치, 경제, 역사, 종
교 등 다양한 분야에 걸
쳐 연구하였으며, 가치
와 사실을 분리하는 막
스의 사회과학 방법론
은 오늘날까지도 영향
을 미치고 있다. 『프로
테스탄티즘의 윤리와
자본주의 정신』(1904~
1905)은 마르크스의 유
물사관을 비판하며 근
대 자본주의 발달을 정
신적·종교적인 요인 등
칼뱅의 금욕적인 종교
성에서 찾은 주목할 만
한 저서이다.

논리보다 형평성의 논리를 최고의 가치로 강조한다. 이들 국가에선 자본의 힘보다 노동의 힘이 우세하여 노·사 간 사회적 협약이 곧 국가 정책의 근간이 된다. 자본 중심의 사회가 아니라 노동 중심의 사회인 셈이다. 따라서 사회정의와 공동체적 가치를 정책에 반영하며 노·사 간 조합주의 정책 결정을 수행한다. 이 점은 미국 등 다원주의 정책 결정 과정을 거치는 자유민주주의 사회와 크게 다르다.

사회민주주의 국가는 완전고용 정책을 최우선 정책으로 시행

경제성장률을 강조하기보다 완전고용을 최우선적인 정책으로 지향한다. 1960년대 독일 사회민주당의 경우 완전고용을 보장하기 위한 국가예산이 중심적 위치를 차지하고 있었다.[237] 복지자본주의 국가의 경우 경쟁자본주의와 비교했을 때 가장 큰 특징은 사회계급 간 빈부격차가 그리 크지 않다는 점이다.

의사와 벽돌공의 연봉, 정부 고위관료와 버스 기사의 연봉이 비슷한 나라이기 때문이다. 이들 북서유럽 복지자본주의 국가들이 추구하는 정치 이념이 바로 사회민주주의이기 때문이다. 경쟁자본주의 국가들인 미국과 일본 등 자유민주주의 국가들과 정책 이념과 정책 지향점이 확연히 다르다. 현 단계 한국 사회의 현실을 감안할 때 자본주의 체제가 정글자본주의 내지 천민자본주의로 전락하

---

237) 소련경제 국제관계 연구소, 『부르주아 경제학 비판』(장백, 1989), 52쪽.

지 않고 인간의 얼굴을 한 자본주의 체제를 유지하기 위해선 적어도 북서유럽의 민주주의를 가치모델로 지향할 필요가 있다.

5 87년 6월 항쟁과 자유민주주의 발전

한국 사회 : 87년 6월 항쟁 이후 비로소 자유민주주의 사회로 진입

한국 사회는 1987년 6월 시민항쟁을 통해 자유민주주의 사회로 진입하였다. 42년 군부독재체제를 종식시키고 형식적 의미에서 민주주의의 첫 발을 내디딘 것이다. 1948년~1992년까지는 한국 사회가 겉으로 자유민주주의를 표방했지만 속으로는 국가파시즘이 공고히 다져지고 관철된 시기였으며 국민들 생활 속에 파시즘이 내면화된 시기였다. 즉 시민의 자유권적 기본권이 유린된 채 쓰레기통에 처박힌 시대였다.

87년 6월 시민항쟁은 한국 사회에 시민의 자유와 기본권을 확산시킨 역사적 사건이었고 이후 한국 사회는 절차적 민주주의 사회로 나아갔다. 90년대 문민정부를 거쳐 1998년~2007년까지 10년 동안 국민의정부와 참여정부는 이 땅에 절차적 민주주의, 즉 형식적 민주주의를 크게 진전시켜 명실상부한 자유민주주의의 틀을 갖추게 된다. 87년 6월 항쟁 이후 시민운동이 전체 운동의 주도적 흐름

으로 자리매김되면서 오늘날 NGO의 70% 이상이 87년 6월 항쟁 이후 창립되었다. 민주적인 노동조합의 설립 역시 87년 6월 항쟁을 분기점으로 절대치에서 큰 폭으로 증가[238]했으며 노동자의 기본권이 크게 신장되고 확산되었다. 그 결과 2000년대 이후 민주 정부 10년을 거치면서 한국 사회는 제도적 민주주의가 정착된 사회로 변모하였고 이러한 결과는 자연스레 남북분단이라는 민족모순을 해소하려는 통일지향적인 정책으로 나타났다.

그러나 오늘날 한국 사회는 여전히 자유민주주의, 즉 형식적 민주주의가 수구냉전 세력으로부터 끊임없이 도전을 받는 위기에 봉착해 있다. 제도적 민주주의를 완성시킨 지난 민주정부 10년을 부정하는 이명박 정부의 태도는 한국 사회에 또 다른 민주주의의 위기를 불러왔기 때문이다. 자유민주주의조차 제대로 완결 짓지 못한 채 한국 사회는 냉전논리 속에 갇혀 지난 5년을 잃어버렸다. 냉전논리는 사회복지예산의 감축을 낳고 필연적으로 한국 사회 구성원들의 삶의 질을 저하시키는 방향으로 역주행할 수밖에 없었다.

GDP 대비 사회복지예산 비율 8%인 부끄러운 나라

경제협력개발기구(OECD) 가입 국가의 GDP 대비 사회복

---

238) 1987년 6월 항쟁 이후인 1988년~1989년 노동조합 조직률이 20%를 웃돌았다. 오늘날은 10% 미만으로 노동자 10명 가운데 1명만 노동조합에 가입돼 있는 실정이다. 한국 사회에서 노동운동이 전체 운동을 주도하는 중심운동으로서 운동역량이 크게 약화된 이유이기도 하다.

지예산 비율은 평균 20%대를 유지하고 스웨덴 등 북유럽은 40%를 상회한다. 부끄럽게도 한국 사회는 8%일 뿐이다. 한국은 세계 200개 국가 가운데 가장 비싼 등록금을 내는 국가 순위 2위이다. 우리보다 훨씬 못사는 멕시코도 국공립대학의 경우 무상교육이고 체코공화국은 국공립대학과 사립대학 모두 무상임을 생각하면 한국 사회는 복지 후진국임에 틀림없다. 프랑스가 GDP 6000$이었을 때 대학무상교육을 실현했는데 한국 사회는 GDP 26000$임에도 고등학교는커녕 중학교 무상교육에 그칠 뿐이다.

중학교 무상교육 : 김대중 '국민의 정부' 작품

중학교 무상교육도 불과 10여 년 전 김대중 국민의 정부가 냉전수구세력의 반발을 뚫고 이뤄낸 작품이다. 한국 사회는 이미 선진국처럼 고등학교까지 무상교육을 실현할 경제적 토대를 갖춘 나라이다. 위정자들이 의지만 있다면 전국 국공립대학 무상교육을 실현하고 사립대학의 등록금을 반값으로 낮출 수 있는 국가이다. 2011년 대학생들이 반값등록금 실현을 위해 거리를 헤매고 경찰의 물리력 앞에 다치고 좌절감 속에 상처를 받기 전에 정부가 나서서 반값등록금을 정책적으로 현실화했어야 옳았다. 국민들이 반대하는 4대강 사업에 22조 원을 쏟아 부을 예산이면 반값등록금을 실현하고도 남았다. 한국 사회는 복지 인프라 등 사회안전망이 구축되어 있지 않을 뿐 아니라 전 세계에서 비정규직 증가 속도가 제일 가파른 국가이다. 신자유주의 경제정책을 신봉하는 위정자들 탓에 여성 직장인 가운데 비정규직 비율은 60%를 웃도는 실정이다. 결혼을 미루다보니 1인 가구수가 급증하고 결혼을 하더라도 아이를 낳지 않으려는 탓에 세계 최저의 저출산 국가이자 높은 사교육비로 삶의 질이 저하된 나라이고 행복지수 또한 하위권에 맴돌고 있는 현실이 바로 대한민국의 현주소이다.

한국 사회 : 총선 득표율 1%로 정당 해체, 진보정치의 토양이 부박한 사회

한국 사회의 비전은 자유민주주의를 넘어서서 북서유럽처럼 사회민주주의로 나아갈 때 그 희망이 보인다. 적어도 사회민주주의 이념을 실현할 수 있는 진보신당·사회당·녹색당 등 진보적인 정당들이 2012년 4·11 총선에서 득표율 1%에 머물면서 정당이 해체되는 비극적 현실은 한국 사회 스스로 미래에 대한 희망을 어둡게 하는 모습일 뿐이다. 진보정치가 성장할 수 있는 토양이 부박한 한국 사회는 그런 측면에서 복지국가 실현이 비관적이다.

진보신당의 2012 메이데이 행진모습
2012 4·11 총선에서 득표율 2%에 미치질 못해 녹색당과 함께 정당이 해산됐다.

지난 60년 동안의 한국 사회 진보정당 부침의 역사는 복잡하다. 6·25전쟁을 거치면서 척박한 한국정치 토양 속에서 정치세력화하지 못한 채 부침을 거듭했다. 한국 사회에서 사회민주주의 정당은 해방 공간에서 60년대까지 인민당-사로당(사회로동당)-진보당-사회대중당-통일사회당으로 이어져 왔다. 역대 이승만·박정희 반공 독재정권은 이들을 모두 용공노선으로 누명을 씌워 단죄했지만 그들의 정치적 이데올로기는 조금의 흔들림도 없는 민주적 사회주의였다.[239] 1946년 10월 여운형, 백남운 등이 창당한 사회로동당의 강령을 보면 한국의 민주사회주의자들이 사민주의 이념에 충실했던 흔적을 읽을 수 있다.

- 일체의 중요 산업 및 무역을 국영으로 하고 중소 자본을 인민 정부의 일정한 감독 하에 그의 자유 발전을 보장할 것을 주장한다.
- 노동자와 사무원에 대하여 8시간 근무제와 사회보험제 및 성별·연령별 차별이 없는 동등임금제의 실시를 주장한다.
- 여자들에게 정치상·경제상·사회상·법률상으로 남자와 동등한 권리를 보장하여 봉건적 가정 제도의 유습을 청산하고 모성 및 유아의 국가 보호를 주장한다.
- 의무적 교육제도와 광범한 민주적 계몽교육의 실시를 주장한다.

---

239) 정태영, 『한국 사회민주주의 정당의 역사적 기원』(후마니타스, 2007), 329쪽 참고.

● 보건 및 후생에 관한 일체 시설은 국가 혹은 공공기관이
지도 관리할 것을 주장한다.240)

북서유럽 사회민주주의 국가 : 세계 최고의 복지시스템
구축

민주사회주의 이념을 정치적으로 구현한 정당이 유럽의 사
회민주주의 정당들이다. 영국의 노동당, 프랑스의 사회당,
독일의 사회민주당, 스웨덴의 사회민주당, 노르웨이의 노
동당 등이 그들이다. 민주사회주의는 제1차 세계대전 이후
유럽 사회에 등장하였다. 그들은 마르크스주의의 폭력혁
명론을 부정하고 사회개혁론을 주장하였으며 의회민주주
의를 인정하고 자본주의 시장경제체제를 수용하였다.

2차 세계대전 이후 사회민주주의 정당들은 1951년 독일
프랑크푸르트에서 범세계적 기구인 사회주의 인터내셔
널(S.I Socialist International)을 출범시켰다. 민주사
회주의자들은 프랑크푸르트 선언문에서 "사회주의는 자
유 속에서 민주주의적 수단에 의하여 새로운 사회를 건설
하려고 노력한다"라고 자신들의 정치적 견해를 분명히
밝혔다. 그리하여 민주사회주의 정당들은 유럽 사회에서
정치 전면에 등장함으로써 오늘의 복지 시스템을 구축하
였다. 요컨대 사회민주주의 정당들이 이룩해 낸 역사적
업적은 자본주의 체제의 인간화와 함께 북서유럽의 복지
국가 건설에 있었다.

---

240) 정태영, 앞의 책, 351~352쪽.

8. 사회정의에 대한 철학적 성찰
-아리스토텔레스·노직(Nozick)·롤스(Rawls)·샌델(Sandel)의 정의론

1 사회정의에 대한 다양한 해석

소피스트 : 정의는 강자의 이익

역사적으로 사회정의(正義 Justice)에 대해선 다양한 견
해가 존재했다. 플라톤이 저술한 『이상국가』 제1장 「의
(義)로운 사람들」편에서 소크라테스보다 10살 어린 소피
스트 트라시마코스는 소크라테스와 논쟁을 벌이면서 정
의를 '강자의 이익'이라고 주장했다.

트라시마코스 : 그러면 내 말을 들어줘요. 나는 정의란 '강자
의 이익' 이외에 아무 것도 아니라고 주장해요. 그런데 당신은
어찌하여 나를 칭찬해 주지 않소? 아마도 내말이 당신의 마음
에 들지 않나 보군요.
소크라테스 : 우선 자네 말을 이해해야겠네. 정의란 강자의 이익

이라는 자네의 주장은 무엇을 의미하는가? 트라시마코스, 설마 자네는 씨름꾼인 프리다마스는 우리보다 힘이 세고 또 쇠고기는 그의 육체적인 힘을 내게 하는 데 유용하기 때문에 쇠고기는 그보다 약한 우리에게도 이득이 있다고 말하려는 것은 아닐 테지?

트라시마코스 : 당신은 지독한 사람이군요. 당신은 내 주장을 되도록 왜곡된 뜻으로 해석하려고 하는군요.

소크라테스 : 그런 게 아니네. 나는 다만 이해하려고 힘쓸 뿐이네. 제발 좀 더 분명히 말해 주게.

트라시마코스 : 그럼, 당신은 정체(政體)의 차이에 대해 들은 적이 있소? 세상에는 전제정체도 있고 민주정체도 있으며 또 귀족정체도 있다는 것을 당신은 알고 있소?

소크라테스 : 그야 물론 알고 있지.

트라시마코스 : 정부란 각국에 있어서의 통치력이지요?

소크라테스 : 물론이네.

트라시마코스 : 그런데 지배계급에 속한 사람들은 각자 자기들에게 유리하게 법률을 제정하오. 다시 말하면 민주정치의 경우에는 민중을 중심으로 한 법률을 제정하고 전제정체에서는 전제군주를 중심으로 한 법률을 제정하고 귀족정체에서는 귀족을 중심으로 한 법률을 제정하오. 그들은 그러한 법률을 제정한 연후에 자기네의 이득이 되는 것은 피지배자들에게도 '옳은 것'이라고 선언하고 이것을 어기면 법률을 위반한 자, 또는 정의에 어긋난 범죄자로서 처단한단 말이오. 이와 같이 지배자의 이득을 위하는 정의(正義)의 원리가 어느 나라에서나 같다는 것은 바로 이러한 것을 의미하오. 그런데 지배계급이란 요컨대 권력을 갖고 있는 자들을 의미하기 때문에 강자의 이익이 되는

일은 어디서나 '정의'로 통한다는 결론을 내리게 되오.

소크라테스 : 알겠네. 그것이 옳은지 옳지 않은지 살펴보기로 하세. 그런데 자네는 정의를 규정함에 있어 자네가 나에게 사용을 금지한 '이득'이라는 말을 자네 자신이 입 밖에 내었다는 사실을 인정해야 하네. 물론 자네가 말하는 정의(定義)에는 '강자의'라는 말이 첨가되어 있지만…

트라시마코스 : 말을 다소 보태는 것쯤 눈을 감아주어야 하지 않소.241)

‖ 참고 ‖ 소피스트(Sophist)

B.C. 5C 고대 그리스 철학자 집단을 가리킨다. 지혜, 진리를 뜻하는 그리스어 소피아(Sophia)를 추구하는 일단의 사상가들을 소피스트라고 칭했다. 그들은 진리를 사모하는 철학자로서 B.C. 5C 말 페리클레스 시대를 지나면서 지극히 현실적 이익을 추구하는 집단으로 변모하였고 말기엔 논리적으로 궤변을 일삼았기에 오늘날 궤변론자(sophist)의 대명사가 되었다. 대표적인 소피스트로 프로타고라스, 트라시마코스, 고르기아스, 히피아스, 프로디코스 등을 들 수 있다.

플라톤 : 이데아, 즉 철인(哲人)정치가 실현된 사회

소크라테스의 제자 플라톤은 정의를 이데아(Idea)가 실현된 상태로 보았다. 정의로운 사회가 이상적인 국가이며 폴리스, 즉 도시 국가의 이상적인 사회구성은 통치계

---

241) 플라톤, 최현 옮김, 『이상국가』(집문당, 1977), 32쪽.

급(지혜의 덕)과 군인계급(용기의 덕). 생산계급(절제의 덕)으로 구성되는데 각 계급의 덕이 서로 조화를 이룰 때 공동체 전체적으로 정의의 덕이 실현된다고 생각한다. 즉, 도시국가 내에서 지혜와 용기, 절제의 미덕이 조화를 이룰 때 국가 사회 전체에 정의의 덕이 실현된다고 주장한다. 소크라테스와 플라톤의 형, 아데이만토스와 글라우콘과의 대화에서 나오는 철인이 통치하는 사회, 바로 철인(哲人)정치가 실현된 사회가 정의로운 이상국가이다.

소크라테스 : 그런데 이제야 가장 완전한 수호자는 철학자여야 한다는 것을 분명히 밝혀두고자 하네. (중략) 자네는 우리가 앞에서 영혼을 세 가지로 나눈 것을 기억하고 있을 테지. 정의와 절제, 용기 및 지혜가 무엇인가에 대해 결론을 지었었지.
아데이만토스 : 그렇습니다. 만일 그것을 내가 잊어버렸다면 나에게는 더 이상 선생님의 말씀을 들을 자격이 없을 것입니다.242)

아리스토텔레스 : 정의는 새벽별보다 놀라운 가장 뛰어난 덕
플라톤의 제자이자 고대 서양의 학문을 집대성한 아리스토텔레스는 정의를 중용이자 완전한 덕이라고 강조하면서 정의의 본질을 평등에 두었다. "'정의'와 '부정의' 역시 다의적이고 모호하며 명백히 드러나지 않는다. '부정의'로부터 '정의'를 생각할 때 '정의'는 중용이자 완전한 덕

---

242) 플라톤, 최현 옮김, 앞의 책, 253쪽.

이다. 그러나 그것은 무조건적으로는 아니고 우리 이웃에 대한 관계에서만 그렇다. '정의'는 가끔 모든 덕 가운데 가장 큰 덕이라 생각되며 또 저녁의 별이나 새벽별도 그만큼 놀라운 것은 못된다. 그래서 '정의 속에 모든 덕이 다 들어 있다'는 속담이 있는 것이다" 243)

울피아누스 : 정의는 각자에게 각자의 몫을 돌려주려는 항구적 의지

A.D. 3C 로마 법학자 울피아누스(D. Ulpianus)는 정의를 각자에게 각자의 몫을 돌려주고자 하는 항구적 의지라고 하였다. 그런가 하면 17C 프랑스 철학자이자 과학자 파스칼(B. Pascal)은 정의를 '현행의 습관'이라고 주장한다. 「인간은 정의를 모른다. (중략) 어떤 사람은 정의의 본질이 법률을 제정하는 사람의 권위라 하고 다른 사람은 군주의 편의라고 말하며 또 다른 사람은 현행의 습관에 있다고 말한다. 나는 이 마지막 견해가 가장 확실하다고 생각한다. 습관은 그것을 세상 사람들이 사용하고 있다는 이유만으로도 완전히 공정한 것이 된다. 이것이 습관이 권위를 가지는 신비한 토대이다. (중략) 힘이 없는 정의는 무력하고 정의가 없는 힘은 압제에 불과할 뿐이다. 정의와 힘은 함께 있어야 한다.」244)

---

243) 아리스토텔레스, 최명관 옮김, 『니코마코스 윤리학』(창, 2008), 179쪽.
244) 파스칼, 권응호 옮김, 『팡세』(홍신문화사, 2007), 136~139쪽.

공리주의자 : 공리성에 입각한 최대 다수의 최대 행복

19C 영국 공리주의 철학자 벤담(J. Bentham)과 밀(J. S.Mill)은 정의를 공리성(Utility)의 원칙에 입각한 '최대 다수의 최대 행복'으로 보았다.

19C 독일의 사상가 마르크스는 정의로운 사회를 계급 평등한 사회, 곧 공산사회로 규정했다. 공산사회는 능력에 따라 일하고 필요에 따라 분배하는 것을 특징으로 하는 사회이다. 20C 후반 전 세계를 휩쓴 신자유주의를 신봉하는 사람들은 정의를 '능력에 따라 일하고 능력에 따라 분배하는 상태'로 규정한다. 그런가 하면 20C 정의론의 세계적 권위자 존 롤스(J. Rawls)는 정의를 '정당화될 수 없는 불평등이 존재하지 않는 상태'로 설명한다.

2 아리스토텔레스의 평균적 정의와 배분적 정의

기원전 4C 고대철학자 아리스토텔레스는 정의에 대해 많은 철학적 사색을 시도한 인물이다. 그의 아들 니코마코스가 정리하고 편집한 『니코마코스 윤리학』에서 아리스토텔레스는 교환적 정의, 법적 정의, 정치적 정의 등 몇 가지 정의에 대해 언급한다. 그 중에서 특히 평균적 정의와 배분적 정의는 현대 사회의 정의 이론을 구성하는 데 매우 중요한 점을 시사한다.

아리스토텔레스는 제5권에서 '덕과 악덕'을 논하면서 악덕이 바로 부정의라고 일갈한다. 그리고 모든 부정의는 반드시 특수한 악덕으로 말미암는 것으로 보았다. 간음은 방종이라는 악덕으로 말미암고 폭행은 분노라는 악덕으로, 전쟁터에서 전우를 버리고 도망치는 것은 비겁이라는 악덕에서 비롯된다고 생각한다.[245]

배분적 정의 : 기하학적 비례에 일치하는 정의
아리스토텔레스는 배분적 정의를 기하학적 비례에 일치하는 정의로 설명한다. 즉 분배의 문제에서 배분적 정의는 분배할 만한 명예나 보수를 이와 관련된 사람들의 능력이나 사회적 기여도에 따라 나누는 것을 뜻한다. 그는 옳은 것이란 비례적인 것이고 옳지 않은 것이란 비례를 깨뜨리는 것으로 보았다.[246] 아리스토텔레스의 설명을 들어보자.

「균등하지 않은 사람들은 균등한 것을 취득해서는 안 된다. 이렇게 하는 경우 - 균등한 사람들이 균등치 않은 것을 받게 되거나 균등치 않은 사람들이 균등한 몫을 차지하게 되는 경우 - 분쟁과 불평이 생긴다. 그리고 이것은 가치에 따라 상을 주어야 한다는 생각에서 보아도 자명한 일이다. (중략) 부정이 행해질 때에는 어떤 항이 지나치게 커지고 다른 항이 지나치게 작아지는 일이 생긴다. 즉, 부정을 행하는 사람은 너무 많은 선을 취득하고 부정을

---

245) 아리스토텔레스, 최명관 옮김, 앞의 책, 181쪽.
246) 아리스토텔레스, 최명관 옮김, 앞의 책, 185쪽.

당하는 사람은 너무 적은 선을 취득한다. 악에 있어서는 사정이 거꾸로 되어 있다. 보다 작은 악은 보다 큰 악에 비하면 선으로 여겨지기 때문이다.」247)

평균적 정의 : 산술적 비례에 따른 정의

평균적 정의란 등차급수에 일치하는 시정적(是正的) 정의를 가리키는데 이는 기하학적 비례에 따른 정의가 아니고 산술적 비례에 따른 정의이다. 범죄와 손해배상, 매매 거래 등의 문제에서 발생되고 적용되는 정의이다. 따라서 형법상의 정의라기보다 민법상의 정의이다. 누가 악을 행하고 누가 악행을 당했든 또 누가 해악을 끼치고 누가 그 해악을 당했든 법은 다만 그 해악의 뚜렷한 성격만을 문제 삼으며 그 당사자들을 균등하게 취급한다.248) 재판관의 임무는 이 둘 사이의 산술적 중간을 찾아내어 양자 사이의 균등을 시도하는 것이다.

3 노직의 자유지상주의 · 최소국가론

노직의 자유지상주의는 미국의 지배이념 내지 공화당의 정치이념

로버트 노직(R. Nozick)은 30세라는 젊은 나이에 하버드

---

247) 아리스토텔레스, 최명관 옮김, 앞의 책, 184~185쪽.
248) 아리스토텔레스, 최명관 옮김, 앞의 책, 187쪽.

대학 정치철학 정교수로 취임한다. 일찌감치 프린스턴대 대학원에서 공부할 때부터 '철학적 신동'이란 명칭을 얻었다. 노직은 컬럼비아대학 학부 시절엔 급진적인 사회주의 학생서클의 지도자였을 정도로 사회주의에 경도된 인물이지만 대학원 시절에 자유주의자로 생각이 바뀌었다. 노직이 말하는 자유지상주의 철학은 1974년에 발간된 저서 『Anarchy, State, and Utopia 아나키에서 유토피아로』에 명료한 형태로 나타난다. 책의 부제가 「자유주의 국가의 철학적 기초」라는 표현에서 알 수 있듯이 노직은 이 책에서 개인주의와 자유주의, 그리고 자본주의에 입각하여 국가의 존재를 도덕적으로 부정하는 아나키즘과 복지국가를 이론적으로 정당화한 롤스의 『정의론』(1971)을 비판한다. 그런 의미에서 노직의 철학사상은 보수적인 미국의 지배이념 내지 미국 공화당의 정치이념과 일맥상통한다.

노직이 꿈꾼 이상국가는 최소국가(minimal state)
노직이 꿈꾸는 이상국가인 최소국가는 19C 야경국가(night-watchman state)와 비슷하다. 국가의 역할 자체를 개인의 소유권인 재산권을 보호하고 경찰 노릇을 하는 것에 한정한다. 국가의 역할은 개인의 재산을 보호하는 경찰의 역할이기에 최소국가는 자연 상태에서 자연스레 형성된 「보호협회」에 기초를 두고 있고 이는 도덕적으로 정당하다는 주장이다. 노직은 이 책의 1부 2장 '자연 상태'에서 보이지 않는 손에 의한 '지배적인 보호협회'의 등장을 국가발생의 전 단계로 설명하고 있다.

무정부주의적 자유를 극복하고 자신의 소유권, 즉 재산을 보호하기 위한 '사적보호협회'라는 사회조직을 넘어서는 국가형태의 극소국가(ultra-minimal state)를 상정한다. 국가라는 사회조직의 발생을 '개인 → 상호보호협회 → 지배적인 보호협회 → 극소국가 → 최소국가(야경국가)의 경로로 설명한다.

「우리는 사적보호협회와 이 야경국가 사이의 중간적 사회 조직을 적어도 하나는 상상할 수 있다. 야경국가는 종종 최소국가로 불리는데, 이 중간의 조직을 우리는 극소국가라 부르겠다. 극소국가는 직접적인 자기방어에 필요한 것을 제외한 모든 권력의 사용에 있어 독점권을 보유한다. 그래서 이는 불의에 대한 사적인 보복과 보상의 징수를 허락하지 않는다. 이는 자신의 보호 및 집행 보험증권을 구입한 사람들에게만 보호와 집행의 서비스를 제공한다. 보호계약을 체결하지 않는 사람들은 이로부터 보호를 받지 못한다.」[249]

노직의 자유지상주의는 아담 스미스의 자유주의 + 존 로크의 소유권 사상

엄밀하게 볼 때 노직의 정치철학은 아담 스미스의 자유주의 사상인 '보이지 않는 손'과 로크의 재산소유권 사상을 기초로 형성된 철학사상이다. 자연 상태에서 개인은 자

---

249) 로버트 노직, 남경희 옮김, 『아나키에서 유토피아로』(문학과 지성사, 2005), 49쪽.

연법의 경계 안에서 타인에게 전혀 의존하지 않고 자신들의 행위를 스스로 결정하고 자신의 소유물을 처분할 수 있는 완전한 자유의 상태에 속해 있다. 그리하여 노직은 철저한 개인주의, 즉 자유주의에 기초한 최소국가를 도덕적으로 정당한 유토피아로 규정하면서 한편으론 국가의 존재를 도덕적으로 부정하는 무정부주의를 비판하고 또 다른 한편으론 확대된 포괄적인 국가(extensive state), 즉 롤스의 복지국가를 비판한다.

「우리가 기술한 유토피아를 위한 골격은 최소국가와 같다. (중략) 최소국가는 도덕적으로 정당화되며 도덕적으로 용인되는 유일한 국가이다. 더 이상의 포괄적인 국가는 개인의 권리를 침해할 것이다. (중략) 최소국가는 우리를 불가침의 개인들로 취급한다. 즉 우리는 이 국가 안에서 도구나 수단이나 자원으로 타인에 의해 어떤 방법으로도 이용될 수 없다. 최소국가는 우리를 존엄성을 가진 개인적 권리들의 소유자인 인격으로 취급한다.」250)

노직은 개인의 자유와 소유권에 대한 자유의 가치가 철저하게 보장되는 사회가 정의롭다고 주장한다. 따라서 국가의 역할도 최소국가일 때 도덕적으로 정당화될 수 있다는 생각을 갖는다. 그런 의미에서 노직은 현대국가의 행위 가운데 상당수가 위법이며 개인의 자유를 침해하는 행위251)라고 역설한다. 국가가 최소국가 이상의 기능을 수행한다면, 특히 국가가 재분배의 기능을 수행한다면 부도덕한 행

---

250) 로버트 노직, 남경희 옮김, 앞의 책, 408쪽.
251) 마이클 샌델, 이창신 옮김, 앞의 책, 89쪽.

위에서 벗어날 수 없다는 것이 노직의 생각이다.

현재 미국 상위 1%의 부자들이 미국 전체 부의 1/3을 소유하는데 이는 하위 90%에 해당하는 미국 사람들의 부를 모두 합친 것보다 많다[252]는 사실에 대해 노직은 그들의 부의 원천이 정당하고 시장의 자유로운 선택과 교환기능을 통해 합당하게 벌어들인 소득이라면 문제될 게 없다는 견해를 피력한다. 결국 노직의 정의론은 개인의 권리, 특히 개인의 소유권을 절대시하는 자유지상주의 정치철학임을 알 수 있다.

노직의 자유지상주의 철학사상이 갖는 사회철학사적 의의는 무엇보다 소수집단의 권리보호와 자유주의 국가의 철학적 기초를 놓은 데에 있다. 노직은 1974년『아나키에서 유토피아로』를 출간하면서 많은 논란과 주목을 받았는데 그의 이론의 중요한 특징 가운데 하나는 개인의 권리를 극대화하면서 자유주의 국가를 이론적으로 정당화하였고 나아가 소수집단의 권리를 보호하는 문제에서 이론적 구성의 정당성을 부여해 주었다는 점에 있다.

4 롤스의 공정으로서의 정의와 차등의 원칙

롤스 : 평등을 지향한 자유주의 정치철학자

존 롤스(J. Rawls)는 평생을 '정의'라는 하나의 주제를

---

252) 마이클 샌델, 이창신 옮김, 앞의 책, 87쪽.

존 롤스
'공정으로서의 정의'를 부르짖은 20C 탁월한 정치철학자. 그의 『정의론』(1971)은 양심적 병역거부, 시민불복종 이론 등 자유주의적 평등주의를 추구한 20C 정치철학의 고전으로 통한다.

깊이 연구한 철학자다. 롤스는 자유주의 사상을 바탕으로 공동체적 가치를 추구한 자유주의적 공화주의자로서 그의 『정의론』(1971)은 20C 정치철학의 고전으로 회자된다.

롤스와는 달리 사회정의라는 개념 자체를 부정했던 자유주의 경제학자 프리드리히 하이에크는 사회정의를 추구하는 것 자체를 망상이라고 비난하였다. 그런 연유인지 1950~60년대 철학자의 탐구주제는 사회정의와는 거리가 멀었고 기껏해야 사회복지의 문제 내지 공리주의 철학이 지배적이었다.

평등을 지향하는 자유주의 정치철학자 존 롤스는 그런 시대 분위기를 뚫고 역작, 『공정으로서의 정의』(1958)를 발간한다. 이후 롤스는 아담 스미스의 자유주의 사상과 로크, 루소의 사회계약설, 그리고 칸트의 정언명법을 근간으로 공리주의 철학을 비판하면서 정의에 대한 철학적 탐색을 심도 있게 진행한다.

1971년 발간된 『정의론』은 그런 철학적 성찰의 결실이자 정치철학 부문에서 고전의 반열에 오른 뛰어난 이론서이다. 롤스는 『정의론』에서 '시민불복종 행위'와 '양심에 따른 거부 행위'를 옹호하면서 시민불복종 행위의 공공적 성격과 비폭력적 특징을 거론한다.[253]

---

253) 존 롤스, 황경식 옮김, 『정의론』 (이학사, 2006), 477쪽.

정의는 도덕적 선(善)이 아닌 공정한 절차

롤스는 정의를 '공정으로서의 정의'라고 생각했다. 정의의 기초는 절대적 가치로서의 도덕적 선이 아니라 공정한 절차라는 계약을 통한 공정함(fairness)이라고 역설한다. 사회구성원들이 게임의 룰을 합의(계약)를 통해 정하고 이러한 합의(계약)에 기초하여 게임이 이루어졌다면 게임의 결과에 대해선 사회구성원 모두 승복한다는 이론이다. 롤스는 이를 순수한 절차적 정의라는 관점에서 공정한 분할의 가장 간단한 예로 '케이크 자르기'를 제시한다. 「공정한 분할이 동등한 분할이라고 한다면 도대체 어떤 절차가 이런 결과를 가져올 것인가? 전문적인 방법을 제외하면 분명한 해결책은 어떤 한 사람이 케이크를 자르고 다른 사람들이 그보다 먼저 케이크를 집어 가게 한 후 그는 가장 나중의 조각을 갖는 것이다. 이 경우 그는 케이크를 똑같이 자를 것인데 왜냐하면 그렇게 해야 자신에게도 가능한 최대의 몫이 보장되기 때문이다.」[254]

사회적 합의를 거친 절차의 공정함은 사회정의의 기초가 된다는 롤스의 『정의론』은 절차적 민주주의의 이론적 근간이 되었다. 롤스는 공정으로서의 절차적 정의라는 관점에서 정의의 원칙들을 도출해 내고 이들 원칙들은 사회 안에 반드시 확립되어야 한다고 강조한다. 롤스가 도출해낸 정의의 원칙들은 다음과 같다.

첫째, 평등한 자유의 원칙이다. 이는 타인의 자유와 모순

---

254) 존 롤스, 황경식 옮김, 앞의 책, 135쪽.

되지 않고 그들에게 피해를 주지 않는 한, 사회구성원 누구나 예외 없이 그리고 최대한의 기본적 자유를 평등하게 누릴 수 있도록 보장하는 원칙을 일컫는다. 정의로운 사회가 되기 위한 첫 번째 조건이기도 하다. 언론의 자유, 집회·결사·표현의 자유, 정치적 기본권의 자유, 사상·양심의 자유 등 기본적 권리를 모든 구성원이 최대한 평등하게 누릴 수 있는 사회이다.

둘째, 기회균등의 원칙이다. 자신의 재능을 펼칠 수 있는 기회가 공정하게 부여되어야 하고 그러한 재능을 획득할 수 있는 기회 또한 공정하게 주어져야 한다. 특정한 지위나 직책에 오르는 데 정당화될 수 없는 불평등이 존재하지 않는 사회가 정의로운 사회이다.

롤스의 차등의 원칙 : 복지국가의 이론적 기초

셋째 '차등의 원칙'이다. 이는 사회상층과 최소수혜계층 간에 격차를 두어 차별적으로 불평등하게 대하는 것이 오히려 정의롭다는 '격차의 원칙'이다.

롤스의 『정의론』 가운데 가장 인상적인 내용으로 현대국가의 복지 사회적 성격을 이론적으로 뒷받침한 부분이다. 사회구성원 가운데 최소수혜계층에게 가장 우선적으로 최대의 혜택을 줄 수 있어야 정의로운 사회가 될 수 있다는 원칙은 사회경제적 약자를 배려한 정책으로 사회주의적 요소이다.

대학입시에서 기회균형 전형이나 농어촌 전형, 사회적 배려대상 전형 등이 차등의 원칙이 적용된 사례라고 볼 수 있고 주차 공간이나 지하철 엘리베이터, 장애인 전용 화장실 및 기타 사회활동에서 장애인 우대 정책, 저소득계층에 대한 학비감면 정책 등이 모두 차등의 원칙에 입각한 정책의 결과라고 할 수 있다. 사회경제적으로 유리한 위치에서 살아가는 사람들은 자신들의 유리한 지위와 조건을 불리한 위치에서 살아가는 사람들의 지위와 조건을 개선하는 데 기여할 수 있는 한에서 자신들의 유리한 위치를 정당화할 수 있다고 롤스는 강변한다.

롤스의 사상 = 자유주의 + 사회주의, 현대 복지국가의 이론적 토대 구축

그런 점에서 롤스의 사상은 자유주의자보다는 왼쪽으로 기울고 사회주의자보다는 오른쪽으로 기울어진 특징을 보이는데 자유지상주의 철학을 대표하는 로버트 노직과 공화주의(평등주의) 철학을 대표하는 마이클 샌델, 양쪽 모두로부터 비판을 면할 수 없었다. 공동체 내에서 갈등의 원인이 사회적 기본가치, 즉 자유, 권리, 기회, 소득, 자존감, 부(富) 등 살아가면서 삶의 목표를 더욱 성공적으로 성취하는 데 필요하다고 생각되는 기본 가치들을 공정하게 배분하는 문제에서 비롯되는 만큼 롤스는 공정한 분배의 원칙을 수립하는 것을 철학의 목표로 삼았다.

여기서 롤스는 정의의 세 가지 원칙 가운데 정의의 제1원칙인 평등한 자유의 원칙이 가장 우선되는 원칙이 되어야 한다고 주장한다. 즉 정치적 자유가 경제적 정의보다 우선되는 정의의 원칙이라는 생각이다. 다음으로 공정한 기회의 원칙, 그리고 마지막으로 차등의 원칙이 순차적으로 충족되어야 한다고 주장하였다. 롤스에 따르면 자유를 합법적으로 제한할 수 있는 유일한 경우는 극심한 궁핍의 시기뿐이고 그러한 경우가 아니라면 기본적 자유가 경제적 이익보다 더 중요하다고 보았다.[255]

이러한 정의의 원칙을 도출하기 위해 롤스는 현실 사회의 복잡한 이해관계를 전혀 고려하지 않는 '원초적 상태'를 가정한다. 원초적 상태는 로크, 루소의 사회계약설에 나오는 자연상태를 연상시키는데 원초적 상태의 각 개인은 타인에 대해 상호무관심한 존재로 묘사된다. 즉, 사회 구성원은 자기 자신뿐만 아니라 서로에 대해 무지하고 무관심한 존재로 설정된다. 롤스는 이를 '무지의 베일(veil of Ignorance)'에 둘러싸인 가상적 상황으로 설명한다.

「무엇보다도 각자는 사회에서 자기의 지위나 계층을 모르며 천부적 자산과 능력, 지능과 체력, 기타 등등을 어떻게 타고 나는지 자신의 운수를 모른다. 또한 누구든지 선에 대한 자신의 생각, 자신의 합리적 인생 계획의 세목을 알지 못하며, 또는 심지어 모험을 몹시 싫어한다든가, 비관적 혹은 낙관적인 경향과 같은 자기 자신의 심리적인 특징까지도 모른다고 가정한다.」[256]

‖ 참고 ‖ '원초적 상태'
서로에게 무관심한 합리적 당사자들이 분배원칙에 대한 계약을 입

---

255) 팀 크레인 외, 강유원 역, 앞의 책, 684쪽.
256) 존 롤스, 황경식 옮김, 앞의 책, 196쪽.

안할 때 무지의 베일에 둘러싸인 원초적인 처지를 가리키는 용어.

롤스의 사상은 현대사회에서 시장이 갖는 장점, 즉 경쟁과 효율성의 가치를 존중하되 시장이 자초한 부의 불평등과 빈부격차라는 자유주의의 한계를 사회주의적 요소로 치유하려 한 측면에서 '평등을 지향한 자유주의 철학'임이 분명하다. 롤스의 사상은 무엇보다 현대사회가 복지국가의 성격을 갖추도록 정의에 대한 철학적 성찰을 통해 이론적 토대를 구축한 점에 의의가 있다.

5 샌델의 공동체주의

샌델의 정의 : 자유와 행복 그리고 공동체의 미덕이 살아있는 사회

마이클 샌델(M. Sandel)은 정의를 희생, 봉사, 공동선에 헌신하는 태도 등 시민의 미덕과 연대의식 등 공동체적 가치로 인식한다. 즉 정의란 미덕을 키우고 공동선을 고민하는 것이다. 19C 공리주의자들처럼 공리성의 원칙에 따라 최대 다수의 최대 행복을 추구하는 것이 정의는 아니라고 비판한다. 공리주의자들은 정의와 권리를 도덕적 원칙이 아닌 계산의 문제로 치환해 버리고 인간 행위의 가치를 수량화시킴으로써 인간 행위의 가치들 사이에 질적인 차이를 전혀 고려하지 않기 때문이다.

마이클 샌델
공화주의적 공동체주의 정치철학자로 하버드대 정치철학교수. 로버트 노직, 존 롤스보다 훨씬 진보적인 정의 이론을 내세웠다. 한국을 방문한 2012년 6월 3일 박원순 서울 시장과 함께 2009년 쌍용차 사태 이후 22명이 자살한 쌍용자동차 해고노동자의 합동분향소를 찾아 마음으로 위로하기도 하였다.

샌델은 선택의 자유를 확보하고 이를 존중해 주는 것이 정의라고 하는 견해를 비판한다. 노직의 자유지상주의 견해이든 롤스의 자유주의적 공동체주의 견해이든 오류를 담고 있다고 비판한다. 능력과 성과, 그리고 노력이 진정으로 자신의 것인지에 대해 의문을 제기하며 자유지상주의자들의 정의론에 비판의 칼날을 들이댄다.

나아가 재분배를 옹호하는 자유주의적 평등주의자의 관점도 비판한다. 원초적 상태에서 이루어진 가언적 사회계약을 근거로 하기 때문이다. 롤스는 자유주의적 평등주의 관점에서 정의를 분배의 문제로만 바라보았지만 샌델은 분배의 문제이자 올바른 가치 측정의 문제로서 정의를 바라보았기에 그들의 정의를 비판한다.

샌델은 시장의 도덕적 한계를 지적하고 이를 공론화할 것을 강조한다. 시장이 갖는 유용성, 즉 생산 활동을 조직하는 데 시장은 훌륭한 도구이다. 그러나 사회적 행위를 시장에 맡기면 그 행위를 규정하는 규범은 타락하거나 질이 떨어질 수 있다고 다음과 같이 항변한다.

「우리 시대 두드러진 성향 가운데 하나는 시장과 시장친화적 사고가 시장과는 거리가 먼 기준의 지배를 받던 전통적 삶의 영역까지 파고든다는 점이다. 이를테면 국가가 병역이나 죄수를 민간도급업체나 별도 인력을 고용해 맡길 때, 부모가 개발도상국가 사람들에게 돈을 주고 임신과 출산을 의뢰할 때, 콩팥을 공개시장에서 사고팔 때… (중략) … 학업 성취도가 부진한 학교에 다니는 학생들이 표준화된 시험에서 좋은 성적을 낼 경우 상금으로 포상을 해야 하는가? 학생들의 시험 성적이 올라갔다면 교사가 보너스를 받아야 하는가? 국가는 이익을 추구하는 기업에 재소자 수용을 맡겨야 하는가? 미국은 시카고대학 경제학자의 제안을 받아들여 미국 시민권을 10만 달러에 파는 방법으로 외국인 이민 정책을 단순화해야 하는가?」257)

샌델은 2009년 출간한 저서『정의란 무엇인가』를 통해 공동체주의(공화주의) 정치철학자로서 정의의 세 가지 충족 요건으로 자유와 행복 그리고 미덕을 제시한다.

1. 사회구성원 각각의 자유를 보장할 수 있는가?
2. 사회구성원의 행복에 도움을 줄 수 있는가?
3. 사회에 좋은 영향을 끼치고 있는가?

미국 사회 병리현상의 원인 : 원자화된 개인주의, 자유주의

샌델은 노직의 자유지상주의, 벤담의 공리주의, 롤스의 자유주의적 공동체주의, 그리고 신자유주의 각각이 안고 있는 문제점을 분석적으로 날카롭게 비판한다. 결국 샌델은 미국 사회에 만연해 있는 모든 사회병리현상의 원인을 개인주의, 바로 자유주의에서 찾는다. 그리하여 추상적이고 독립적인 원자화된 개인주의를 비판하고 사회공동체적 개인, 즉 연고적 자아를 지닌 개인으로 재구성할 것을 역설한다.

---

257) 마이클 샌델, 이창신 옮김, 앞의 책, 366쪽.

샌델이 소망하는 정의로운 사회는 봉사와 희생, 연대의 식 등 시민의 미덕이 가르쳐지고 길러지는 사회이다. 정의로운 사회가 지향하는 궁극적인 목표는 공동선의 정치, 바로 도덕에 기초한 정치가 행해짐으로써 시민의 미덕이 공동체에 가득하여 시민 모두 좋은 삶이 실현된 상태이다.

6 정의를 갈망하는 한국 사회

한국의 투명성 지수는 OECD 평균에도 못 미쳐

한국 국민의 70%가 법을 지키면 손해를 본다고 생각한다. 이러한 현상은 통치기제로서 '법' 자체가 지배 계층 및 지배 권력의 통치도구일 뿐이라는 생각이 지배적인 데 원인이 있겠지만, 그만큼 한국 사회가 불공정한 사회임을 스스로 드러낸 통계수치라고 볼 수 있다. 2010년 「국제투명성기구」에서 발표한 각국의 부패지수에서 한국은 OECD 평균(7점)에도 못 미치는 5.4점에 그쳤다.

10점 만점에 10점에 가까울수록 청렴하고 공정한 사회라고 할 수 있는데 한국은 칠레, 우루과이, 부탄보다 하위인 39위를 기록했다. 10위권 내 국가들은 대부분 사회민주주의 이념을 중시하는 북서유럽 국가들로서 덴마크(9.3점 1위), 스웨덴, 핀란드(9.2점 공동4위), 네덜란드(8.8점 7위), 노르웨이(8.6점 10위) 등이 그들 국가에 해당한다. 자유민주주의 이념의 대부격인 미국은 22위에 머물렀다. 사회민주주의 이념을 표방한 국가들이 단연 청렴성과 공정성에서 앞서는 대목이다.

2012년 6월 월스트리트 저널의 보도에 따르면 '자신이 살고 있는 사회가 공정한가'라는 질문에 한국 국민의 38%만 '그렇다'고 답했다. 미국은 74%의 국민들이 미국사회가 '공정하다'고 응답했다. 또한 '정부가 나서서 사회경제적으로 불공정한 상황을 치유해야 한다'고 답변한 비율은 한국이 93%인 반면, 미국은 56%에 그쳤다.[258] 적어도 한국 국민 절대 다수는 자신이 하루하루 숨 쉬며 살아가는 한국 사회가 공정하지 않다고 느낀다.

전 세계 부패지수를 측정하여 발표하는 비정부 민간기구인 「국제투명성기구」가 발족된 이후 한국은 4.29점(1995년), 4.00점(2000년), 5.4점(2010년)으로 계속 조금씩 나아지고 있지만 선진국 점수대인 7점대엔 한참 미치질 못한다. 우리나라보다 훨씬 가난한 칠레, 우루과이보다 부패지수가 높고 투명성지수가 낮다는 것은 많은 점을 시사한다.

한국 사회는 과연 정의로운 사회인가라는 질문은 곧 한국 사회에서 시민 스스로 자기존중의 사회적 태도가 형성되어 시민들의 권리와 의무, 그리고 부와 소득, 권력과 기회 등을 얼마나 공정하게 배분하고 있는가의 문제이다. 마이클 샌델의 표현대로 공정한 사회는 이러한 사회적 재

---

258) 이정환, 「정의란 무엇인가, 왜 우리나라에서만 인기일까?」, 『미디어 오늘』 2012. 6. 8.

화와 기본가치들을 공정하게 분배하는 사회이다.[259]

마이클 샌델의 『정의란 무엇인가』가 발간된 해가 2009년이고 한국 사회에서 출간된 것은 2010년 5월인데 2011년 4월까지 근 1년 만에 한국 사회에서만 100만 부가 넘게 팔렸다. 마이클 샌델의 조국인 미국을 비롯한 영미권에선 고작 10만 권도 팔리질 않았는데 유독 한국에선 2012년 현재 130만 권이, 일본에선 60만 권이 넘게 독자를 확보하여 명실상부하게 베스트셀러를 넘어서 밀리언셀러가 되었다. 왜 유독 한국과 일본일까? 일본의 국제투명성지수가 미국보다 높다는 사실은 현상을 이해하기 더욱 어렵게 만든다.

일본은 제쳐두고 우리나라 현상에만 국한해서 생각해 보자. 국가든 기업이든 투명성과 공정성을 확보하는 것은 국가신뢰도와 경쟁력을 높이는 지름길이기도 하지만 인간의 얼굴을 한 사회로 가는 지름길이다. 그리고 그것은 우리가 후손들에게 물려줄 가장 위대한 유산이기도 하다. 한국 사회가 샌델의 『정의란 무엇인가』에 그렇게 열광하는 이유는 일면 사회경제적인 데 원인이 있다.

한국 사회 압축근대는 부패구조와 밀접한 관련을 맺다

한국 사회에서 수십 년 동안 지속된 정부의 정경유착 내지 기업프렌들리 정책에 따른 윤리의식의 실종이나 검찰 등 법집행기관의 스캔들에 따른 공정성의 결여, 그리고

---

259) 마이클 샌델, 이창신 옮김, 앞의 책, 33쪽.

상류 고위층의 관행적 부패 등이 그런 열광적인 현상을 불러왔다고 단순하게 진단할 수는 없다. 그런 부패유형은 다른 나라에서도 얼마든지 발견되는 현상이기 때문이다. 문학 소설도 아니고 이해하기 난해한 인문학 분야의 철학서적이 1년도 안 돼 100만 권을 돌파하는 신화를 남긴 데에는 갈등 상황을 연상시키는 수많은 예화 등 훌륭한 기술방식도 있었지만 '압축근대'라는 한국 사회의 초고속 경제성장도 중요한 시대배경이 되었다고 생각한다. 프랑크푸르트학파의 마지막 생존자 위르겐 하버마스는 한국 사회가 '전근대 사회-근대 사회-탈근대 사회'로 변모하는 데 걸린 기간이 30년 정도에 지나지 않았다고 격찬하면서, 전 세계에서 가장 짧은 기간 안에 성장과 변동을 이룩한 유일한 국가라고 평가한 적이 있다. 이러한 압축근대화 과정은 한국 사회에 물질적 고도성장과 함께 정신적 지체 현상을 발생시킬 수 있는 환경을 낳았다. 대량산업사회의 문제점 가운데 하나인 신속화 현상(빨리빨리 현상)은 절차를 생략한 채 결과를 중시하는 풍조를 만연하게 하였고 이는 곧 한국 사회의 부패구조와 깊은 관련을 맺는다.

그러나 무엇보다 한국 사회가 샌델의『정의란 무엇인가』에 열광하고 공정성에 대한 욕구가 급격히 분출하는 현상의 원인은 다분히 역사적인 데 있다고 생각한다. 한국 사회는 친일반민족 행위자들을 단죄한 적이 없는 사회이다. 오히려 이승만 정권이 폭력으로 해체시킨「반민특위」의 좌절로 친일반민족 세력은 친미반공주의 세력으로 발 빠

김상덕 반민특위 위원장
1919년 2·8독립선언의 주역이자 일제 치하 한 국독립군 참모, 중경 임시정부 국무위원 등을 지닌 독립운동가. 해방 후 악질적인 친일반민족 행위자를 처벌하는 데 앞장섰으나 이승만의 방해 책동으로 역사 청산이 좌절되었다.

르게 변신하였고 박정희 군사독재정권에 기생하여 반통일 분단세력으로 화려한 변신을 거듭하였다. 그들은 역사의 단죄를 받기는커녕 한국 사회 지배계층으로 군림하면서 국가사회 도덕과 정의의 가치를 심각하게 훼손시켰다.

해방 후 독립운동가들의 후손은 이승만, 박정희 정권 아래에서 신산한 삶을 이어갈 수밖에 없었다. 독립지사의 후손들은 대접을 받기보다는 자신이 독립운동가의 후손임을 스스로 숨기는 경우도 있었다. 일제 치하 3·1 독립운동의 전초가 되는 도쿄 2·8 독립선언을 주도하고 의열단원 및 상해임시정부 문화부장을 지낸 김상덕의 삶과 죽음, 그리고 후손들의 고난에 찬 삶은 그런 사례 중 빙산의 일각에 지나지 않는다.

「남한에 남겨진 김상덕의 자녀들은 천애의 고아신세가 되고 말았다. 독립운동가의 후손들의 삶이 대부분 그렇듯이 김상덕 자녀들이 겪은 고통은 다른 유족들에 비해 더하면 더 했지 덜하진 않았다. 독립운동가 후손 중에서도 선대가 해방 뒤에 이승만·박정희 정권과 대치했던 경우는 특히 고난이 심했다.」[260]

해방 후 반민특위의 좌절은 한국 사회에서 정의가 실종되는 역사적 단초
김상덕은 이승만 정권 당시 「반민족행위 특별조사위원회」 약칭 반민특위)의 위원장이었다. 반민특위의 조직과 활동

---

260) 김삼웅, 『김상덕 평전』(책으로 보는 세상, 2011), 307쪽.

은 일제에 의해 왜곡된 민족정기를 되살리고 신생국가의 사회정의를 바로 세울 수 있는 절호의 기회이자 해방 후 최대의 역사적 과제였다. 그러나 이승만은 국회에서 친일파 숙청안이 가결되었다는 소식을 듣고 내무장관 윤치영을 불러 "그 자들이 너무 설쳐대니 정부는 정부대로 대책을 세우라"고 지시하며 방해 책동을 벌였다.[261]

결국 이승만 친일정권(친일반민족 세력)에 의해 반민특위는 빨갱이 내지 김일성 앞잡이로 몰리면서 폭력적으로 해체되었고 그런 결과 해방 후 제1공화국의 지배계층은 친일반민족 세력 일색이 되었다. 장관, 검찰, 경찰, 언론, 학계, 예술계 할 것 없이 모두 친일반민족 행위자들이 국가의 요직을 차지하였다. 돌아보면 정부가 수립되고 한국 사회가 출발하는 그 시점에서 도덕과 정의가 곤두박질치고 기회주의와 변신이 활개 치는 정말로 피가 거꾸로 솟구치는 역사적 경험을 한 것이다.

그런 연유로 한국 사회는 이후 군사독재세력에게 단 한 번도 죄를 물은 적도 없다. 역사는 비록 거칠게 소용돌이치더라도 한 번쯤은 정화되어 맑게 흘러가야 하는데 한국 사회는 일제 치하나 해방 후나 혼탁한 탁류처럼 100년 넘게 그렇게 흘러가고 있다. 그렇게 혼탁한 탁류 속에서는 반민족세력이 군사독재세력이 되고 다시 냉전세력으로 둔갑하여 세상을 더욱 어지럽게 할 뿐이다.

역사를 청산하지 않았는데 어떻게 한국 사회에 정의가 설

---

261) 김삼웅, 앞의 책, 235쪽.

수 있겠는가? 우리는 수십 년 동안 애국이 매국으로 매도되고, 매국이 애국으로 둔갑하는 혼탁한 시대를 살아왔다. 아직도 대한민국 한국사 교과서엔 진정한 독립운동가 김산이나 김상덕이 없다. 한국 사회는 정의가 실종된 역사교과서로 교육을 하며 사회부정의를 계속 재생산하고 있다. 잘못을 저지른 아이의 죄를 꾸짖고 반성하게 하듯이 이제 한국 사회도 과거사를 청산하는 과정에서 민족과 국가에 범죄를 저지른 세력들을 역사적으로 단죄하고 참회하게 해야 한다. 그리고 정말로 존경 받을 역사적 인물을 가르쳐야 한다. 그 길만이 우리의 후손들에게 물려줄 공정한 사회, 투명한 사회로 가는 위대한 유산이자 오늘을 사는 우리들의 과제이다.

백범 김구와 촬영 시 함께 한 김상덕 임시정부 요인들의 화계사 나들이 기념사진. 백범 김구 옆에 선 김상덕(앞줄 맨 오른쪽). 셋째 줄 오른쪽에서 두 번째 안경 낀 사람이 백범 김구의 비서 장준하.

9. 조선철학논쟁과 붕당정치의 상관성, 그리고 지식인의 길
-남인·북인·노론·소론의 철학적 명분과 지식인의 자세

1 조선철학논쟁의 성격

조선시대 철학논쟁은 인성논쟁이다

조선시대 철학논쟁은 중국 유학의 학풍 가운데 송나라 때 전성기를 발한 성리학에 대한 논쟁으로 일관한다. 따라서 조선시대 철학사는 성리학에 대한 논쟁의 역사이다. 조선시대 철학논쟁은 성리학 가운데서도 인간의 심성에 대한 논쟁, 바로 인성논쟁으로 일관한다.

유학사상은 학문적 경향성을 바탕으로 대개 다음과 같이 시대구분이 된다.

기원전 6C~4C 춘추전국시대 공자와 맹자의 사상인 원시유가사상, 그리고 B.C. 3C 말 진시황의 분서갱유 사건 이후 A.D. 9C 수 · 당나라 때까지 선진(先秦)시대 유학을 되새김질한 훈고학적 학풍이 있었다.

A.D. 10C~12C 북송시대-남송시대를 거쳐 주자에 의해 집대성된 철학으로서의 성리학과 A.D. 16C 명나라 때 왕수인에 의해 집대성된 심학(心學)으로서의 양명학, 그리고 18C~19C 청나라 때 실사구시의 학문적 경향을 보인 고증학이 그것이다.

회암 주희
12C 중국 유학을 철학의 반열에 끌어올리며 성리학을 집대성한 유가사상가. 주희는 11C 북송시대 주염계, 정이, 정호의 학설을 종합하고 불교와 도가사상을 비난하면서도 그들 사상의 영향을 받아들여 유학을 철학적 이론체계를 갖춘 '신유학'으로 정립한다. 그는 12C 당대에 인간의 마음(心)을 중시한 심학, 바로 양명학의 기초를 닦은 상산 육구연과 학문적 교류를 나누며 논쟁을 벌이기도 하였다.

조선 500년을 지배한 학문이자 사상은 성리학이다. 조선은 유교 국가로서 성리학을 통치이념으로 운영한 나라이다. 14C 고려 말에 고려를 무너뜨리고 조선을 건국하려는 신흥사대부들의 정신적 지주이자 왕(王) 씨에서 이(李) 씨로 역성(易姓)혁명 이념이었던 성리학은 조선시대 중기 이후 통치이념으로 자리를 잡기 시작한다. 적어도 17C 이후 조선 사회는 성리학적 통치 질서에 따라 사회질서가 편제된다.

조선 후기 사회에 이르면 양반 사대부들은 물론이고 백성들의 생활 구석구석까지 성리학의 지배를 받지 않는 영역이 없었다.

성리학은 통치이념이자 지배이데올로기로서, 그리고 생활이념으로서 조선 후기 사회를 관통한다. 그 성리학적 통치 질서의 중심에 노론이 있었고 17C 이후 노론일당주의는 20C 초 조선의 멸망까지 지속되었다.

인물성동이(人物性同異)논쟁은 노론 내부의 논쟁으로 심화되다

조선시대 철학논쟁 역시 그 시발점은 16C 서인과 남인의 논쟁으로 시작되는데 17C 말 서인이 노론과 소론으로 분

화되면서[262] 18C에 이르면 노론 내부의 논쟁으로 심화된다. 18C에 시작된 인물성동이논쟁은 바로 노론 내부의 논쟁으로서 19C 후반에 이르기까지 조선의 모든 지식인의 관심을 받으며 지속된다.[263]

「인성(人性)과 물성(物性)의 차이에 대한 본격적인 논의는 18C 초 권상하의 문하에서 시작된다고 할 수 있다. 권상하는 이이-김장생-송시열의 뒤를 잇는 기호학파(율곡학파, 노론)의 맥을 계승한 사람이다. 그 문하에는 인물성동이논쟁의 주역이 되는 이간과 한원진이 있었다.」[264] 실제로 인물성동이논쟁은 조선 후기 지식인 사회의 주요한 철학적 관심사이자 정치적으로는 노론 학통의 정통성을 확보하고자 한 호서 학계(한원진의 인물성이론, 호론)와 기호 학계(이간의 인물성동론, 낙론) 간의 대립 양상이라는 성격도 갖는다.[265]

성리학은 크게 우주론인 이기론, 그리고 심성론, 도덕적 수양이론인 거경궁리론, 사회개혁론인 경세론으로 구성된다. 이기론, 심성론, 거경궁리론, 경세론 가운데 조선시대 철학논쟁의 중심은 단연 심성론을 바탕으로 하는 인

---

262) 이덕일, 『송시열과 그들의 나라』(김영사, 2010), 326쪽.
  서인이 노론과 소론으로 갈리는 결정적 계기는 송시열(노론의 영수)과 제자 윤증(소론의 영수)의 결별에서 찾을 수 있지만 노론과 소론의 분열의 배경적 계기는 숙종 때 남인에 대한 처벌 과정에서 보인 견해 차이로 볼 수 있다.
263) 김형찬 외, 「인물성동이논쟁」, 『논쟁으로 보는 한국철학』(예문서원, 1996), 223쪽.
264) 김형찬 외, 앞의 책, 206쪽
265) http://yongin.grandculture.net/Contents/ 디저털용인문화대전에서 인용.

성논쟁이다. 따라서 조선시대 철학논쟁은 성리학적 논쟁이자 인성논쟁인 셈이다. 16C에 사단(四端)과 칠정(七情)의 근원이 같은지 다른지에 대해 퇴계 이황과 고봉 기대승의 사단칠정논쟁으로 시작된 사칠리기(四七理氣)논쟁, 인심도심(人心道心)논쟁266) 그리고 송시열의 제자인 권상하의 문하에서 이루어진 18C 인물성동이267)논쟁이 바로 조선철학논쟁의 성격을 특징짓는다.

기대승의 빙월당
조선시대 최초 철학논쟁인 사단칠정논쟁에서 당대의 거유인 퇴계 이황의 빈약한 논리를 조목조목 반박하며 퇴계의 관념론을 비판한 고봉 기대승의 빙월당. 빙월당은 고봉 기대승을 배양한 월봉서원에 있는 강당을 가리킨다. 지방기념물 제9호(광주광역시 광산구 광산동 소재).

2 사단칠정논쟁과 붕당의 상관성

사단칠정논쟁은 붕당정치의 사상적 기초

조선시대 철학논쟁은 사단칠정논쟁으로 시작한다. 사단성리학을 넘어서서 새로운 경지에 다다른다. 중국 성리학이 이(理)와 기(氣)의 관계를 '이기불상리(理氣不相離),

---

266) 이황과 이이 간의 논쟁에서 이황이 인심은 칠정이 되고 도심은 사단이 된다고 생각하여 인심을 인욕처럼 나쁘게 표현한 반면, 이이는 도심이 사단인 것은 맞지만 칠정엔 인심과 도심이 함께 있다고 주장하였다. 이 논쟁은 사단칠정논쟁과 함께 진행되었다.

267) 인물성동이(人物性同異)논쟁은 노론의 태두인 율곡의 인물성동론(人物性同論)에 대해 18C 노론의 후예들이 벌인 논쟁으로 인간의 본성과 사물의 본성이 같은지 아니면 다른지에 대한 논쟁이다. 논쟁 주체의 거주지역을 중심으로 일명 호락(湖洛)논쟁이라고도 한다.

이기불상잡(理氣不相雜)'[268]으로 주자가 정리한 것에 대해 조선의 성리학적 논쟁은 중국의 학문적 수준을 뛰어넘는 것이었다.

그러나 조선시대 성리학은 중국과 달리 일정한 한계를 지닌 채 전개되었다. 즉 중국처럼 성리학 발생의 전제 조건이 되는 자연과학의 발달이나 경제적 토대 등 사회경제적 조건이 충분히 성숙하지 않은 상황에서 전개되었다. 조선에서 성리학은 불교를 대체하는 통치이념으로서 받아들여졌고 이를 중시했던 신진 사대부들은 성리학을 일종의 정치이데올로기로서 현실에 적용하였다.[269]

성리학이 정치세력의 이념적 도구로 변질되는 과정에 조선철학논쟁인 사단칠정논쟁이 존재한다. 즉, 16C 사단칠정논쟁에서 인심도심논쟁으로 그리고 다시 18C 인물성동이논쟁으로 심화되는 성리학적 논쟁의 과정에 그 논쟁의 주체세력으로 붕당정치가 존재한다. 붕당정치는 조선의 정치세력으로 기능하면서 자신들의 당파적 이익을 관철시키는 과정에서 철학적 명분을 축적한다. 사단칠정논쟁 등 조선철학논쟁도 그런 당파적 이해관계가 철학적으로 표현된 것에 지나지 않는다.

---

268) 주자의 표현으로 이(理)와 기(氣)의 관계에 대해 모호한 태도를 보였는 바, 이는 조선 사회에 또 다른 논쟁의 불씨로 작용하였다.

269) 전호근 외, 「사칠리기논쟁」, 『논쟁으로 보는 한국철학』 (예문서원, 1996), 151쪽.

북인 = 남명학파 : 조선철학논쟁은 공리공담, 실천궁행
의 학문 지향

요컨대 사단과 칠정의 근원을 이원적으로 보는 이기이원
론적 입장은 퇴계 이황을 태두로 하는 남인들의 철학적
명분이 된다. 그런가 하면 기의 경험적 세계를 중시하며
다분히 관념론적 성격이 짙었던 이기이원론에 대항하여
일원론적 이기일원론의 입장을 견지한 당파가 율곡을 태
두로 하는 노론세력이다.

우계 성혼을 태두로 하는 소론의 당파적 입장은 노론과
달리 퇴계의 학설을 지지하는 학문적 유연성을 보인다.
다만 소론은 조선시대 성리학이 지배하던 시기에 양명학
을 연구했던 당파이다.

마지막으로 남명 조식을 태두로 하는 북인들은 당시의 철
학논쟁을 공리공담으로 비판하며 실천궁행의 학문을 추
구했다.

16C 논쟁의 발단은 추만 정지운의 『천명도설(天命圖說)』
을 이황이 수정하면서 비롯된다. 정지운은 본래 퇴계의
제자였는데 동생 정지림을 위해 『천명도설(天命圖說)』을
썼고 이를 스승인 퇴계 이황에게 감수 의뢰하였다.

이황은 '사단(四端)은 이(理)에서 발한 것이고 칠정(七情)
은 기(氣)에서 발한 것(四端發於理, 七情發於氣)'이라는
정지운의 생각에 대해 '사단은 리가 발한 것이고 칠정은
기가 발한 것(四端理之發 七情氣之發)'이라고 정정해 주
었다. 이에 대해 16C 전반 학자들 간 논쟁이 계속 심화되
었다.

퇴계 이황의 동상
16C 조선사회에서 경상좌도 학맥을 주도한 퇴계 이황의 동상(서울 남산 소재).

남인의 태두 : 퇴계의 이기호발설 ↔ 고봉의 이기공발설의 대립

16C 퇴계 이황은 이(理)와 기(氣)의 관계에 대해 장수와 졸병의 관계로 설명한다. 즉 기(氣)는 이(理)의 지시와 명령에 따라 움직이는 것으로 기(氣) 자체의 주체성 내지 능동성을 인정하지 않았다. 또한 이(理)의 세계는 본연의 세계로서 기(氣)의 세계와 근원이 다르다고 생각하였다. 이를 '이기호발설(理氣互發說)'이라고 한다. 반면 고봉 기대승은 이(理)와 기(氣)의 관계를 관념적으론 구분할 수 있을지언정 실제 마음의 작용에서는 사단과 칠정을 구분할 수 없다고 생각하여 이기이원론적인 퇴계의 학설을 비판하며 '이기공발설(理氣共發說)'을 주장하였다.

한때 퇴계의 문하에서 공부했던 기대승은 『천명도설(天命圖說)』이 제작된 지 6년이 지나서 퇴계 이황의 편지를 받고 이황의 학설을 비판하는 편지를 보낸다. 바로 「고봉상퇴계 사단칠정설(高峯上退溪 四端七情說)」이 바로 그것이다. 이로써 각각 세 번씩 비판-재비판의 편지를 주고받으며 6통의 편지가 오가는데 장장 8년 간에 걸친 사단칠정 1차 논쟁의 서막이 시작된다. 사단칠정 1차 논쟁은 퇴계 이황과 고봉 기대승 간의 논쟁이기에 퇴고논쟁이라 불린다.

고봉 기대승은 당시 32세의 젊은 학자였고 퇴계 이황은 59세로 이 논쟁이 끝나고 몇 년 뒤 69세로 타계한다. 이

황은 사칠리기논쟁이 본격적으로 시작되기 전에 기대승에게 편지를 보낸다. 편지 내용 가운데 이황은 사단의 발(發)은 순리이기 때문에 선하지 않음이 없고 칠정의 발은 기를 겸하였으므로 선악이 있다고 주장하며 문제를 마무리하려고 하였다. 이에 기대승은 이황의 생각 가운데 사단은 이(理)에서 발하여 선만 있고 칠정은 기(氣)에서 발하여 선도 있고 악도 있다는 이황의 학설을 반박한다.

기대승 : 이와 기는 관념적으론 구분되나 현실에서는 뒤섞여 구분하기 어렵다

기대승은 첫 번째 편지에서 이(理)는 기(氣)의 주재(主宰)이고 기는 이의 재료이기에 이 둘은 서로 구분됨이 있지만 사물에 나타날 때는 뒤섞여 있어 구분할 수 없다고 비판하였다.

「인심(人心)이 아직 발하지 않은 것(미발 未發)을 성(性)이라 하고 이미 발한 것을 정(情)이라 한다. 사단과 칠정의 구별은 자사(子思)와 맹자가 말하고자 하는 의도의 차이에서 생긴 것이지 원래 칠정 외에 사단이 따로 있는 것이 아니다. (중략) 이(理)는 기(氣)의 주재(主宰)이고 기는 이의 재료이기에 이 둘은 서로 구분됨이 있지만 사물에 나타날 때는 뒤섞여 있어 구분할 수 없다.」270)

사단칠정 1차 논쟁, 즉 퇴고논쟁은 이황이 자신의 생각을 일부 수정하면서 일단락된다. 퇴계의 학통은 경상좌도의

270) 전호근 외, 앞의 책, 157쪽.

학맥을 이어가며 퇴계학파(영남학파)를 이루고 붕당 가운데 남인의 정신적 지주가 된다. 남인 세력은 조선 후기 사회에서 노론과의 권력투쟁 끝에 일시적으로 정권을 잡기도 하지만 대부분 중앙정치에서 배제된 뒤 성리학에 맞서 실학이라는 새로운 유학의 학풍을 일구며 두각을 나타낸다.

노론의 출발점, 율곡 이이 : 기발이승일도설(氣發理乘一途說), 학문적 경직성

퇴계 사후, 율곡 이이는 퇴계의 학설, 이기호발설 가운데 이발이기수지(理發而氣隨之)는 틀렸고 기발이이승지(氣發而理乘之)만 옳다고 비판하였다. 율곡은 '주자라 할지라도 이기호발을 주장하면 역시 오류'[271]라고 하면서 퇴계의 이기호발설을 비판하였다. 율곡의 학설을 '기발이승일도설(氣發理乘一途說)'이라고 칭하는데 '오직 기(氣)가 발하고 이(理)가 타는 그 한 가지 길밖에 없다'는 단호한 태도를 보였다. 율곡은 퇴계를 만난 적은 있지만 큰 나이 차이 때문에 논쟁을 벌인 적은 없다. 퇴계 이황은 이(理)의 세계를 중시한 데 대해 율곡 이이는 경험적 세계인 기(氣)의 세계를 중시하였다. 따라서 관념론적인 성격을 보인 이황보다 율곡의 경험론적 사유체계는 훨씬 현실적인 성격을 띰으로써 조선 후기 실학의 모태가 되기도 한다.

---

271) 이준모 외, 『조선철학사 연구』(광주, 1988), 137쪽

소론의 출발점, 우계 성혼 : 퇴계의 학설지지, 학문적 유
연성

우계 성혼은 율곡 이이와 같은 서인으로서 죽마고우이자
절친한 사이였지만 사칠리기논쟁에선 생각이 달랐다. 율
곡은 죽은 퇴계를 비판한 반면, 우계 성혼은 퇴계의 학설
을 지지하는 유연한 태도를 보였다.

이리하여 율곡 이이와 우계 성혼 간에 10년에 걸친 사단
칠정 2차 논쟁(율우 논쟁)이 전개된다. 율곡의 학통, 즉
율곡학파(기호학파)는 사계 김장생-김집-우암 송시열로
이어지는 노론의 학맥을 형성한다.

이들 노론세력은 인조반정을 일으키며 역사의 물길을 거
슬렀던 정치세력이다. 인조반정 이후, 노론세력은 주자
사대주의에 입각해 청나라의 침략을 자초하고 조선사회
를 전란의 화마로 내몰았다. 노론 자신들의 당파적 이익
을 위해서라면 임금을 세우고 또한 임금을 죽이는 것도

율곡 이이의 생가 오
죽헌
서인의 영수로서 노론
의 기호학파의 태두가
된 율곡 이이의 생가
오죽헌. 보물 제165호
(강원도 강릉시 죽헌
동 소재).

서슴지 않았다. 경종의 의문사272)와 연잉군 영조의 즉위, 그리고 사도세자의 죽음이나 정조의 의문의 죽음273) 등에는 모두 그 배후에 노론이란 당파가 존재한다.

노론 = 조선후기 사회의 실질적 지배계층, 주자사대주의자
노론세력은 17C 후반부터 조선이 멸망할 때까지 300년간 조선 사회의 지배적 위치를 점한 채, 조선 전체를 주자사대주의로 물들이며 성리학적 통치이념에 절대적 가치를 부여하였던 세력이다. 윤휴와 박세당을 죽음으로 몰아간 사문난적(斯文亂賊) 사건은 주자학 일색으로 경도되고 학문적으로 경직된 조선 후기 사회의 모습을 극적으로 보여준 사건이다. 다음 글은 사문난적으로 몰려 죽음을 당한 남인 윤휴의 학자적 풍모와 기개, 그리고 노론의 주자사대주의를 읽을 수 있는 대목이다.

「송시열이 받아들인 주희의 주자학은 중국 중세의 유학이다. 말하자면 북송과 남송시대의 중국 유학자들이 바라본 세계관이 성리학이고 송시열은 여기에 충실했다.

---

272) 이성무, 『조선시대 당쟁사 2』 (아름다운 날, 2007), 135쪽, 137쪽.
「원래 경종은 총명하고 건강한 왕세자였으나 어머니 장희빈이 죽은 뒤부터 점점 내성적으로 변하고 처절하고도 냉혹한 정치현실 속에서 화병의 형태로 표출되었다. (중략) 경종의 독살설은 왕실의 후계권을 둘러싸고 노정된 노론과 소론 간의 대립과 갈등의 산물이었다. 영조의 즉위는 노론의 재집권을 의미했으므로 그에 대한 불만이 독살설이라는 형태로 표출된 것이다.」
273) 사도세자의 죽음이나 정조의 의문의 죽음에 대해선 역사학자 이덕일의 『사도세자의 고백』과 『조선왕 독살 사건 2』 참고.

하지만 윤휴는 이를 뛰어 넘어 직접 공자·맹자를 만나려 했던 것이다. 윤휴는 그 유명한 말로 송시열의 공격에 반박했다. "천하의 많은 이치를 어찌 주자만 알고 나는 모르겠는가? 이제 주자는 그만 덮어두고 오직 진리만을 연구해야 한다. 주자가 다시 살아온다면 나의 학설을 인정하지 않겠지만 공자가 살아온다면 내 학설이 승리할 것이다."」274)

우암 송시열의 사당 강한사
17C 후기 조선사회를 주자사대주의로 몰아간 노론의 영수 우암 송시열은 율곡 이이의 수제자인 사계 김장생에게 배웠다. 송시열을 송자(宋子)로 모신 사당인 강한사(江漢祠) 전경(경기도 여주군 여주읍 하리 소재).

소론 = 양명학 연구, 강화학파와 교유, 북학파
우계 성혼의 학통을 정신적 출발점으로 삼은 소론은 정치적으로 거세된 강화학파275)와 교유하며 양명학에도 깊

274) 이덕일, 앞의 책, 209쪽.
275) 강화학파는 조선사회의 지배적인 학문이었던 성리학보다 양명학을 연구했던 학파로 창시자는 하곡 정제두이다. 강화학파는 중앙정치의 권력투쟁에서 배제된 소론들이 중심이 되어 혼인관계를 맺으며 조선 후기 사회 당쟁의 폐해를 비판하며 200년 간 지속된 학파이다.

이 심취하는 등 학문적 유연성을 보인다. 소론은 조선 후기 경종의 짧은 재위 기간 일시적으로 권력을 차지할 뿐, 조선 후기 사회 내내 권력투쟁에서 배제되어 정치적으로 철저히 소외된 집단이다. 소론인 강화학파는 노론의 주자학 대신 양명학 연구에 심취하며 실학, 즉 북학파에 일정한 영향을 미친다.[276]

소론의 영수 윤증은 한때 송시열의 제자였지만 아버지 윤선거가 우계 성혼의 외손자인 만큼 송시열의 의리론·조화론·명분론과 결별한 후 학문적으로 성혼의 학통을 이어받으며 소론의 정체성을 확립하여 노론 일색의 중앙정치에 대해 비판·견제세력으로 기능한다.

양명학을 연구한 강화학파의 태두 정제두는 윤증의 제자 실제로 윤증은 남인을 무자비하게 살육하는 노론 당쟁의 폐해를 극복하지 않은 채, 노론이 주도하는 정치세계에 참여하지 않겠다는 생각을 갖고 있었다. 윤증은 자신이 서인이면서도 서인의 기득권을 포기하고 남인과 공존해야 한다는 역사관[277]을 박세채 등 주변 지인들에게 피력한다. 윤증은 노론의 영수 송시열과 달리 평생 학문에 종사하는데 대사헌, 이조판서, 우의정 등 모든 벼슬을 거부하며 재야에 파묻혀 학문 연구와 강학에 힘썼다. 강화학

---

276) 실학, 특히 북학파에도 깊은 관련을 맺고 있는데 역사책 『동사』를 저술한 이종휘나 『연려실기술』을 지은 이긍익, 『당의 통략』을 쓴 이건창 등은 모두 강화학파이다. 강화학파, 즉 소론의 학맥은 후에 역사학자 정인보에게 계승된다.

277) 이덕일, 『당쟁으로 보는 조선역사』 (석필, 2004), 305쪽.

파의 태두 정제두는 윤증의 제자이다.

윤증은 젊은 시절 사계 김장생의 아들 김집에게 사사 받고 이후 송준길, 송시열의 문하에서 성리학을 공부하며 가장 뛰어난 제자로 인정받는다. 따라서 윤증의 학문은 성리학의 기본 틀에서 율곡 이이의 학통을 이어받았다. 그는 임진왜란과 병자호란 등 양대 전란 이후 성리학의 사변적 탐구를 즐기는 노론의 공리공론(空理空論)적 성격을 비판하였다.

따라서 윤증은 조선사회가 처한 질곡의 현실 속에서 학문의 역사적 명제를 환기시키고자 했으며 유학 본래의 자기 수양과 위기지학(爲己之學 : 자기 자신의 본질을 밝히기 위한 학문)을 지향하였다.[278] 이 점은 소론 성리학의 중심인물로서 학문적 유연성을 보인 윤증의 학자적 성격을 잘 드러내준다. 실제로 윤증은 이론보다는 실천, 명분보다는 실리를 중시하는 진보적인 무실(務實)의 학풍에 평생 매진했다.

구한말 망국의 위기 속에서 지식인의 길을 꼿꼿이 걸어갔던 이건창, 이건방, 이건승, 홍승헌, 정원하,[279] 정인보는 모두 강화학파에 속하거나 소론 계열의 지식인들이다. 1905년 을사늑약이 체결되어 망국을 눈앞에 둔 때, 정원하는 이건승, 홍승헌과 자결하려고 하였다. 정원하 자결하려는 순간 가족들에게 발각되자 칼을 찾았고 가족들

---

278) http://gongju.grandculture.net/Contents 디지털공주문화대전에서 인용.

279) 정원하 양명학을 연구한 강화학파의 창시자 하곡 정제두의 7세 장손이다.

하곡 정제두의 묘
성리학이 지배하던 조
선사회에서 심학(心學),
즉 양명학을 연구한 강
화학파의 태두 하곡 정
제두의 묘. 지방기념물
제56호(인천광역시 강
화군 양도면 소재).

은 얼른 칼을 빼앗았다. 피가 줄줄 흘렀
지만 정원하는 칼날을 놓지 않았다. 칼
집을 놓으면 목이나 팔목을 그어버릴 것
을 아는 가족들은 통곡하면서도 칼집을
놓지 않았다. 그 바람에 정원하는 끝내
한쪽 손이 영영 불구가 되고 말았다.[280]

단재 신채호, 백암 박은식도 소론과 정신적으로 깊이 연관된 인물

이들 소론과 절친하게 교류했던 인물로 절명시를 남긴 채
1910년 8월 망국을 슬퍼하며 스스로 목숨을 끊은 매천 황
현을 들 수 있다. 이외에도 이상설, 신채호, 김택영, 박은
식도 이들 소론과 정신적으로 깊이 연관된 인물들이다.

다음으로 조선시대 붕당정치에서 진정한 선비정신을 실
천한 북인(남명학파)을 빼놓을 수 없다. 북인의 태두는
남명 조식 선생이다. 남명은 퇴계와 같은 해인 1501년에
출생하였다. 남명 조식은 퇴계 이황과 학문적으로 직접
교류하지는 않았지만 몇 차례 서신을 주고받으며 퇴계의
학문적 행태를 비판하기도 하였다.

남인의 퇴계학파가 경상좌도, 즉 경상북도 안동을 중심
으로 학맥을 형성하였다면 북인의 태두 남명 조식의 남명
학파는 경상우도, 즉 경상남도 지리산 산청을 중심으로
학파를 형성하였다. 남명학파와 퇴계학파는 조선학술사

---

280) 이덕일, 『이회영과 젊은 그들』(역사의 아침, 2010), 37쪽 인용.

상 양대 산맥을 형성한다. 그런 의미에서 18C 조선 후기 실학자 성호 이익은 "경상좌도는 인(仁)을 주로 하고, 경상우도는 의(義)를 주로 한다"고 했다.[281]

단재 신채호
의열단의 강령이 된 『조선혁명선언』을 썼다. 10년 형을 언도 받은 감옥에서 눈병으로 눈물을 줄줄 흘리면서도 만주와 발해에 흩어진 역사 사료를 반입하여 우리 역사를 연구하였다.

‖참고‖ 성호 이익

중농주의학파에 속한 실학자로 반계 유형원의 사상에 영향을 받아 토지제도의 개혁(한전론)을 통해 조선 후기 사회의 전면적 개혁을 꿈꾸었다. 『성호사설』을 남겼으며 이익의 사상은 다산 정약용에게 계승되었다.

「퇴계가 소백산 밑에서 태어났고 남명이 두류산 동쪽에서 태어났다. 모두 경상도의 땅인데 북도(영남좌도)에서는 인(仁)을 숭상하였고 남도(영남우도)에서는 의(義)를 앞세웠다. 유교의 감화와 기개를 숭상한 것이 넓은 바다와 높은 산과 같았다. 우리의 문명은 여기에서 절정에 다다랐다고 성호 이익은 적실히 언급하고 있다. (중략) 퇴계의 기상은 화평하고 따뜻하여 실천이 독실한데 비해 남명의 기상은 엄격하고 호매하여 용맹이 분발한다.」[282]

조선시대 진정한 선비 = 의리와 절개의 남명학파, 다수의 의병장 배출

남명학파는 절개와 의리를 중시하며 선비정신을 실천한 학파로 임진왜란 당시 수많은 의병장을 배출한다. 남명

---

281) http://jinju.grandculture.net/Contents 디지털진주문화대전에서 인용.
282) 정우락, 『남명과 퇴계 사이』(경인문화사, 2008), 91~93쪽.

조식의 제자 가운데 60명이 넘는 인물들이 의병장으로 활동한 사실은 그런 남명학파의 학문적 특징을 단적으로 보여준다. 남명 조식의 수제자 정인홍과 마지막 제자인 홍의장군 곽재우는 대표적인 의병장들이다.

16C 전반에 시작된 갑자사화를 필두로 세 차례의 사화가 휩쓸고 지나간 뒤 성리학에 관한 책을 읽기조차 꺼리던 시절에 남명은 벼슬에 뜻을 두지 않고 성리학 연구에 매진한다. 16C 후반 사단칠정논쟁과 인심도심논쟁으로 조선의 지식인 사회가 고담준론의 철학논쟁으로 흐를 때 남명 조식은 붕당을 지어 성리학적 논쟁으로 치닫는 모습에 크게 낙담하여 당대 지식인으로서 그런 학문적 세태를 준열하게 비판한다.

「이 같은 퇴계의 태도는 남명에게 지극히 못마땅한 것이었다. 그리하여 남명은 퇴계에게 편지하여 입으로만 성리를 논하는 것은 세상을 속이고 이름을 도둑질하는 일이며 학문하는 사람들에게 무엇보다 긴요한 것은 유교적 이념의 현실적 적용임을 분명히 했다.」[283]

남명 조식은 16C 후반 전개된 사단칠정논쟁을 공리공담으로 비판하며 지식보다 실천궁행을 강조하였다. 남명은 공자, 주염계, 정명도, 주자의 초상화를 직접 그려 만든 병풍을 옆에 펼쳐두고 매일 아침 절을 올리며 마치 네 성현들께 직접 가르침을 받듯 생활하였다.[284] 항상 허리춤엔 딸랑거리는 방울(성성자 惺惺子)을 달아 가볍게 행동

---

283) 정우락, 앞의 책, 91쪽.
284) 허권수, 『절망의 시대, 선비는 무엇을 하는가』(한길사, 2001).

하지 않도록 자신을 경계하였으며 학문에 임해서는 날카로운 칼을 턱 밑에 두고 정신을 고도로 집중하여 성리학 연구에 몰두하였다.

사단칠정논쟁으로 시작된 조선철학논쟁의 와중에서 남명 조식은 성리학 연구에 열중하는 것 외에 도가사상, 불교, 천문, 지리, 산술, 병법, 의약 등 다양한 실사구시(實事求是)적 학문을 폭넓게 섭렵하였다. 남명은 평생 벼슬을 거부하고 학문 연구와 후학양성에 몰두하였는데 남명학파에 속한 북인들은 광해군 집정시기 중앙권력을 잡는다. 북인들은 17C초 명 · 청 교체시기에 능숙한 외교정책으로 조선사회를 지켜내지만 인조반정으로 서인들이 집권하면서 정인홍[285] 등 수많은 제자들이 죽임을 당하고 중앙 정치권력에서 완전히 거세된다.

3 조선시대 선비와 북인 남명학파에 대한 재조명

삼동(三冬)에 베옷 입고 암혈(巖穴)에 눈비 맞아
구름 낀 볕뉘도 쮠 적이 없건마는
서산(西山)에 해지다 하니 눈물겨워 하노라. -남명

---

285) 정인홍은 남명 조식의 수제자로 선조 때 합천에서 의병을 일으켜 성주에서 왜군을 무찌르는 등 영남의병장으로 활약한 인물이다. 정인홍은 선조 때 대사헌의 벼슬에 오르고 광해군 집정시기 영의정에까지 올랐으나 인조반정 뒤에 머리가 잘리는 참수형에 처해졌다.

조선의 선비 = 유교사회 비판적 지식인

지하철 역 플랫폼에서 읽은 남명의 시조이다. 조선시대의 선비 남명 조식, 그는 누구일까? 선비란 용어가 맨 처음 등장한 것은 용비어천가이다. 조선시대 선비는 학식과 덕망을 갖춘 인물로 묘사되기도 한다. 우리들 기억에 훌륭한 선비는 퇴계 이황도 있고 율곡 이이도 있다. 그리고 조선 후기 실학을 집대성하며 500권이 넘는 문집을 남긴 다산 정약용을 꼽을 수도 있다. 그런데 조선시대 선비는 학식과 덕망을 바탕으로 조선사회의 불의한 현실에 눈을 떼지 않고 깊이 천착한 유교사회 비판적 지식인을 일컫는다. 그런 점에서 퇴계나 율곡보단 다산 정약용이 훨씬 더 선비정신에 가깝게 산 인물이다.

김해의 산해정
남명 조식이 30년 간 제자들을 가르쳤던 산해정(경남 김해시 대동면 소재).
경상남도 문화재자료 125호로 지정된 김해 산해정은 경남 산청에 있는 산천재와
함께 남명 조식이 제자들을 가르쳤던 대표적인 공간이다.

남명 조식 : 조선시대 최고의 선비

조선시대 전기엔 선비들이 성리학적 지식을 바탕으로 벼슬에 올라 세상을 경륜하고자 하였다. 그런데 조선 중기에 이르자 선비들은 관직에 오르는 것도 자신의 사사로운 욕망과 연관되는 것으로 판단하여 벼슬을 멀리하거나 스스로 거부하였다. 그들은 학문 연구에 전념하면서 위기지학을 통해 현실 정치를 견제하고 비판하는 역할을 수행한다. 그런 의미를 함축한 최고의 인물로 16C 남명 조식을 들 수 있다. 조선시대 수많은 선비들이 존재했지만 남명 조식을 능가할 선비는 찾기 어렵다.

「남명은 성리학에 대하여 누구 못지않게 잘 알고 있었지만 그것을 강의하거나 저술로 남기지는 않았다. 공리공론에 빠진 당시의 학문적 경향을 바로 잡기 위해서 실천이 중요하다고 부르짖었다.」[286]

「벼슬에 나갈 만한 조정이 되었더라도 섣불리 벼슬길에 나서려고 설치지 않는 것이 옳은 출처(出處)의 태도이다. 남명은 늘 제자에게 "장부의 처신은 태산처럼 중후하게 서 있다가 때가 되면 자신의 경륜을 펼쳐야 하는 것이다"라는 말을 강조해 왔으며 자신의 처신 또한 당연히 그렇게 되도록 노력하였다.」[287]

‖ 참고 ‖ 군자와 출처(出處)

'군자의 큰 절개는 벼슬길에 나갈 때와 물러날 때를 아는 것

---

286) 허권수, 앞의 책, 262쪽.
287) 허권수, 앞의 책, 257쪽.

이다'-남명

지식인의 본질이 대의에 입각하여 현실 정치사회를 비판하는 데 있음을 생각하면 남명 조식은 우뚝 선 조선시대 최고의 지성이 아닐 수 없다. 조선시대 수많은 상소 가운데 남명 조식이 명종에게 올린 을묘사직소288)(일명 단성소)는 유교사회 지식인의 본질을 가장 충실하게 담아낸 명문장이다. 당대를 살아간 지식인으로서 선비는 어떠해야 하는지를 남명 조식의 단성소만큼 정확하게 드러낸 문장은 없었다. 선비로서 무엇을 생각해야 하고 무엇을 실천해야 하는지를 남명은 여과 없이 보여준다.

「낮은 벼슬아치들은 아랫자리에서 히히덕거리면서 술과 여색에만 빠져 있습니다. 높은 벼슬아치들은 윗자리에서 빈둥거리면서 뇌물을 받아들여 재산 긁어모으기에 여념이 없습니다. 오장육부가 썩어 물크러져 배가 아픈 것처럼 온 나라의 형세가 안으로 곪을 대로 곪았는데도 누구 하나 책임지려고 하지 않습니다.」 -「단성소」

다소 거친 표현을 써가며 남명 조식은 계속 조선의 부조리한 현실을 통렬히 비판하고 있다.

「내직(중앙관서의 관직)의 벼슬아치들은 자기들의 당파를 심어 권세를 독차지하려들기를, 마치 온 연못 속을 용

---

288) 을묘사직소, 즉 단성소는 남명 조식이 54세 되던 해인 을묘년(명종 즉위 10년, 1555년)에 오늘날 경남 산청군 단성면에 해당하는 단성의 현감을 제수받았을 때 벼슬을 고사하여 올린 상소문이다. 이 글에서 남명은 임금인 명종과 대비인 문정황후, 부조리한 조선사회 모두를 준열한 필치로 비판하고 있다.

이 독차지하고 있듯이 하고 있습니다. 외직(전국 각 도, 각 고을의 관직)에 있는 벼슬아치들은 백성을 멋대로 벗겨 먹기를, 마치 여우가 들판에서 날뛰는 것 같습니다. 신이 자주 낮이면 하늘을 우러러 깊이 탄식하고 밤이면 천장을 쳐다보고 답답해하면서 흐느끼는 까닭이 바로 여기에 있습니다.」 -「단성소」

지리산 깊은 산중의 처사로서 명망이 높은 남명 조식은 재야 사림들의 정치적 견해와 불만을 결집하여, 그들을 대변하는 입장에서 임금 명종과 모후 문정왕후, 외척 윤원형 등 당시 집권세력인 소윤일파를 정면으로 공격하였다. 조선시대 왕권(王權)은 신성불가침한 존재였으므로, 임금을 '고아'로 문정왕후를 '과부'로 표현한 남명의 강직한 표현은 다른 벼슬아치나 선비들로서는 꿈에도 생각지 못할 극언이었다.

‖ 참고 ‖
처사(處士) : 학덕이 높으면서도 벼슬에 나오지 않는 선비를 가리키는 말.

「대비(문정왕후)는 신실하고 뜻이 깊다 하나 깊은 구중궁궐의 한 과부에 불과하고, 전하는 아직 어리니 다만 돌아가신 임금님의 한 고아일 뿐입니다. 백 가지 천 가지로 내리는 하늘의 재앙을 어떻게 감당하며 억만 갈래로 흩어진 민심을 어떻게 수습하시겠습니까? (중략) 전하께서는 무슨 일에 종사하시려는지요? 학문을 좋아하십니까? 풍악이나 여색을 좋아하십니까? 활쏘기나 말타기를 좋아하십니까? 군자를 좋아하십니까? 소인을 좋아하십니까? 전하께서 좋아하시는 것이 어디 있느냐에 따라 나라의 존망이 달려 있습니다.」 - 「단성소」

조야(朝野)의 두터운 신망을 한 몸에 받고 있던 남명은 이 상소로 인하여 한동안 지식인 사회에서 논란의 중심에 서 있었지만, 이때부터 남명의 비중은 임금도 무시하지 못하는 존재로 성장하였다. 재야 언론의 영수가 된 것이다. 조선 건국 이후 이때까지 임금의 실정을 이 정도로 정확하고 신랄하게 비판한 적이 없었기 때문이다.[289]

남명 조식 : 백성 = 물, 임금 = 배, 백성을 두려워하는 외민(畏民)사상 강조

실제로 남명은 상하 주종관계에 있던 조선사회의 군신관계를 횡적 평등관계와 쌍무관계로 되잡고 늘 권력에 짓밟히던 민생을 민유방본(民惟邦本)이라는 원시유가의 눈높이까지 올리려고 노력하였다. 남명은 백성을 물에, 임금을 배에 비유하면서 백성은 군왕을 추대하기도 하고 뒤엎을 수도 있기에 배는 물의 이치를 알아야 하고 물을 무서워할 줄 알아야 하듯이 백성을 두려워해야 한다는 외민(畏民)사상을 강조하였다. 나아가 남명은 주자가 말한 관료주의적 발상에서 '백성을 깨운다'는 의미의 신민(新民)보다 왕양명이 주장한 '백성과 함께 한다'는 친민(親民)을 받

---

289) http://jinju.grandculture.net/Contents 디지털진주문화대전에서 인용.

아들여 선비는 백성의 편에 서서 통치자를 비판하며 공정
하고 깨끗한 언론을 일깨우는 것이 선비 본연의 직능이라
고 하였다.[290]

‖참고‖ 민유방본(民惟邦本)
‘오직 백성이 나라의 근본’ 즉, 근본인 백성이 튼튼해야 나라가
편안하다는 의미로 사서오경 가운데 『서경』, 즉 『상서』에 나오
는 표현으로 유가의 왕도 정치사상을 표현한 내용이다.

남명 조식의 제자들은 스승의 가르침을 실천하였고 그에
따라 사화의 참화를 피해갈 수 없었다. 임진왜란이 일어
나기 3년 전 서인들에 의해 자행된 기축옥사(1589~1590)
는 조선시대 최대의 참화였다. 15C 무오사화부터 16C 갑
자사화, 기묘사화, 을사사화까지 처형된 선비들의 숫자
를 모두 합해도 기축사화에 미치지 못할 정도로 수많은
선비들을 죽음으로 내몰았다.

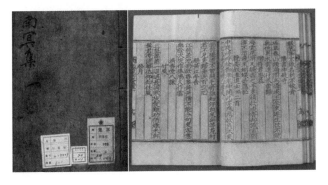

남명집 표지
남명 조식은 경상우도의
학맥을 형성하며 16C 조
선의 유학을 지도하던
위치에 있었으나, 남긴
저술은 많지 않다. 이는
저술 행위보다 실천궁행
을 강조한 남명의 학문
적 입장에 따랐기 때문
이며, 또한 남긴 원고들
대부분이 임진왜란 중
소실된 탓이기도 하다.

---

290) 김충열, 『남명 조식의 학문과 선비정신』 (예문서원, 2006), 97~98쪽.

송강 정철은 기축옥사 당시 위관으로서 많은 동인을 살육함

1000명이 넘는 선비들이 도륙되고 죽음을 피할 수 없었던 기축옥사 당시, 재판관의 역할을 맡았던 위관은 사미인곡, 관동별곡, 훈민가로 유명한 서인, 송강 정철이다. 같은 서인인 우계 성혼조차 일부러 찾아가 남명의 제자 최영경이 무고하므로 결코 죽이지 말 것을 간청하였음에도 정철은 무자비하게 처형했다.

남명학파의 지사적 풍모는 임진왜란이 발발했을 때 전란의 와중에서 빛을 발했다. 의리와 절개를 중시했던 남명학파 제자들은 책 대신 칼을 들고 의병장으로 나섰다.

합천에서 의병을 일으켜 성주에서 왜군을 격퇴시킨 영남 의병장 내암 정인홍을 비롯하여 김면, 홍의장군 망우당 곽재우 등 60명 이상이 스승의 가르침대로 의(義)를 실천했다.

「임진왜란 시 시종 구국일념으로 과감하고 치열한 전투를 수행한 주체는 정부관군도 아니며 명군도 아니다. 그것은 오직 의병 또는 향병(鄕兵)이라 불렸던 지방 사림의 창의에 호응한 민중의 용사들이었다. (중략) 특히 남명학파의 의병장들은 경상우도라는 역사적 전통과 주민의 기질 및 남명 조식의 사상적 · 학문적 감화를 깊게 받아 상의(尙義)적인 과단성과 실천성을 견지하고 있었다.」[291]

흰 수염 풀풀 날리는 57세의 늙은 선비 정인홍이 경상도 각지를 돌면서 문인들을 규합하고 의병들에게 궐기를 촉

---

291) 남명학 연구원 엮음, 『남명학파 연구의 신지평』(예문서원, 2008), 28쪽.

구하는 연설은 남명학파 선비로서 그들의 실천적 언행에 진실함이 묻어 있음을 느끼게 한다.

「왜구가 야욕을 채우기 위하여 우리 금수강산을 짓밟으니 동족들이 하루에도 수백 명씩 어육이 되어가고 있다. 임금은 왜구에게 쫓겨 파천길에 올랐는데 우리 젊은이들은 어디에서 무엇을 하고 있단 말인가? 원수들이 미친 듯이 살육을 즐기는 것은 그들이 강해서가 아니다. 바로 우리가 무능하고 두려워하기 때문이다. 어느 시대건 변란을 당하면 그에 대체할 인재가 있게 마련이라고 했다. 내가 보건대 그 인재란 바로 여기에 모인 여러분이다. 지금 이 나라의 운명은 바로 여러분에게 달려 있다. 젊은이들이여! 앉아서 죽음을 기다리지 말고 칼을 잡고 일어나 이 땅을 지키자!」[292]

정인홍 등 남명의 제자들은 17C 초 광해군을 보좌하며 명·청 권력교체기에 뛰어난 외교정책으로 조선을 건강하게 지켜냈다. 적어도 광해군 치세기에는 명이나 후금(청나라 전신) 어느 쪽과도 정면충돌은 없었다. 광해군의 이중외교는 바로 우리 국토의 보존을 의미하는 것이기도 했다.[293] 남명학파에 대해 임금 선조가 신하에게 물었을 때 나온 다음의 답변은 남명학파 선비들에 대해 많은 것을 짐작하게 한다.

---

292) 조여항, 『정인홍과 광해군』(동녘, 2001), 132~133쪽.
293) 이성무, 『조선시대 당쟁사 1』(아름다운 날, 2009), 187쪽 인용.
　　「명의 쇠퇴와 후금(청나라)의 흥기라는 국제정세의 전환적 시점에서 새로운 정복국가의 대두를 광해군은 정확히 인식하고 있었다. 광해군의 탁월한 외교정책은 인조반정과 함께 한낱 물거품이 되고 말았다.」

「실천궁행하는 공부가 매우 독실하고 그 정신과 기백이 사람을 감동시켜 깨우쳐 주는 바가 많습니다. 남명의 문하에서 배운 사람 가운데 일을 맡길 만한 사람이 많습니다.」[294]

산청의 산천재
남명 조식이 61세 되던 해에 지리산 자락인 경남 산청으로 옮겨 지은 집으로 남명은 죽을 때까지 이곳에서 수우당 최영경, 망우당 곽재우, 동강 김우옹 등 수많은 제자들을 가르쳤다.

4 지식인의 자세

현대사회 지식인 = 현실 사회의 비판적 분석, 사회개혁 실천을 고민하는 사람
지식인은 현실 사회를 비판적으로 분석 · 이해하며 좀 더 나은 이상 사회를 대안으로 제시하는 사람에 머물지 않고 그러한 사회를 만들기 위해 부단히 현실의 모순을 고민하

---

294) 허권수, 앞의 책, 231쪽.

며 정치사회적 약자나 경제적으로 소외된 사람들과 함께
세상을 바꾸기 위해 실천하는 사람이다. 프랑스의 실존주
의 철학자이자 참여지식인인 장 폴 사르트르(J. P. Sartre)
는 지식인의 역할에 대해 이렇게 언급한 적이 있다.

「지식인은 끝없이 재생산되는 이데올로기, 자신의 근원
적 상황과 형성 과정에 의해 영원히 새로운 형태로 부활
하는 그 이데올로기에 대항하여 부단히 싸우지 않으면 안
된다. 이를 위해 지식인은 영원한 자기비판을 수행해야
하고 혜택을 받지 못한 계층의 행동에 대해 구체적으로
그리고 철저하게 연대를 맺어야 한다. 사실상 이론이라
는 것은 실천의 한 계기에 지나지 않는다.」[295]

전통적으로 '지식인이란 무엇인가'에 대한 의미를 규정지
을 때 놓치지 말아야 할 것은 지식인이 갖춰야 할 실존적
조건이다. 지식인은 대개 일상적으로 전문적인 자기 고유
영역에서 창의적인 활동을 수행하며 현실 사회에 대해 도
덕적·실천적 용기를 간직한 사람을 가리키는 표현이다.
따라서 지식인은 자신이 살고 있는 시대에 대한 통찰과
삶에 대한 성찰을 바탕으로 현실 사회의 모순을 해결하기
위해 끊임없이 실천하는 용기를 인격 속에 내면화한 사람
이다. 결국 지식인이란 비판적 사회의식과 명철한 역사
의식을 바탕으로 도덕적 의무의식으로 무장한 사람을 일
컫는 표현이다.

---

295) 사르트르, 조영훈 옮김, 『지식인을 위한 변명』(한마당, 1999), 81~83쪽.

매천 황현
조선시대 보수적인 지식인으로 동학혁명을 격렬하게 비난했지만 조선의 멸망 앞에 다량의 아편을 먹고 스스로 목숨을 끊음으로써 지사적 풍모를 보여주었다.

구한말 매천 황현의 죽음 : 선비정신을 실천한 인물
구한말 일본제국주의가 조선을 무력으로 침탈한 1910년 그 해 매천 황현은 국가가 당한 치욕을 통분하며 다량의 아편을 먹고 음독자살하였다. 자살하기 전에 황현은 자제들을 불러 모아 이렇게 유언을 남겼다.

내가 (벼슬을 하지 않았기에) 가히 죽어야 할 의무는 없지만 다만 이 나라가 선비를 기른 지 5백 년에 나라가 망하는 날, 선비 한 사람도 책임을 지고 죽는 사람이 없어서야 어찌 슬프지 않겠는가? 나는 위로는 한결 같은 마음의 아름다움을 저버리지 않았고 아래로는 평생 읽던 좋은 글의 의리를 저버리지 않으려 고요히 잠들면 통쾌하지 않겠는가? 너희들은 내가 죽는 것을 크게 슬퍼하지 마라. -『유자제서 遺子弟書』(1910)

황현의 죽음은 투철한 도덕적 의무의식의 발로이다. 지식인은 시대의 아픔을 자신의 아픔으로 느끼고 이를 실천한다. 매천 황현의 『절명시 絕命詩』는 그런 지식인의 고뇌를 여실히 보여준다. 『절명시』의 일부를 읽어보자.

어지러운 세상 속에 살다 머리털 다 희었네. 몇 번이고 죽으려 했던 목숨이었나. (중략) 새와 짐승도 울고 온 산천도 찡그리네. 무궁화 강산 이미 망해버렸구나. 가을 등불 아래 책을 덮고 역사를 회고하니 글 아는 사람 지식인 노릇 제대로 하기 어렵구나. (이하 생략).

노론은 조선을 일본에 팔아먹은 매국노

매천 황현이 죽음을 생각하고 결행하던 그 해, 조선을 팔아먹은 매국노들은 일제로부터 대한제국 멸망에 지대한 공을 세웠다는 공로로 후작, 백작, 자작, 남작 등 귀족의 작위와 일왕으로부터 거액의 은사금을 받았다. 귀족의 작위와 은사금을 받은 매국노 76명 중 그 소속 당파를 알 수 있는 인물은 모두 64명이다. 그 중 북인이 2명, 소론이 6명, 나머지 56명이 노론이고 남인은 한 명도 없다.[296) 노론이 귀족의 작위와 돈에 눈이 멀어 일본제국주의자들에게 나라를 팔아먹은 것이다. 17C 후반 주자사대주의로 조선 사회를 성리학 일색으로 물들이며 북인과 남인, 소론을 차례차례 권력에서 숙청한 노론이다. 그들 노론세력은

매천사
매천 황현의 위패가 모셔진 매천사 전경(전남 구례군 광의면 소재).

---

296) 이덕일, 『한국사, 그들이 숨긴 진실』(역사의 아침, 2010), 321쪽.

두계 이병도

와세다대학 시절 스승
인 쓰다 소키치의 이론
인 「삼국사기 초기 기록
불신론」을 주장한 두계
이병도. 1946년 당시 서
울대학교 문리과 대학
사학과 창설에 일익을
담당하였으며 실증사학
을 주장한 서울대 교수
로서 숱한 제자들을 양
성하며 해방 후 한국 사
학계에 지대한 영향을
미쳤지만 일제시대 조
선총독부 산하 「조선사
편수회」에 참여하는 등
식민사관 형성에서 자
유롭지 않다.

조선 후기 사회 일당 독재체제를 유지하며 율곡의 십만양
병설[297] 등 역사를 왜곡하며 조선이 멸망할 때까지 300년
동안 지배 권력으로 군림한다. 그런 그들이 급기야 나라까
지 팔아먹는 데 가장 결정적으로 공헌한 것이다.

나아가 노론은 일제 치하 한국사를 왜곡시키는 데 앞장섰
던 일본인 관학자들과 협력하였다. 한국 역사학계 1세대
이자 서울대 국사학과 창설자이며 1960년 4월 혁명 당시,
허정 과도내각에서 문교부 장관을 지낸 두계 이병도가 바
로 그렇다. 일제가 1925년 한국사를 왜곡하여 한국사에
대한 부정적 자의식을 고취시키고 조선 인민들로부터 민
족의식을 배제시키고자 조선총독부 산하 「조선사 편수회」
를 만들었을 때 이병도는 창설 당시부터 참여하였다.

이병도는 일본에서 유학하던 와세다대학 사학과 시절부
터 스승 요시다와 쓰다 소키치로부터 자극과 영향을 받았
다. 그리고 이케우치 히로시로부터는 뒷날 상당한 지원
과 도움을 받았다.[298] 이병도가 주장한 학설 「삼국사기
초기기록 불신론」도 일본인 관학자이자 자신의 대학시절
스승인 쓰다 소키치가 창안한 내용이다.[299]

외국의 침략과 지배로 점철된 한국사를 만들고 조상의 위
대한 역사적 업적을 축소시키며 분열과 갈등을 민족성으

---

297) 이재호, 『조선사 3대 논쟁』(역사의 아침, 2008), 104~107쪽. 「십만양
병설이 만들어지는 과정」 참고.
이 글에서 역사학자 이재호는 율곡의 십만양병설은 적어도 율곡의 제자 김
장생과 김장생의 제자 송시열의 왜곡된 기술에서 연유함을 밝히고 있다.
298) 한국 역대인물 종합정보시스템 http://people.aks.ac.kr/ 참고.
299) 이주한, 『노론 300년 권력의 비밀』(역사의 아침, 2011), 287쪽.

로 색칠한 '식민사관' 정립에 이병도는 혁혁한 공을 세운 것이다. 자칭 '실증사학'의 정립이라고 강변하는 그들이 지만 겉껍질을 벗겨 내용을 살펴보면 일제 식민사관을 정당화하고 포장하기 위한 도구로써 기능할 뿐이다. 한민족의 역사발전을 부정하는 '정체성론'이나 이민족의 지배를 합리화시켜 주기 위한 '반도사관', '타율성론'은 식민사관의 핵심 중 핵심이다.

해방 후 이병도로부터 가르침을 받았던 노론의 정신적 후예들의 공격을 받으며 역사학자 이덕일과 이주한은 한국 주류 역사학계에 만연한 침묵의 카르텔을 비판한다. 노론사관과 식민사관은 같은 한가지 뿌리라며 그들의 사상적·인적 구조에 문제가 있음을 지적한다.

10. 20C 현대 사회사상의 흐름
-뉴라이트·뉴레프트·페미니즘·포스트모더니즘

1 뉴라이트 운동과 한국 사회

한국의 뉴라이트와 서구의 뉴라이트는 다르다

뉴라이트(New Right)의 서구사회 등장은 1980년대 초 영국 보수당의 대처리즘과 미국 공화당의 레이거노믹스에서 비롯된다. 즉 60~70년대 수정자본주의 체제의 복지주의 노선에 대한 반발로 '복지병'을 앞세우며 신자유주의 사조가 등장하면서부터이다. 영국 노동당 내각의 실각과 미국 민주당의 대선 패배는 1980년 미국과 영국 사회에 보수정권의 등장을 가져왔다. 이들 신자유주의 경제사조는 시장의 자율성을 확대하고 작은 정부를 추구한다는 점에서 18C 고전적 자유주의 사조와 그 뿌리를 같이 한다.

서구의 뉴라이트, 즉 신자유주의 사조는 경쟁의 논리에

기초하여 복지예산의 삭감과 공급중시 경제정책, 공기업
의 민영화, 그리고 노동시장의 유연화 정책을 그 특징으
로 한다. 그러나 한국 사회에서 2000년대 중반에 등장한
뉴라이트는 서구사회의 뉴라이트와 성격을 전혀 달리한
다. 한국 사회에서 뉴라이트가 등장하는 시대배경은 김
대중 국민의정부와 노무현 참여정부 시절 추진된 남북협
력과 화해에 따른 한반도 평화분위기라는 급변하는 한반
도 정치 환경과 노무현 참여정부 시절 행정부와 입법부
권력의 자리를 연이어 내준 수구 세력의 불안 심리와 관
련이 깊다.

자칭 보수를 자처한 한나라당을 비롯한 '구보수'세력이 변
화하는 국내 정치 환경에 제대로 대처하지 못하자 뉴라이
트 세력은 한나라당의 정치적 무능력을 비판하고 지난 민
주정부를 친북좌파 정권으로 맹비난하면서 '햇볕정책'을
실패한 대표적인 친북정책으로 폄하하는 데 열을 올렸다.
실제로 뉴라이트의 대표적인 논객이자 한나라당 부설 여의
도연구소장을 지낸 안병직(전 서울대 경제학과 교수, 현
서울대 명예교수)은 '한·미·일 삼각동맹'만이 우리가 살
길이고 남북의 교류와 협력은 우리의 적인 북한을 돕는 일
이라고 극구 반대했다.[300] 결국 뉴라이트 세력은 진보적
인 민주정부의 정책에 위기를 느끼면서 한편으론 한나라당
으로 대표되는 '구보수'세력의 성찰 없는 퇴행적 정치행태
에 염증을 느낀 나머지 정치세력화한 것이다.

---

300) 주종환, 『뉴라이트의 실체, 그리고 한나라당』 (일빛, 2008), 21쪽.

놀랍게도 뉴라이트를 주도한 세력은 대부분 과거 학생운동, 특히 주사파와 노동운동을 주도한 열성적인 활동가들이다. 그들은 한때 이 땅의 민주주의와 노동자의 정치경제적 지위를 향상시키기 위해 남달리 헌신했던 과거를 가지고 있다는 점에서 구보수(Old Right)와 비교할 수 없는 큰 차이를 보인다. 그들의 사상적 전환을 가져온 계기가 무엇이고 좌에서 우로 그것도 극우적인 성향으로 치닫게 만든 사상적 변곡점이 무엇인지 여전히 지적 호기심을 일으킨다.

식민지 근대화론은 사대주의 식민사관

한국 사회에서 뉴라이트 운동을 주도하는 양대 축은 자유주의연대(2004)와 뉴라이트전국연합(2005)이다. 자유주의연대는 신지호(18대 한나라당 국회의원)가 주도해서 결성하였고 뉴라이트전국연합은 김진홍 목사가 대표로 활동하였다. 뉴라이트 세력은 겉으로는 한나라당을 정치적으로 비판하면서도 내부적으론 한나라당, 즉 새누리당과 정치적·사상적으로 긴밀한 관련을 맺고 있다. 뉴라이트 운동의 이론을 생산하는 대부격인 안병직은 '식민지 근대화론', '중진자본주의론'을 주장한 인물인데 그는 2007년 9월부터 1년 간 한나라당 부설 정책연구소인 「여의도 연구소」 소장을 역임하기도 하였다.

‖ 참고 ‖ 중진자본주의론

20C 후반 세계경제체제는 제국주의 대 식민지 대결구도의 종속

적 경제체제가 아니라 국제협력을 바탕으로 하는 수직적인 국제 분업체제로서 한국 같은 저개발국은 비록 세계경제체제에 편입되는 종속성을 띠긴 했지만, 이러한 국제분업체제에 효율적으로 편입하여 급속한 경제성장을 이룩한 결과 저개발국에서 중진국으로 발전하였고 장차 선진국을 내다보고 있다는 이론을 일컫는다.

'식민지 근대화론'은 일제 식민지 시절 조선의 공업이 급속한 발전을 이뤄 조선의 근대화에 일본제국주의가 기여했다는 이론이다. 즉 조선은 구한말 자력으로 자본주의 발달을 이룰 경제적 능력이 없는 상태였으며, 일본의 조선 통치가 조선의 근대화에 크게 기여했다는 주장으로 일제 식민통치를 긍정적으로 미화하는 대단히 잘못된 이론이자 사대주의적인 생각이다. 이는 일제 관학자들이 퍼뜨린 '타율성론' 및 '정체성론'에 기초한 역사인식으로 '식민사관'과 같은 한뿌리이다. 그런데도 안병직은 일제 치하의 다양한 통계수치를 활용하여 대단히 과학적이고 객관적인 근거를 제시하는 양 자신의 궤변을 합리화하고 있다.

'식민지 근대화론'의 일례로 뉴라이트 학자들의 단체인 '교과서포럼'이 대안교과서라고 발간한 『한국근현대사』 (2010)를 들 수 있다. 이들은 여기에서 일본제국주의자들이 단행한 '조선민사령'을 긍정적으로 서술하고 있다. 즉 일본 제국주의 침략자들이 '민사령'이라는 법률을 통해 한국 사회에 근대적 사유재산권을 확립시켰으며 한국인들이 근대적 권리의 주체가 될 수 있도록 만들어주었다고 강변한다.

「이 같은 내용의 민사령을 통해 식민지 한국에서 근대적인 사유재산제도가 생긴 것이다. 민사령은 일본인이 한국에서 토지와 자원의 재산권을 확보하고 자유롭게 경제활동을 하도록 보장하였다. 민사령은 한국을 지배할 목적으로 공포하였으나 한국인의 사유재산권과 경제활동의 자유 역시 보장하였다. 이처럼 민사령을 통해 한국인도 근대적 사권(私權)의 주체가 되었다.」[301]

한 술 더 떠 뉴라이트 학자들은 식민지 시기 인구증가를 일본 제국주의자들의 정책 덕으로 돌린다. 참으로 황당한 궤변이다.

「식민지 시기 인구가 급증하였다. 1910년 한국 인구는 약 1600만~1700만 명 정도였으나 1940년에는 2400만 명에 달하였다. (중략) 불과 30년 사이에 인구가 50% 넘게 증가한 것은 공중보건과 의료개선으로 사망률이 낮아졌기 때문이다. 특히 유아사망률이 크게 낮아졌다. 전통시대에는 홍역, 콜레라, 천연두 등의 전염병이 유행했고 이것이 기근과 더불어 인구의 증가를 억제하였다. 총독부는 보건위생 업무를 경찰소관으로 하여 식수와 음식 등 오염원을 관리하고 예방접종에 힘을 써 전염병의 발생과 전파

---

301) 교과서포럼, 『대안교과서 : 한국근현대사』(기파랑, 2010), 84쪽.

를 막았다.」302)

19C~20C 걸쳐 제국주의 열강들이 식민통치를 집요하게 추구한 이유가 제국주의 속성 때문이었다는 것은 모든 이의 상식에 속하는 일이지만 뉴라이트 세력들은 이러한 상식을 철저히 무시한다. 제국주의 야욕 때문이 아니라 자기방어를 위한 것이었다는 궤변을 늘어놓는다. 태평양전쟁 당시 "민족의 활동공간을 확보한다"던 선전을 일본군 국주의자들이 자신들의 식민통치를 미화하던 것으로 받아들이지 않고 아직도 곧이듣고 있는 자칭 뉴라이트 '역사학자'들을 21C 한국 사회에서 보는 것이 그저 놀라울 뿐이다.303)

뉴라이트는 이명박 정부를 비호하는 외곽정치세력

뉴라이트 세력은 이명박 정권을 탄생시키고 비호하는 데 혁혁한 공을 세웠다. 뉴라이트전국연합 대표 김진홍 목사는 이명박을 위해 뉴라이트를 시작했다고 말했다. 특히 2008년 미국산 쇠고기 수입반대 촛불집회가 거대한 사회적 저항으로 연일 정치적으로 이슈화하자 뉴라이트 세력은 촛불집회를 반대하는 맞불집회를 개최하고 촛불집회에 참여하는 자들을 친북좌익세력으로 매도하였다. 촛불집회를 지지하는 정의구현 사제단을 향해 좌익으로 색깔공세를 펴고 '값싼 미국산 쇠고기도 돈 없어서 못 먹

---

302) 교과서포럼, 앞의 책, 95쪽.
303) 김기협, 『뉴라이트 비판』(돌베개, 2010), 45쪽

는 국민이 많다'304)는 등 이명박 정권을 외곽에서 정치적으로 비호하는 망언을 일삼았다.

뉴라이트 : 김구, 안중근은 악랄한 테러리스트

그러나 무엇보다 벌어진 입이 다물어지지 않을 정도로 황당한 일은 독도문제에서 일본 측 주장을 두둔하고 '광복절' 대신 '건국절'305)로 표현해야 한다고 주장하며 안중근 의사와 김구 선생을 악랄한 테러리스트로 묘사한 점, 그리고 일본 '군 위안부'를 매춘녀, 즉 창녀로 묘사한 사실 등이다. 실제로 신지호는 정신대를 일제가 강제로 동원한 것이 아니고 당사자들이 자발적으로 참여한 상업적 매춘이라고 강변하였다. 아래 글에서 뉴라이트 세력의 이론적 대부격인 이영훈(서울대 경제학과 교수)의 황당한 주장을 들어보자.

「… 그 가운데 조선의 처녀들이 있었습니다. 정신대라는 명목으로 조선의 처녀들을 동원하여 일본군의 위안부로 삼았는데 그 수가 수십만에 이른다고 교과서는 기술하고 있습니다. 제가 직접 제 강의를 듣는 학생들에게서 확인한 사실입니다만 국사 교실에서 이 대목이 나오면 선생도 울먹이고 학생도 울었답니다. 그렇게 악독한 수탈을 당한 조상들이 너무 서럽고 분하여 울지 않고 배기겠습니까?

---

304) 2008년 8월 4일 발표한 뉴라이트전국연합 대국민 성명서.
305) 2008년 7월 당시 한나라당(이후 새누리당)은 '광복절'을 '건국절'로 바꾸려고 '국경일에 관한 법률' 개정안을 국회에 발의하기도 하였다.

그러나 저는 감히 말하겠습니다. 이런 교과서의 내용은
사실이 아닙니다.」306)

일본 '군 위안부' 할머님들의 삶은 일제 치하 민족이 수난
에 처했을 때 그 고난을 온몸으로 체현한 삶이다. 일본
'군 위안부' 문제는 일본군이 성병에 감염되어 전투력이
약화되는 것을 예방하기 위해 일본 제국주의자들이 일본
정부 행정력과 군대를 동원하여 조직적으로 자행한 극악
한 전쟁범죄이다. 조선의 어린 처녀들을 공장에 취직시
켜주고 돈 벌게 해주겠다고 속여서 끌고 간 경우도 다반
사이고 홍강림 할머니307)의 경우처럼 일본군대에 의해
강제로 납치되다시피 끌려 간 경우도 부지기수다.
일본 제국주의자들이 저지른 천인공노할 만행이자 엄연
한 전쟁범죄를 일국의 대학교수라는 자가 사실이 아니라
고 망언을 일삼는다. 이영훈은 안병직의 서울대 제자이
다. 안병직은 일제 치하 일본이 위안부를 강제로 동원한
증거도 없고 일제에 의한 토지수탈도 없었다고 망언을 하
였다.

---

306) 이영훈, 『대한민국 이야기 : 해방 전후사의 재인식 강의』(기파랑, 2011),
69쪽 참고.
307) 홍강림 할머니는 16세 되던 해인 1938년 경북 김천에서 오빠와 정류장에
있다가 일본군에 강제로 끌려갔는데 오빠는 그저 어찌할 수 없어서 울기
만 했다고 회고했다. 할머니는 해방 후 귀국하지 못하고 중국 땅에 사셨
는데 1994년에 「한국정신대문제대책협의회」(정대협) 부설 「정신대연구
소」의 중국 방문 때 자신이 정신대 출신임을 고백하였다. 변영주 감독의
일본 '군 위안부' 관련 다큐멘터리 영화 『낮은 목소리』(1995)에도 출연
했는데 끝내 귀국하지 못하고 이역만리 중국 땅에서 쓸쓸히 운명하셨다.

뉴라이트 : 일본군 위안부는 자발적 매춘

일본 제국주의자들이 자행한 일본 '군 위안부' 만행의 희생자는 20만 명으로 추산하며 국적은 조선, 중국, 네덜란드, 필리핀 등 다양하게 분포하나 조선이 절대 다수를 차지함은 그간의 연구결과로 밝혀졌다. 20년이 넘도록 매주 수요일 일본 대사관 앞에서 절규하는 할머님들의 외침 앞에서 '스미마센(미안합니다)'을 아주 쉽게 입에 달고 사는 일본인들인데도 일본정부가 미안하다고 사죄하지 않는 것에는 이런 안병직, 이영훈 같은 뉴라이트 세력이 존재하기 때문인지도 모른다. 일본의 극우 언론 산케이신문은 안병직의 「식민지 근대화론」을 1면 머리기사로 보도하면서 일본인이 하고 싶은 말을 한국의 학자들이 토로하고 있다는 사실을 크게 부각시키기도 하였다.[308]

뉴라이트 세력의 역사인식에 상당한 문제가 있음을 발견한다. 이승만과 박정희를 미화하는 대목 가운데 먼저 박정희 평가를 살펴보자. 자유주의연대 대표 신지호는 박정희 철권통치를 '한시적인 필요악'으로 두둔하며 박정희를 찬양한다.

「이렇게 봤을 때 체제의 안정성과 정책의 신뢰성이 절대적으로 요구되는 산업화 초기 단계에서 권위주의 체제는 '한시적인 필요악'이었다고 할 수 있다. 같은 맥락에서 박정희 시대는 '민주화의 암흑기'가 아니라 '민주화를 위한

---

308) 주종환, 앞의 책, 6쪽.

사회경제적 기반조성기'였다고 하겠다.」[309]

나아가 뉴라이트 세력은 제헌국회의 구성을 분석하면서
사실을 교묘히 왜곡하기도 한다. 이런 현상은 대한민국
의 건국과정에 정당성을 과도하게 부여하려는 의도에서
나온 심각한 역사왜곡일 수 있다.

뉴라이트 학자들은「제헌의회 의원들의 출신을 통해 본
대한민국 건국세력의 역사적 배경」으로 5·10 총선거로
선출된 제헌 국회의원 209명을 분석한다. 그들의 평균연
령은 46세이고 일제 치하 민족운동에 참여한 자가 68명
으로 3·1운동 관련자 35명, 신간회 14명, 만주독립군 및
동북항일연군 10명, 학생·노동·청년운동 관련자 20명,
조선공산당 출신 5명으로 분석하면서 모두 민족주의적
성향을 띠었다고 분석한다. 결국 뉴라이트 교과서는 건
국과정에서 일제에 적극적으로 협력했던 친일파는 모두
배제되었다[310]고 기술하고 있다.

그러나 현대사 연구가들의 연구결과를 살펴보면 해방 후
이승만 제1공화국은 친일세력으로 가득 채워졌다. 그리
고 무엇보다 5·10 총선에 백범 김구 등 상해임시정부 계

---

309) 신지호,『뉴라이트의 세상읽기』(기파랑, 2006), 57쪽.
310) 교과서포럼,『한국현대사』(기파랑, 2008), 45쪽.
　　　대안교과서로『한국현대사』를 기술한 교과서포럼은 대표적인 뉴라이트
　　　학자들의 모임이다. 고등학생들이 보는 한국근현대사 교과서가 심각하
　　　게 좌편향되었다고 비판하면서 한나라당과 함께『한국근현대사』금성출
　　　판사본을 철저히 문제 삼았고 2008~2009년 교과서 파동과 함께 교과서
　　　수정 삭제 및「한국근현대사」교과목을 아예 고등학교 교육과정에서 전
　　　면 폐지시켜 버렸다.

열 독립운동가들 상당수가 출마하지 않는다. 우파 세력인 상해임정계열 외에 좌파와 중도좌파, 중도우파 정치세력들 역시 절대 다수가 5·10 총선에 참여하기를 거부하였다. 그들은 오히려 좌우합작운동 및 남북협상운동의 실패가 분단으로 치닫는 현실에 크게 낙담하였고 오히려 남한만의 단독정부 수립을 반대하는 정치노선을 천명한다.

민족지도자 백범 김구 선생의 그 유명한 말을 되새겨보자. "현재 국회의 형태로서는 대한민국 임시정부의 법통을 계승하는 아무 조건도 없다고 본다."(1948. 6. 7.), "대한민국 건국에 대해선 비분과 실망이 있을 뿐이다. (중략) 새로운 결심과 용기를 가지고 (중략) 강력한 통일운동을 추진해야 되겠다."[311] 그렇듯 백범 김구는 남한만의 단독선거인 5·10 총선을 인정하지 않았고 남한만의 단독정부 수립을 반대했다.

'삼팔선을 베고 쓰러져 죽을지언정 남한만의 단독정부 수립에 결코 참여하지 않겠다.' 분단을 막는 것은 다가올 민족의 참화를 막는 것이기에 백범 김구 선생은 남한만의 총선을 부정하고 단독정부 수립을 반대했던 것이다. 백범 김구 선생이 1949년 6월 26일 친일파의 흉탄에 쓰러지고 꼭 1년 만에 김구 선생의 예언대로 인류 역사상 가장 참혹한 동족 간 살육인 6·25전쟁이 벌어졌던 것이다. 사람을 죽이는 온갖 학살방법이 죄다 동원된 6·25전쟁은 어쩌면 막을 수 있었던 사건인지도 모른다.

---

311) 양동안 외, 『대한민국 건국의 재인식』(기파랑, 2009), 141쪽

뉴라이트 세력은 한나라당(새누리당)과 한통속, 한뿌리

뉴라이트 세력을 언급할 때 기억해야 할 사실은 뉴라이트
와 한나라당, 즉 새누리당은 정치적으로 매우 긴밀한 관
련을 맺고 있다는 점이다. 비록 2012년 4·11 총선(19대)
에서 뉴라이트 출신들이 새누리당 공천에서 탈락하거나
대부분 낙선하였지만 뉴라이트 출신들은 이명박 정부가
들어선 직후 치러진 2008년 18대 총선에서 한나라당 국
회의원 내지 청와대, 정부 관료 등 정치권으로 대거 진출
한다. '자유주의연대'의 신지호, '자유주의교육운동연합'
의 조전혁, '뉴라이트부산연합'의 장제원, '뉴라이트경기
안보연합'의 김성희, '시민과 함께 하는 변호사들'의 이석
연 등은 그 대표적인 사례이다.[312]

뉴라이트 세력에 동조하는 한나라당 국회의원들의 발언
들은 계속 이어졌다. 일본 '군 위안부'를 자발적 창녀로
표현하기를 주저하지 않는 뉴라이트 세력들이 주도한 대
안교과서의 내용을 두고 유기준 한나라당 국회의원은 뉴
라이트 대안교과서를 학문의 진일보로 평가하였다. 강재
섭은 뉴라이트와 한나라당은 생각이 똑같다고 고백했고
박근혜는 뉴라이트 대안교과서 출판기념식장(2008. 3.
26)에서 뉴라이트 『한국근현대사』 '대안교과서를 보고
이제야 마음이 놓인다'고 속마음을 실토하기도 했다.

이승만과 박정희 정권을 미화하고 이명박 정권을 맹목적
으로 옹호하는 뉴라이트는 출범 당시 겉으로는 실용적 중

---

312) 백철, 「뉴라이트는 왜 8년 만에 몰락하게 됐나」, 『주간경향』 2012. 7. 4.

도313)를 표방하였지만 실상은 냉전이 해체되는 객관적인 국제정세 속에서 자신의 존재 상실을 우려한 나머지 한국사회에서 맨 오른쪽에 위치한 극우세력인지도 모른다. 1989년 사회주의 진영의 붕괴를 계기로 국제무대에서 사라진 냉전을 여태껏 신주 모시듯이 비호하며 목숨을 거는 그들 뉴라이트 세력은 어쩌면 역사의 흐름을 거스르는 퇴행적이고 단말마적인 현상일지도 모른다. 2004년 4월 17대 총선에서 한나라당이 주도한 '노무현 대통령 탄핵' 역풍에 힘입어 4 · 19혁명(1960) 이후 44년 만에 과반의석을 확보함으로써 행정부에 이어 입법부 권력까지 장악하게 된다. 그러자 이에 위기를 느낀 보수세력이 들고 나온 것이 2004년 자유주의연대와 2005년 뉴라이트전국연합 등이었다.

그들은 2007년 대선에서 이명박 대통령 당선에 결정적으로 기여했지만 등장 8년 만에 이명박 정부의 쇠락과 함께 정치적으로 해체의 길을 가게 된다. 2012년 6월 13일 '뉴라이트전국연합' 의장 정형근은 서민금고인 제일저축은행으로부터 부정한 돈다발을 수수한 사실을 시인하였고 6월 21일에는 뉴라이트 단체 대표인 김범수가 역시 서민금고인 미소금융의 자금을 횡령한 혐의로 징역 5년을 선고 받

---

313) 신지호, 앞의 책, 158쪽.
　　신지호는 급진적인 노동운동 출신으로 1992년 사상전향 후 2004년 자유주의연대 대표를 시작으로 뉴라이트재단 상임이사, 서강대 겸임교수, 한나라당 국회의원을 역임했는데 20C 좌우 구분을 훌쩍 뛰어넘어 21C 새로운 문명표준을 만들어나갈 것을 역설하며 그 주체적 역할을 뉴라이트가 맡을 것이라고 강변했다.

았다. 이 일들은 뉴라이트 몰락의 전조라고 볼 수 있다.

진정한 보수(우파)는 사회적 책임, 희생과 헌신, 솔선수범하는 정치세력

뉴라이트 세력은 보수의 핵심적 가치인 솔선수범의 정신과 사회적 책임, 그리고 국가사회에 대한 희생과 헌신이라는 측면에서 자격 미달이다. 그런 점에선 한국 사회에서 보수를 참칭하는 한나라당(새누리당)도 마찬가지이다. 온갖 부정부패와 불법정치자금 수수(차떼기 정당), 정경유착, 시대착오적인 권위주의 행태, 탈세, 국방의 의무 기피 등 도덕적인 면에서 뉴라이트와 한나라당(새누리당)은 심각한 결함을 지닌다.

대한민국 고위층 자제들의 병역기피는 일반 서민들의 자제들보다 병역 면제비율이 최소 4배~10배나 많을 정도로 심각하다. 현역 국회의원의 병역 면제비율이 16.2%로 일반병역대상자의 7배에 달한다. 국회의원 직계가족의 병역면제율은 일반 서민의 4배에 이르는 수치를 보인다. 지방자치단체장의 경우도 비슷하다고 한다.314)

한국 사회 지배계층 : 노블레스 오블리주 실종

노블레스 오블리주(Noblesse Oblige)를 실천한 미국이나 북서유럽 국가들의 고위층과는 달리 한국의 고위층 자제들은 병역기피를 '특권'으로 활용하는 후안무치를 저질

---

314) SBS, 『그것이 알고 싶다』 2010. 10. 30.

러왔다. 2005년 7월 5일 MBC PD수첩이 방영한 '국적포기 25년, 병역기피의 역사'에서는 1980년대 초반부터 2004년까지 국적을 포기한 4,500여 명의 면면을 공개했다. 이들 속엔 대한민국을 주름잡았던 고위층의 자제들, 심지어는 전직 대통령의 아들들까지 포함돼 있었다.[315] 전두환, 노태우 두 전직 대통령의 아들들은 군대를 갔다 왔지만 일반 서민들이 가는 군대와는 달랐다. '석사장교'라는 특이한 병역이행의 혜택을 받았다. 이 제도는 2개월 전방실습과 4개월 훈련만 받으면 군복무를 대체할 수 있는 방법으로 사실상의 병역 기피와 다를 바가 없다. 더욱이 이 '석사장교' 제도는 그들의 군 문제가 끝나자 사라짐으로써 오직 특정인을 겨냥해 만들어진 '병역면탈법'이었음을 반증했다.[316]

병역면제를 받은 이명박 대통령을 비롯하여 김황식 국무총리 등 2011년 이명박 정부 내각의 병역면제 비율은 24.1%로 일반 국민의 10배에 달했다. 이명박 정부의 각 부처 고위공직자의 병역면제 비율은 10.9%로 나타나 서민들보다 병역면제 비율이 5배 이상 높았다. 2012년 4·11 총선으로 당선된 19대 국회의원의 병역면제 비율도 18.6%로 일반 서민들보다 7배 이상 높다.[317]

국민의 눈높이에 맞는 정치, 서민을 생각하는 정치를 표방하는 그들이지만 실상은 기득권에 안주하는 정치세력

---

315) 김한준, 『마이데일리』 2005. 7. 6.
316) 김한준, 『마이데일리』 2005. 7. 6.
317) 『대전일보』 사설, 「출발부터 실망스런 19대 '병역면제' 국회」, 2012. 6. 8.

으로 비춰질 때가 많다. 그런 점에선 민주당도 정도의 차이만 있을 뿐 마찬가지이다. 자기 성찰과 집단적 자기혁신이 없다. 고인 물처럼 썩은 냄새만 끊이지 않고 풍긴다. 뉴라이트 스스로 목숨처럼 지켜야할 원칙과 가치가 없다. 자유주의를 신봉한다고 하면서도 집단의 이익과 당파적 이익에 따라서 자유주의의 가치를 너무 쉽게 훼손하고 만다. '구보수(Old Right)'와 차별화할 수 있는 새로운 비전과 가치를 지향해야 하는데, 그리하여 진정한 보수가 지향해야 할 뚜렷한 가치와 목표의식을 견지해야 하는데 그럴만한 전망을 제시하지 못한다.

수십 년 동안 지속된 권위주의 정권 아래에서 제도 언론과 제도 교육 탓에 맹목적 반공주의에 젖어 있는 절대 다수 국민들의 낡은 의식에 안주하여 정치권력을 휘두르며 한반도 평화를 방해하는 역사의 유물[318]로 되새김질만 하는 것 같다. 역사의 퇴물인 '냉전'이 1989년 세계사적으로 국제무대에서 사라진 지 23년이 지나가지만 그들은 신주 모시 듯하며 자신들의 운명과 일치시키고 있다. 뉴라이트 세력은 어쩌면 한반도가 영원히 통일되지 않고 냉전의 고도로 남아있기를 숙원하는지도 모른다.[319] 왜냐하면 그 길만이 자신들이 살길이기 때문에.

---

318) 뉴라이트 세력은 김대중·노무현 민주정부 시절 추진된 '햇볕정책'을 격렬히 비난하고 '한·미·일 삼각동맹'에 의한 북한 정권의 붕괴를 주장하고 있다.
320) 뉴라이트 세력은 남북화해와 냉전의 해체보다는 북한을 고립시킴으로써 북한의 멸망을 유도하려 한다.

2 현실 사회주의에 대한 성찰과 뉴레프트 운동

뉴레프트(신좌파) 운동 : 모든 억압으로부터 인간해방운동

뉴레프트(New Left) 운동은 1960년대 서구사회에서 시작된 생활 속 인간해방을 추구한 마르크스주의 사회변혁운동이다. 단순히 자본-노동의 경제적인 이해갈등의 측면을 넘어서서 현대산업사회에서 나타난 인간의 소외와 억압으로부터 인간성 해방을 추구한 사상·문화운동을 가리킨다. 대중소비사회에 포섭되어 소비문화에 순응적인 현대인의 생활태도와 인종적 억압과 차별, 남녀평등, 가부장제 권위주의 등으로 찌든 기성질서와 체제문화에 대한 저항 등 사회 전반적 변혁의 흐름을 일컫는다.

뉴레프트는 신좌파, 신좌익으로 불리는데 현실 사회주의를 주도한 '구좌파(Old Left)'를 통렬히 비판하면서 스스로 그들과 거리를 두고 차별화한다. 실제로 신좌파는 전 세계 공산당으로부터 배척받았으며 소련의 마르크스주의자들 역시 줄곧 신좌파를 중상 모략하였다. 물론 신좌파 역시 구좌파를 좌파의 범주에서 배제시켰고 동지로 여기지도 않았다.

「이탈리아의 신좌파는 두 개의 전선에서 투쟁하고 있다. 한쪽에서는 보수세력과 투쟁하고 있으며 또 다른 한쪽에서는 전통적 좌파(필자 주 : 구좌파)와 투쟁하고 있는 것이다. (중략) 전통적 좌파는 '좌파'가 아니라 사실상 자본주의 체제를 개량하고자 그 체제에 침윤되어 있을 뿐이라

는 점을 폭로하는 것이 신좌파가 설정한 목표였기 때문이다. 신좌파는 전통적 좌파가 대안이 아니라고 여기며 엄밀히 말하면 사실상 전통적 좌파는 권위주의적이고 억압적인 체제에서 유기적이고 기능적인 역할을 한다고 여긴다.」[320]

뉴레프트 운동 즉, 신좌파 운동의 출현 계기는 1956년 며칠 간격으로 발생한 두 사건이었다. 소련 탱크가 헝가리혁명(1956)을 분쇄하고 영국과 프랑스가 이집트 수에즈 운하(1956) 지대를 침공한 사건은 대중의 정치적 삶을 지배하던 당대의 두 체제, 곧 자본주의와 공산주의의 이념적 위선을 맨얼굴로 드러내었다.

자본주의를 표방한 서방 제국주의와 공산주의를 표방한 스탈린주의에 숨어 있던 내면의 폭력성과 공격성이 여실히 드러난 사건이었다. 그 중 헝가리혁명에 대한 사회주의 조국 소련 군대의 잔혹한 진압은 그 당시까지 사회주의자들이 간직해 오던 이념의 순진성에 종막을 고하는 사건으로 작용할 만큼 그 영향력은 막강했다.[321]

뉴레프트 운동이 1960년대에 등장하는 시대 배경은 마르크스-레니주의로 대표되는 구좌파(Old Left)의 경직된 관료적 행태에서 비롯된다. 당시 프롤레타리아 혁명의 선도적 중심국가인 소련의 패권주의적 행태에 대한 환멸, 그리고 소련의 제국주의 침략성을 제대로 비판하지 못한

---

320) 카치아피카스, 이재원 옮김, 『신좌파의 상상력 : 전 세계적 차원에서 본 1968년』(난장, 2008), 67쪽.
321) 스튜어트 홀(Stuart Hall) 외, 『뉴레프트 리뷰 3』(길, 2011), 311~312쪽.

채 눈치를 보는 영국 공산당을 비롯한 유럽 각국 공산당의 정치적 무능력에 절망한 10대 후반~20대 중반 젊은이들의 깊은 좌절감을 시대 배경으로 한다.

따라서 뉴레프트 운동을 주도한 각국의 대학생들은 마르크스, 중국의 마오저뚱, 쿠바의 피델 카스트로, 베트남의 호치민, 체 게바라, 마르쿠제 등을 새로운 사상적 지도자로 받아들이는데 특히 마르크스(Marx), 마오(Mao), 마르쿠제(Marcuse)를 숭배하여 3M으로 불렀다.[322]

마르쿠제 : 68혁명의 정신적 지도자, 뉴레프트 운동의 아버지

여기에서 68혁명의 정신적 지도자이자 68세대의 영웅, 그리고 뉴레프트 운동의 이론적 아버지로 불렸던 마르쿠제(H. Marcuse)에 대해 살펴보는 게 60년대 신좌파 운동, 즉 뉴레프트 운동을 이해하는 데 적잖이 도움이 된다. 마르쿠제는 1930년대 '비판이론'으로 유명한 프랑크푸르트학파 출신으로 미국 망명 후 10년 동안 미 국무부에서 반파시즘 투쟁의 일환으로 나치협력자 명단을 작성하는 등 이데올로기 연구와 정보 분석에 주력한다. 그 후 컬럼비아대학과 하버드대학 러시아연구소 연구원으로 근무하고 1954년 브랜다이스 대학교수가 되면서 휴머니즘적 마르크스주의를 바탕으로 미국 산업사회를 분석한다. 마르쿠제는 현대 산업사회에서 자본주의 체제에 적극 저

---

322) 손철성, 『허버트 마르쿠제 : 마르크스와 프로이트를 결합시키다』(살림, 2005), 80쪽.

항하며 혁명의 중심이 되어야 할 노동계급이 체제 내화된 채 자본주의 체제에 안주하려는 모습에 크게 실망한다. 그리하여 그는 미국 사회에 변혁의 동력이 사라졌음을 인지하고 미국처럼 기술적 합리성이 지배하는 선진산업사회에서 어떻게 비판적 의식이 사라지고 개인이 체제 내화 내지 체제 순응적인 태도로 변모하는지를 연구 분석한다. 마르쿠제의 체제 순응적인 '1차원적 사회'와 『1차원적 인간』(1964)의 탄생은 그렇게 이루어진다.

허버트 마르쿠제 (H. Marcuse) 비판이론의 프랑크푸르트학파 출신으로 68혁명의 정신적 지도자. 비판의식이 거세된 미국 산업사회를 1차원적 사회로 분석 비판하였으며 이는 미국 68혁명 당시 젊은이들에게 큰 충격과 영향을 미쳤다.

「이 사회가 획득하는 인간을 지배하는 권력은 매일 그 효율성과 생산성으로 인해 용서를 받는다. 만약 그것이 손을 닿는 모든 것들을 동화시킨다면, 그것이 반대를 흡수한다면, 그것이 모순을 조작한다면, 그것은 스스로의 문화적 우월성을 시위하는 것이다. 그리고 그와 똑같은 방식으로 자원을 파괴하고 낭비가 급증하는 것은 스스로의 풍요와 고수준(高水準)의 복지(high levels of well-being)를 시위하는 것이다.」[323]

1차원적 인간 : 비판의식이 거세된 체제 순응적 인간

마르쿠제는 물질적 풍요를 향해 치닫는 미국 산업사회 현실에서 생산성과 효율성의 논리만이 중요하고 비판적 이성이 거세되며 대중문화의 획일적 성격이 확산되는 무비판적인 사회를 '1차원적 사회'로 규정한다. 그리하여 풍요로운 산업사회 속에서 미국인들이 1차원적 인간으로

323) 마르쿠제, 차인석 역, 『一次元的 人間』 (삼성출판사, 1979), 77쪽.

전락하는 현실을 분석하는데 이는 68세대에게 크나큰 의식적 충격으로 다가갔다. 기업이 요구하는 인간형을 주문생산하던 대학의 모습을 성찰하는 가운데 1964년 버클리대학에서 학생들은 정치적 자유를 요구하며 데모를 전개하는데 이는 60년대 미국 학생운동의 출발점이 된다.

결국 중앙집중적 권력으로 일원화된 구좌파의 경직된 관료적 태도에 대한 철학적 성찰과 현대 산업사회 속에 체제 내화된 구좌파의 개량적 성격, 대중의 정치적 무관심에 대한 성찰적 분석, 그리고 성숙한 자본주의 '관리사회' 속에서 소비주의 문화에 순치된 인간으로 전락하여 소외의 극한에 처한 현대인들의 생활 자체가 뉴레프트 운동 등장의 또 다른 시대배경으로 작용한 것이다.

뉴레프트 운동 : 영국 노동당의 급진화에 기여

1956년 발생한 수에즈 운하사건과 헝가리 반소 민주화운동, 흐루시초프의 스탈린 비판 등 일련의 정치적 사건에 대해 영국 공산당은 수구적이고 반지성적인 태도를 보이면서 정치적 영향력을 상실한다. 영국 공산당을 비판하던 지식인 및 옥스퍼드대학 등의 학생그룹은 영국 공산당을 대거 탈당하고 트로츠키주의나 노동당으로 옮기면서 영국 노동당이 급진화하는 토대를 마련하게 된다.

영국 신좌파 젊은이들은 1968년 미국·베트남전쟁에 반대하는 반전집회에 10만 명이 넘게 운집하여 항의시위를 전개했으며 런던정치경제대학을 점거하기도 하였다. 영국에서 뉴레프트 운동이 확산된 1970년경에는 영국 내

모든 대학의 1/3이 직접 행동에 참여[324]했을 정도였다. 이러한 뉴레프트의 직접 행동은 미국, 프랑스, 일본, 독일, 스칸디나비아반도, 세네갈, 나이지리아, 파키스탄, 이탈리아, 인도, 멕시코, 스페인, 우루과이, 아르헨티나 등 전 세계 각 지역에서 동시다발적으로 진행되었다.

특히 일본의 뉴레프트 운동은 자본주의와 공산주의 모두를 거부한 학생운동이었다. 1960년대의 일본에서는 68혁명의 사상적 지도자였던 프랑크푸르트학파 허버트 마르쿠제의 저작이 유럽보다 일본의 젊은이들에게 훨씬 더 인기가 있을 정도였다. 60년대 일본은 겉으로는 민주주의 정체를 유지하고 있었지만 사회문화 전반적으로 권위주의적이고 봉건적인 낡은 질서가 요소요소에 가득했다. 그에 따라 젊은 대학생들의 격렬한 저항이 시작된 것이다.

1968년 권위주의적이고 봉건적인 잔재가 가장 짙게 남아 있던 도쿄대학 정문에는 '반란에는 이유가 있다(造反有理)'라는 마오의 말이 새겨진 대형 포스터가 나붙었다. 뉴레프트 운동을 주도한 대학생들은 도쿄대학의 상징인 야스다 강당을 점거한 채 도쿄대 동료 학생들에게 '기술관료-산업복합체의 노예'가 아니라 '프롤레타리아 지식인'으로 살아갈 것을 요청했다.[325]

체코슬로바키아의 경우 체코의 프라하가 소련 군대에 침공당했을 때 두브체크 등 체코 정부 지도자들은 1956년 헝가리 유혈진압을 걱정해 성명서를 발표하는 등 소극적

---

324) 카치아피카스, 이재원 옮김, 앞의 책, 133쪽.
325) 카치아피카스, 이재원 옮김, 앞의 책, 136쪽.

68년 5월 혁명 당시 항
의하는 시위대.

으로 저항하였을 뿐이다. 그러나 프라하 대학생들과 지
식인, 노동자들은 저항의 강도를 지속적으로 높여 나갔
다. 소련 군대의 학살 진압은 잔인했지만 프라하의 뉴레
프트 운동 세력은 소련군의 총구에 꽃을 꽂는 히피의 방
식을 사용하며 프라하 바츨라프 광장 벽에다 러시아어로
'레닌 일어나시오! 브레즈네프가 미쳐 버렸소'라는 문구
를 남기며 뉴레프트다운 저항을 계속하였다.

독일의 뉴레프트 운동 : 박정희 정권 중앙정보부의 반체제 인사 탄압 비판

독일의 뉴레프트 운동가들은 60년대 각국의 신좌파 운동
가들 가운데에서 가장 수준 높은 이론과 국제적 감각을
지니고 있었다. 독일 학생들은 독재국가의 대통령이 독
일을 방문하는 데 항의하여 시위를 조직했는데 그 중에는

박정희 통치 아래 있던 한국의 중앙정보부가 양심적 반체제 지식인들을 탄압했던 사건에 항의하는 집회도 있었다. 무엇보다 독일 뉴레프트 학생운동은 전직 나치주의자들이 독일 대학들과 정부에 재직하고 있는 사실에 항의해 캠페인과 집회를 조직하였다. 나아가 베트남 반전운동을 위해 베를린에서 국제적인 모임을 주최[326]하기도 하는 등 국제적인 연대의 성격을 표방하였다.

그런가하면 라틴아메리카 아르헨티나의 뉴레프트 운동은 매우 참혹하였다. 1968년 5월 반정부 시위를 벌이던 대학생 23명이 총격으로 사망함에 따라 분노한 대학생들은 라플라타대학을 점거하기도 하였다. 70년대 아르헨티나 학생운동은 군부정권에 의해 수만 명이 잔혹하게 학살·고문·실종되면서 무참히 사라져 버렸다.[327]

이렇듯 뉴레프트 운동은 초기에 직접적으로 현실 정치를 공격하고 비판하였지만 차츰 운동의 지평은 사회문화 저변으로까지 확산되었다. 자본주의 체제의 소비주의 문화에 대한 문화적 순응과 여성의 억압 및 소수자들에 대한 차별 등 사회문화 전반에 대한 저항과 변혁을 지향하였다. 10대 후반~20대 중반 대학생들이 중심이 된 60년대 뉴레프트 운동은 정치적 변혁보다 사회문화적 변혁을 지향하면서 전 세계를 문화적으로 요동시켰다.

---

326) 카치아피카스, 이재원 옮김, 앞의 책, 122쪽.
327) 카치아피카스, 이재원 옮김, 앞의 책, 119쪽.

뉴레프트 운동 : 사상 · 문화 변혁운동으로 포스트모더니
즘의 산실

샌프란시스코, 버클리, 매디슨, 캐임브리지(미국), 암스
테르담(네덜란드), 베를린(독일), 낭테르, 파리(프랑스),
런던의 노팅힐(영국) 등이 그런 문화기지로 건설된 해방
구였다. 그곳엔 자유학교, 생활협동조합, 급진적 서점, 코
뮌, 집단으로 운영되는 커피점 등이 주목할 만한 핵심 문
화거점으로 건설되었다.[328] 뉴레프트 운동이 기성질서를
거부하고 권위적인 문화를 타파하면서 새로운 대중문화의
유형을 창조해 간 것이 바로 포스트모더니즘이라는 새로
운 문화 형식으로 이어진다.

뉴레프트 운동 : 70년대 유로코뮤니즘을 견인

한편, 뉴레프트 운동세력은 독자적으로 마르크스주의를
재해석하며 소련 등 현실 사회주의 사회를 통렬히 비판한
다. 유럽의 뉴레프트 운동은 소련 등 현실 공산주의 사회
를 비판하면서 1970년대 프랑스, 스페인, 이탈리아 공산
당의 자주노선인 유로코뮤니즘(Euro-Communism)을 낳
게 한 장본인이다.

소련을 핵으로 하는 일원적인 국제 공산주의 운동노선에
균열을 가져온 1970년대 유로코뮤니즘은 모스크바로부
터 독립을 선언한 서유럽 공산당의 독자노선이다. 헝가
리 반소 자유화운동(1956), 체코의 '프라하의 봄'(1968)

---

328) 카치아피카스, 이재원 옮김, 앞의 책, 110쪽.

이 참혹한 무력 진압은 전 세계 수많은 신좌파들에 대한 사회주의 종주국으로서의 소련의 위신을 잃게 만드는 계기로 작용하였으며 공산주의 블록의 사상적 맹주 자리를 내려놓게 된다.

뉴레프트 운동의 특징은 기존 좌파의 자본-노동이라는 계급투쟁을 넘어서서 정치·경제·사회·문화 전반을 정치의 영역으로 끌어들여 정치경제적 억압과 사회문화적·심리적 억압으로부터 인간의 해방을 추구한 점에 있다. 1968년 로만가톨릭이 라틴아메리카 해방신학을 정통신학으로 수용하는 과정도 그러한 신좌파운동의 인간해방에 대한 열정과 에너지가 스며든 이유이다. 인간해방의 진행을 억압하고 방해하는 소수특권층의 정치경제적 억압구조를 타파하려는 라틴아메리카 사제들의 의식 속에는 뉴레프트 운동의 원천이 시대의 영감처럼 자리 잡고 있었다. 구좌파 운동의 특징이 계급투쟁, 즉 혁명을 통한 정치권력의 획득이었다면 신좌파의 운동은 협소한 영역의 정치권력 획득보다는 인간의 자유를 억압하고 인간성을 구속하는 일체의 사회체제 내지 기성질서에 대한 전면적인 사상적·문화적 저항을 특징으로 한다. 그런 측면에서 60년대 뉴레프트 운동은 기성문화에 대한 반(反)문화적 저항문화 운동이자 강렬한 사상운동이고 반체제 운동이었다.

뉴레프트 운동 : 전 세계에서 동시다발적으로 일어난 사회변혁운동

나아가 뉴레프트 운동은 사회 전반적인 변혁을 갈망하는

전 세계 젊은이들이 연대투쟁의 성격을 견지하면서 동시 다발적 직접 행동으로 전개한 전 세계적 변혁운동이다. 그들 대학생들은 발달된 미디어를 적극 활용함으로써 상호 긴밀한 연대의식 속에 뉴레프트 운동을 전개해 나갔다. 서로 자율적으로 가치를 공유했으며 조직과 투쟁방식을 상호 참조하였다.

예를 들어 체코 프라하가 소련 군대에 침공을 당하자 미국 시카고 68혁명 젊은이들은 체코를 기억하고 연대하는 의미에서 '체카고에 오신 것을 환영합니다', '프라하에 오신 걸 환영합니다'라는 문구를 사용하였다. 그런가 하면 프랑스 대학생들은 컬럼비아대학을 점거한 미국 대학생들을 응원하며 '컬럼비아 파리'라는 구호를 외치며 연대의식을 표명하였다.

마지막으로 뉴레프트 운동의 특징은 자본주의 산업사회 속에서 기성체제의 특혜를 가장 많이 입은 대학생 계층이 기성체제를 변혁하려 한 사상·문화혁명이었다는 점에 있다. 통상적으로 혁명은 계급혁명으로 구좌파의 사상가들이 주장하듯이 고도로 성숙한 자본주의 사회에서 지배계급에 착취당하는 피지배계급인 프롤레타리아가 주체가 되어 사회혁명이 발생한다고 알려졌다. 그러나 60년대 뉴레프트 운동은 기존체제에서 가장 큰 수혜를 입은 대학생들에 의해 발화되고 전개되었다는 데 크나큰 역사적 의의가 있다. 뉴레프트의 68혁명은 기존 구좌파의 혁명이론(마르크스–레닌주의 이론)이 잘못되었음을 경험적으로 그리고 역사적으로 증명하는 것이었다.

3 페미니즘(Feminism)의 유형과 역사적 흐름

19C 서구사회 여성은 남편의 법적 소유물이자 장식품

고대 아테네 사회에서 여성들은 감금된 것이나 다름없었다. 여성들은 남자가 갈 수 없는 높은 층이나 집과 떨어진 뒤채에 머물렀으며 여자 노예를 대동하지 않고서는 외출할 수도 없었고 집에서는 말 그대로 감시 하에 놓여 있었다.[329] 민주주의가 발달되었다고 주장하는 유럽과 미국에서조차 19C 말까지 여성은 남편의 법적 소유물이자 장식품에 지나지 않았다. 19C 중엽 미국에선 남편이 아내를 합법적으로 구타할 수 있었다.

믿기지 않겠지만 서양사회에선 여성은 남성에 비해 '열등한 존재'이자 '이성이 미약한 존재'로 규정됐다. 아리스토텔레스, 토마스 아퀴나스, 장 자크 루소 등 서양철학자들 절대 다수가 그러한 철학적 · 생물학적 믿음을 자신의 신념으로 표현하는 데 주저하지 않았다.[330]

프랑스혁명기 가장 진보적인 자코뱅파 사상가들조차도 여성에 대한 편견은 매우 고약했다. 엄격하게 이야기하자면 서양사회에서 20C 전까지 여성은 인간이 아닌 셈이었다.

---

329) 프리드리히 엥겔스, 김경미 옮김, 『가족, 사적 소유, 국가의 기원』 (책세상, 2007), 99쪽.
330) 고대 서양 학문을 집대성한 아리스토텔레스는 여성을 '자연상태의 결함'으로 보았고 중세철학을 집대성한 토마스 아퀴나스는 여성을 '불완전한 남성'으로 파악했으며 근대 민주주의 이론을 정립한 계몽사상가 루소는 여성을 남성보다 '열등한 이성을 지닌 존재'로 규정하였다.

실제로 수 세기 동안 여성들은 남성들과 정치권력을 공유하기에는 너무나 '비이성적인 존재'라고 간주되어 투표권 등 정치적 결정에 참여할 권리를 거부당해 왔다. 플라톤, 홉스, 로크, 루소, 쇼펜하우어에 이르기까지 서양의 철학자들은 남녀 간의 자연적 차이를 강조했다.[331]

「프랑스 인권선언」(1789)에 등장하는 '인간은 태어나면서부터 자유롭고 평등하다'는 조문에서 '인간'은 '남성'에 한정한다. 즉, 「프랑스 인권선언」은 남성에게만 해당되는 이야기일 뿐이다. 프랑스혁명기 당시엔 여성의 인권은 존재하질 않았다. '여성이 남성처럼 단두대에 오를 권리가 있다면 여성도 프랑스 국민의 대표로 의회 단상에 오를 권리가 있다'고 주장한 여권 운동가 구즈(O. Gouges)[332]가 여성의 정치적 권리를 주장했다는 이유로 단두대에서 처형되던 시절이 바로 이성을 절대시하던 18C 프랑스대혁명 시기였다.

자유주의 페미니즘의 선구자 :
울스턴크래프트(M. Wollstonecraft)

따라서 페미니즘의 기원은 1789년 프랑스혁명으로 거슬러 올라간다. 프랑스혁명 이전에도 여성의 권익을 옹호하는 사상들과 행동들이 존재했지만 여성해방을 추구하는 사상이자 여성해방을 실천하고자 하는 운동으로서 페

---

331) 제인 프리드먼, 이박혜경 옮김, 『페미니즘』(이후, 2008), 58쪽.
332) 구즈(Olympe de Gouges)도 콩도르세처럼 남성에게 부여된 모든 권리와 자유를 여성에게도 적용할 것을 요구하는 '여성과 여성시민의 권리선언'(1791)을 발표했다.

미니즘은 프랑스혁명 과정에서 급진적인 민주주의 이념으로 등장했다[333]고 볼 수 있다. 프랑스혁명이 발발하자 이를 열렬히 지지했던 페미니즘의 선구자 울스턴크래프트의 등장도 바로 이 시기이다.

울스턴크래프트
(M. Wollstonecraft)
여성이 '인간'이 아니었던 시대에 여성의 인권을 주장한 최초의 페미니스트. 영국 아나키즘의 선구자 윌리엄 고드윈과 결혼하였다.

페미니즘이 여성을 독립된 인격체로 바로 세워 남성과 동등한 존재로 규정하려는 사상적 경향과 여성주의 운동 일체를 일컫는다면 페미니즘은 기본적으로 여성의 정치적 권리와 사회경제적 권리를 향상시키기 위한 일체의 운동적 흐름과 남녀평등을 지향한다. 그런 의미에서 페미니즘의 1세대는 자유주의 페미니즘(Liberal Feminism)으로부터 시작한다. 자유주의 페미니스트들은 여성에게 남성과 동등한 교육기회와 정치적 권리를 보장한다면 여성도 남성과 마찬가지로 사회참여를 통해 자아를 실현할 수 있다고 주장한다. 대표적인 자유주의 페미니스트로 메리 울스턴크래프트와 존 스튜어트 밀, 그리고 밀의 사상적 동반자이자 연인인 해리엇 테일러(H. Taylor)를 들 수 있다.

「울스턴크래프트가 여성들에게 가장 원했던 것은 인간다움이었다. 그녀는 여성이 "이성을 멀리하고 남편이 즐겁기를 원할 때마다 남편 귀에다 듣기 좋게 딸랑이를 울려대야 하는", "남편의 장난감, 그의 노리개"가 아니라고 힘주어 말했다. 다시 말해서 여성은 다른 사람의 행복이나 완전함을 위한 "단순한 수단" 내지 도구가 아니다. 오히려 여성은 '목적'이고 자결 능력 속에 그 위엄성이 들어 있는

---

333) 권현정 외, 『페미니즘 역사의 재구성 : 가족과 성욕을 둘러싼 쟁점들』
(공감, 2003), 72~73쪽.

합리적 행위자이다.」[334]

울스턴크래프트는 아버지의 폭력성과 자신의 불행한 삶을 딛고 뒤늦게 교육을 받을 수 있는 행운을 얻어 스스로 여성의 주체적 인간화를 위해 학교를 설립하지만 실패한다. 그러나 울스턴크래프트는 영국 아나키즘의 선구자 윌리엄 고드윈을 만나면서 진보적인 지식인들과 교류하였고 프랑스혁명이 발발하자 열렬히 환호하며 『여성의 권리 옹호』(1792)라는 페미니즘의 선구적인 불후의 명작을 출간한다.

루소 : 열등한 이성을 지닌 여성이 남성에게 종속하는 것은 자연법

프랑스 체류기간 동안 콩도르세, 탈레랑 등 많은 지식인들과 교류하며 논쟁하였던 울스턴크래프트는 루소의 여성관을 예리하게 비판하며 여성의 자각과 교육, 그리고 여성의 평등을 주장한다. 울스턴크래프트는 루소의 교육소설 『에밀』(1762)을 증오하면서 '열등한 이성을 지닌 여성이 남성에게 종속하는 것이 자연법'이라고 강변한 루소의 여성관과 교육관을 비판한다. 여성에게는 인내심과 순종, 쾌활함, 유연성 같은 덕목들을 교육시키고 남성들에게는 용기와 절제, 불굴의 정신, 정의 같은 덕목들을 가르쳐야 한다[335]는 루소의 주장을 통렬히 논박한 것이다.

334) 로즈마리 퍼트남 통, 이소영 옮김, 『페미니즘 사상』 (한신문화사, 2006), 26쪽.
335) 로즈마리 퍼트남 통, 이소영 옮김, 앞의 책, 23쪽.

실제로 18C 진보적인 계몽사상가 루소는 여성과 남성은 서로 다른 본성을 지녔다고 생각했고 이러한 본성에서 기원하는 여성의 역할을 '지적인 작업'이나 '공적 권리의 행사'가 아니라 '아이의 양육'이라고 주장했다. 급진적인 자코뱅파 역시 여성을 정치 밖으로 끌어내 가족 안에 유폐시켰으며 시민성(市民性)을 남편과 아버지의 특권으로만 연관 지었을 뿐이다.336)

여성의 참정권 운동을 '시간낭비'로 치부한 사상적 한계를 노출하긴 했지만 울스턴크래프트는 여성이 인간으로 취급받지 못했던 시대에 당당히 여성의 인권을 주창하며 여성의 자각과 교육적 평등을 강조한 페미니즘의 선구자임에 분명하다.

또 다른 자유주의 페미니스트 존 스튜어트 밀은 자신의 오랜 연인이자 아내가 된 해리엇 테일러로부터 사상적 영감을 받으면서 여성의 인권 신장과 정치적 권리 향상을 위해 노력했다. 그는 영국 사회에서 19C 100년 동안 누구도 따라올 수 없는 탁월한 철학자이자 경제학자였다. 그는 아내 해리엇

해리엇 테일러
(H.Taylor)
해리엇 테일러는 존 스튜어트 밀의 친구 존 테일러의 부인이었다. 젊은 시절부터 사상적 교류와 정신적 사랑을 나누었고 밀에게 사상적 영감을 불어넣어 준 여성이다. 존 테일러 사망 후 밀과 결혼하였다.

---

336) 권현정 외, 앞의 책, 76쪽.

테일러와 오랜 교분을 쌓았으며, 아내가 프랑스 여행 도중 갑작스럽게 죽었을 때 자서전에서 이렇게 고백한 적이 있다.

"해리엇 테일러! 칼라일보다 더 훌륭한 시인이요, 나보다 더 뛰어난 사상가이자 내 생애의 영광이며 으뜸가는 축복, 당신은 나에게 하나의 종교이고 가치의 근본이며 내 생활을 이끌어가는 표준과도 같은 사람이었습니다."

자유주의 페미니즘 : 남성과 동등한 교육기회와 사회진출 요구

그만큼 존 스튜어트 밀은 아내 해리엇 테일러로부터 깊은 영향을 받았으며 『여성의 종속』(1869)에서 남성과 동등한 여성의 교육 기회와 사회적 진출 그리고 여성들이 정치적 권리를 향유할 수 있도록 영국 사회가 변화할 것을 요구한다.

「여성에게 보다 완벽한 양질의 교육 기회를 제공하면 인간 사회의 여러 문제를 풀어나가는 데 크게 유익한 여성의 위대한 지적 능력을 부분적으로 활용할 수 있을 것이다. 이렇게 되면 남성의 능력도 그에 비례해서 향상될 것이다. (중략) 이렇게 여성의 교육수준을 남성과 똑같은 수준으로 올리고 평등한 참여기회를 보장함으로써 여성의 활동범위가 대폭 늘어날 것이다.」[337]

---

337) 존 스튜어트 밀, 서병훈 옮김, 『여성의 종속』 (책세상, 2006), 162~163쪽.

참고로 1530년~1730년까지 영국 남성의 문맹률은 성직자 0%, 노동자 85%였고 여성 문맹률은 89%였다. 1630년~1760년까지 스코틀랜드 남성 문맹률은 28%인 반면 여성문맹률은 80%에 이르렀다. 러시아의 경우도 마찬가지이다. 혁명 전 짜르(Czar)체제에서 문맹률은 22%였는데 1917년 볼셰비키 혁명 이후 정부의 최우선 정책으로 문맹퇴치운동을 벌인 결과 1926년 24~25세 남성 문맹률은 4.3%로, 19세 여성 문맹률은 11.8%로 크게 낮아졌다.[338] 실제로 밀은 여성의 참정권을 공약으로 내걸고 스스로 하원의원이 되어 의정활동을 펼치는 것에서 나아가 '전국 여성 참정권 단체연합'(1867)을 결성해 적극적으로 여성의 참정권 획득을 위해 노력한다. 이러한 밀의 노력은 19C 말~20C 초 여성운동가 에밀린 팽크허스트의 '여성 사회정치동맹'(1903)으로 이어져 여성참정권 운동이 활발하게 전개되면서 1918년 유럽 사회에서 선구적으로 여성에게 참정권이 부여된다. 물론 30세 이상의 여성에게만 부여되었는데 10년 뒤 1928년에는 영국의 모든 여성은 남성과 똑같은 정치적 권리를 획득하게 되며 이는 다른 나라에도 중요한 영향을 미친다.

요컨대 자유주의 페미니즘은 여성에게도 남성과 똑같은 교육기회와 사회적 진출을 보장할 것을 요구한다. 그리하여 여성도 남성과 동등하게 자아를 실현할 수 있는 존재임을 선언한 것으로 남성의 영역에 여성을 끌어들임으

---

338) 거다 러너, 김인성 옮김, 『역사 속 페미니스트』(평민사, 2006), 64~67쪽.

로써 여성을 남성의 소유물이나 부속물로 보지 않고 하나의 '인간'으로 파악하려는 페미니즘의 개척기 선구적 이론이다. 즉, 여성을 남성의 재산 내지 장식품으로 보지 않고 하나의 독립된 인격체로 규정하며 남성과 동등한 교육기회와 자아실현을 요구한 여성주의 운동이다.

급진적 페미니즘 : 60년대 뉴레프트 운동의 영향으로 출현
1960년대 말에 등장했던 급진적인 페미니스트(Radical Feminist)들의 시각으로 볼 때 페미니즘 운동의 시작은 당연히 1850년대 영국과 미국에서 출현한 자유주의 페미니즘이다. 급진적 페미니스트들은 자유주의 페미니즘을 '1세대 페미니즘'이라 명명했고 급진적인 자신들의 페미니즘을 '2세대 페미니즘'으로 불렀다.[339]

급진적 페미니즘은 1960년대 뉴레프트 운동, 즉 신좌파 운동의 여파로 미국 뉴욕과 보스턴에서 최초로 등장했다. 억압당하는 계급으로서 여성의 존재를 자각한 급진적 페미니스트들은 1967년~1971년 사이 가장 왕성한 활동을 펼치는데 국제적인 여성운동기구인 '레드스타킹(RedStockings)' 등 급진적인 여성해방운동 단체를 결성하여 '레드스타킹 선언(RedStocking Declaration)'(1969)을 발표한다. 이 선언에서 억압의 근원이 남성임을 선언하고 여성을 분리시키는 어떠한 인종적 · 경제적 · 교육적 특권도 반대한다는, 억압받는 여성의 전면적 해방을 선언하고 있다. 나

---

[339] 권현정 외, 앞의 책, 69쪽.

아가 억압의 주체인 남성지배적인 사회체제의 변혁을 위해 즉각적인 정치행동 전개를 주요활동으로 삼고 있다.

급진적 페미니즘은 여성들이 역사적으로 최초의 피지배 집단임을 강조한다. 나아가 여성억압을 모든 사회에 존재하는 보편적 현상으로 인식하며 여성억압은 계급사회 철폐와 같은 다른 사회변화들에 의해서도 제거될 수 없을 정도로 아주 뿌리가 깊어 근절하기 가장 어려운 억압형태임을 고백한다. 또한 여성억압은 피해자에게 가장 극심한 고통을 야기하나 압제자와 피해자 모두 성차별적 편견으로 인해서 종종 그 고통이 인식되지 못한 채 진행된다고 주장한다.340)

따라서 급진적 페미니스트들은 단순히 사회제도 및 법규범의 개혁으로 여성의 억압을 해체할 수는 없다고 보고 근본적인 사회체제의 변혁을 요구한다. 급진적 페미니스트들은 임신·출산과 관련된 여성의 재생산능력이 불평등사회 속에서 어떻게 여성을 통제하고 있는가를 분석하였고 더불어 여성의 우월적 특성을 드러내고자 하였다.341) 대표적인 급진적 페미니스트로는 '레드스타킹' 발기인이자 『성의 변증법』(1970)을 저술한 파이어스톤(S. Firestone)과 남성과 여성의 관계를 힘의 관계로 규정하여 성(性)을 지극히 정치적인 성격으로 해석한 『성의 정치학』(1970)을 저술한 케이트 밀렛(K. Millet)을 들 수 있다.

---

340) 로즈마리 퍼트남 통, 이소영 옮김, 앞의 책, 86쪽.
341) 장미경, 『페미니즘의 이론과 정치』(문화과학사, 2002), 23쪽.

급진적 페미니즘 : 개인적인 것은 정치적인 것

급진적 페미니스트들은 '개인적인 것은 정치적인 것'이라
는 슬로건을 내걸고 진정한 여성해방은 여성의 생물학적
성(性)으로서 성(性) 정체성이 여성억압의 중요한 원인이
므로 출산과 양육 등 여성의 성 역할에 대한 근본적인 사
회변혁을 추구한다. 그들은 과학기술의 힘을 이용해 여
성의 출산과 양육을 여성 스스로 통제함으로써 여성해방
을 추구한다. 급진적 페미니즘은 오늘날 대학가에 '여성
학'의 등장을 가져온 운동으로서 이후 급진적 페미니즘의
한 갈래인 문화적 페미니즘(Cultural Feminism)으로 분
화 계승된다.

문화적 페미니즘 : 여성학 연구발달에 기여

문화적 페미니즘은 생물학적 성(性)으로서 여성의 특성
을 긍정적인 자원으로 주목한다. 전통적으로 여성의 특
성으로 간주되어온 자연친화성과 연민, 온화함을 '여성다
움'이라는 남성주의 시각으로 규정하기보다 여성의 특성
과 고유성은 남성에 비해 우월한 특성이라고 주장한다.
문화적 페미니스트들은 남성과 동등한 기회를 획득함으
로써 남성중심의 기존 사회제도에 편입할 것을 강조한 자
유주의 페미니스트들과 달리 남성중심으로 짜여진 사회
제도를 부드러움과 자연친화성, 그리고 연민이라는 여성
적 가치와 특성으로 새롭게 디자인하여 재구성할 것을 강
조한다. 지난 20여 년 간 괄목할 성장을 거듭한 '여성학'
연구의 성장의 기저에는 문화 페미니즘의 영향이 크게 작

용하였다.

마르크스주의 페미니즘 : 여성억압과 불평등의 원인은 사적소유

마르크스주의 페미니즘(Marxist Feminism)은 여성억압과 불평등의 근본적 원인을 근대 자본주의체제의 사적 소유에서 찾는다. 여성 모순의 궁극적 요인을 계급모순에서 찾고 있는 것이다. 엥겔스는 일부일처제를 사적 소유의 승리에 기반한 최초의 가족형태로 보았다. 그는 최초의 노동 분업을 아이를 낳기 위한 남성과 여성의 분업으로 보았으며 나아가 역사 속에 나타난 최초의 계급 대립은 일부일처제 결혼제도에서 나타나는 남녀 간 적대의 발전과 일치하고 최초의 계급 억압은 남성에 의한 여성의 억압과 일치한다고 보았다.[342]

실제로 마르크스와 엥겔스는 역사적으로 여성의 억압이 사유재산의 발달과 그에 따른 계급사회의 출현으로부터 나타났다고 주장한다. 따라서 여성의 억압과 사회적 불평등은 자본주의 착취구조에서 비롯되는 만큼 이를 해체시킴으로써 여성해방과 평등사회 실현이 가능하다고 생각했다.

마르크스주의 페미니스트들은 여성의 억압과 불평등 구조가 사회경제적 계급모순의 결과물이기에 여성이 남성의 지배와 억압으로부터 해방되기 위해서는 무엇보다 여

---

342) 프리드리히 엥겔스, 김경미 옮김, 앞의 책, 101쪽.

성 스스로 사회경제적인 독립이 필요하다고 생각했다. 19C 근대 여성은 저수지처럼 거대하게 형성된 저임금 산업예비군, 바로 저임금 노동계층이었다. 근대 여성의 낮은 지위와 가사노동의 이중적 역할은 수탈적 성격의 자본주의 사회체제를 유지시키기 위해서 구조적으로 여성에게 강제된 역할이었다. 따라서 마르크스주의 페미니스트들은 여성 스스로 차별적 지위를 향상시키고 가사노동으로부터 해방되기 위해서는 사회구조적 차원의 접근이 필요하다고 강조한다.

그러나 마르크스주의 페미니즘은 여성억압과 불평등의 원인이 다양하게 존재한다는 사실을 간과한 채, 오직 사적 소유 즉 자본과 노동의 문제로 한정하여 원인을 계급모순에서만 찾고 있는 점에서 이론적 한계를 지닌다. 왜냐하면 여성억압과 불평등은 자본주의와 무관하게 오랜 가부장제 사회 속에서 지속적으로 기능해왔기 때문이다. 즉, 자본주의 사회가 아니라도 집단으로서 여성은 집단으로서 남성에게 불평등 구조 속에서 여전히 억압당해 왔기 때문이다. 이 점을 여성학자 정희진은 이렇게 이야기한다.

「어머니 억압의 역사는 자본주의 역사보다 20배는 더 오래되었다. 그러는 동안 어머니는 어머니 자신에 대해 말할 수 없게 되었다. 어머니는 자신이 원하는 희망과 자신에게 부과된 희망을 구별하지 못한다.」[343]

---

343) 정희진, 『페미니즘의 도전』(교양인, 2012), 65쪽.

사회주의 페미니즘 : 여성억압의 원인은 자본주의와 가부장제 질서

사회주의 페미니즘(Socialist Feminism)은 여성억압의 근본 원인이 남녀차별주의나 마르크스 페미니즘의 주장처럼 계급차별주의에서 발생하는 것이 아니라고 본다. 오히려 여성억압의 원인을 자본주의가 안고 있는 사회모순과 가부장제 사이의 복잡한 상호작용이라고 본다. 사회주의 페미니스트들은 마르크스와 엥겔스의 계급차별주의보다 루이 알튀세르((L. Althusser)[344])나 위르겐 하버마스(Jürgen Habermas)[345])와 같은 20C 사상가들의 영향을 더 많이 받고 있다.[346]

다시 말하면 사회주의 페미니즘은 마르크스주의 사상이 여성의 억압보다 노동자의 억압을 더 중요하게 생각하였고 여성해방은 노동해방 다음에 추구해야 하는 것으로 평가절하하였다고 비판한 마르크스주의 페미니스트들의 불만이 제기되면서 등장했다. 러시아혁명 당시 레닌의 혁명동지였던 클라라 제트킨의 사례는 그 적절한 경우이다. 클라라 제트킨이 여성 공산당원들에게 성문제나 결

---

344) 마르크스 사상을 구조주의 관점에서 재해석하고 실천한 프랑스 사상가. 파리고등사범학교 철학교수, 프랑스 공산당원으로서 프랑스 공산당의 선도적 이론가. 『마르크스를 위하여』(1965), 『자본론을 읽는다』(1965)를 저술함.
345) 비판사회이론을 정립한 프랑크푸르트학파의 마지막 생존자. 좌우파시즘의 등장을 경고한 사회철학자로 68혁명 당시 독일 학생운동을 좌파파시즘으로 규정하고 비판함. 뮌스터대학의 송두율 교수의 스승. 의사소통행위 이론으로 유명하며 『커뮤니케이션적 행위이론(Theory of Communicative Action)』(1981)을 저술함.
346) 로즈마리 퍼트남 통, 이소영 옮김, 앞의 책, 180쪽.

혼문제를 토론하도록 권유했다가 레닌에게 혁명의식을 고양해야 할 중요한 시간에 사소한 문제를 논의하게 했다고 호되게 비판을 받았던 것이다.[347]

사회주의 페미니스트들은 마르크스주의 페미니즘처럼 자본주의 체제의 타도도 중요하지만 가부장제 역시 타도해야 할 중요한 목표라고 역설한다. 오히려 가부장제 질서를 혁파하지 않고서는 자본주의 체제는 붕괴될 수 없다는 신념을 지닌다. 계급모순은 여성의 현실적 억압의 원인을 설명하는 데 한계를 지니고 있을 뿐 아니라 소외된 여성억압의 원인은 인간 정신 깊은 심연 속에 묻혀 있는 것으로 확신했다.

가까운 사례로 미 레이건 행정부 시절의 정책을 살펴보자. 신자유주의 경제사조를 앞세워 부도덕한 자본주의 체제를 마침내 괴물로 타락시킨 레이건 행정부의 복지개혁 과정에서 우리는 여성에 대한 가부장적 사고의 결정판을 읽을 수 있다. 레이건 행정부는 복지수당이 최저임금을 넘어서기 시작하자 복지에 의존하는 여성을 '게으른 인간'으로 취급하고 전체 복지 수혜자의 44%가 흑인여성이라고 폄하하였다.[348]

자본주의 사회구조와 가부장적 질서 속에서 이중 삼중으로 소외된 주변부 여성을 따뜻한 시선으로 바라보고 그들의 처지를 이해하기보다는 가부장적 사고를 은근히 드러

---

347) 로즈마리 퍼트남 통, 이소영 옮김, 앞의 책, 225쪽.
348) 낸시 홈스트롬, 유강은 옮김, 『페미니즘, 왼쪽 날개를 펴다』(메이데이, 2012), 362쪽.

낸 표현이 아닐 수 없다. 나아가 레이건 행정부는 독신모 가운데 미혼모가 많아지자 부도덕이 판을 쳤다고 비판했다.

사실 80년대 레이건 행정부가 추구한 복지개혁의 진정한 의제가 어디에 있었던가!

독신모에게 사회적 낙인을 찍는 것과 함께 기업에 여성 등 저임금 노동력을 안정적으로 공급함으로써 복지국가를 침몰시키는 것에 그 정책의 의도가 있었음은 주지의 사실이다.

사회주의 페미니즘 : 자본주의 + 가부장제 두 머리 짐승의 타도

따라서 사회주의 페미니스트들은 인간의 얼굴을 한 사회를 만들기 위해서는 '두 머리 짐승인 자본주의 체제와 가부장제 질서'를 동시에 변혁할 것을 강조한다. 대표적인 이론가로 줄리엣 미첼(Juliet Mitchell)과 이리스 영(Iris Young), 그리고 앨리슨 제거(Alison Jaggar)를 들 수 있다.

에코 페미니즘 : 자연을 파괴한 서구의 남성중심성 비판

에코 페미니즘(Eco Feminism)은 여성과 자연을 파괴하는 서구의 남성중심주의 행태를 비판하는 생태여성주의 운동을 일컫는다. 에코 페미니즘은 근대 서양의 이원론적 세계관 내지 환원주의를 비판하는 사상이자 운동이다. 이 운동은 1970년대 서유럽에서 처음 등장하였고 에코 페미니스트의 대표주자로는 독일 녹색당을 이끌었던 페

페트라 켈리
비폭력 환경생태운동,
평화운동으로 독일 녹
색당을 창당. "아이들의
학교에 필요한 돈을 먼
저 확보하고, 전투기 구
입비용은 우리 공군이
일일찻집을 열어 마련
하는 그날이 바로 우리
의 축제일이 될 거"라며
전 세계를 녹색으로 물
들이려 열정을 바친 생
태여성주의 정치인.

트라 켈리(Petra Kelly)349)를 들 수 있다. 에코 페미니즘
이라는 용어를 처음 사용한 사람은 프랑스의 작가 프랑수
아즈 도본느(Francoise d'Eaubonne)350)인데 그녀는 『페
미니즘 또는 파멸』(1974)이라는 책에서 여성억압과 자연
억압 사이에는 직접적인 연관성이 존재한다고 피력하였다.
에코 페미니즘은 자연과 여성을 지배하고 파괴해온 서구
의 남성중심성을 통렬히 비판한다. 즉, 에코 페미니즘은
여성에 대한 억압과 자연에 대한 억압의 구조가 동일하다
는 인식에서 출발한다. 쉽게 이야기하자면 서구문명은
남성이 주도했고 문명은 곧 남성을 상징하기에 문명이 자
연을 지배하고 재구성하듯이 이성이 발달한 남성이 감성
적 여성을 지배하고 통제하는 것은 당연하다는 서구의 남
성중심적 세계관에 기초한다. 그리하여 에코 페미니즘은
수천 년 동안 남성이 지배하고 주도한 오늘날 서구문명이
전쟁과 학살, 자연파괴, 핵개발, 환경오염 등 부정적 결
과만을 초래하였다는 사실에 주목한다.

에코 페미니즘 : 행동하는 비폭력 여성 생태운동
그리하여 생명의 담지자인 여성이 근대 산업문명 속에 배

---

349) 페트라 켈리(1947~1992)는 1970년대 후반 독일 풀뿌리 지역 민주주의 운
동을 통해 1980년 독일 '녹색당'을 창당하면서 비폭력 환경운동, 평화운
동을 전 세계에 확산시킨다. 1992년 권총자살로 45세에 생을 마감했지만
그녀는 "남성들의 시스템에 내재한 억압과 폭력으로부터 여성뿐 아니라
남성들까지 해방시켜야 한다"는 생태여성주의 정치인으로 그녀의 정치적
좌우명은 '부드럽게 세상을 뒤집자'이다. 1998년 독일 '녹색당'은 사민당
과 함께 연립정부를 수립함으로써 독일 내 주요정당으로 활동한다.
350) 로즈마리 퍼트남 통, 이소영 옮김, 앞의 책, 478쪽.

태된 남성중심·이성중심·물질중심·차별중심의 세계관을 거부하고 여성적 감성과 부드러움, 차이의 공존과 배려적 삶의 태도를 중심으로 세상을 바꾸려는 비폭력 생태운동이 에코 페미니즘이다. 반다나 시바(Vandana Shiva)가 관여한 인도의 '칩코(Chipko)운동'은 에코 페미니즘 운동의 대표적인 사례이다.

반다나 시바
인도 출신의 핵물리학자로 70년대 '칩코운동'을 통해 생태환경운동가로 변신한 대표적인 에코 페미니스트. 최근에 저서 『물 전쟁 Water War』(2003)에서 물은 공공의 소유이자 생존권과 관련되었음을 역설하였다.

'칩코운동'은 1974년 27명의 북부 인도 여성들이 고향에서 나무 벌목에 항의한 운동으로 여성 스스로 목숨을 걸고 나무에 직접 매달려 벌목공으로 하여금 자신들을 베어넘기도록 기꺼이 목숨을 내놓은 전투적인 운동이었다. 결국 '칩코운동'은 승리하였고 힌두어로 '얼싸안기'라는 의미를 지닌 '칩코운동'은 수천제곱 킬로미터에 달하는 생명의 숲을 여성들이 얼싸안으면서 구해내었다. 다음은 에코 페미니스트 반다나 시바가 노래한 칩코 여성들의 투쟁을 그린 내용이다.

「진리를 위한 투쟁은 시작되었다.
신시아루 칼라에서
권리를 위한 투쟁은 시작되었다.
말콧 타노에서
자매여, 그것은 우리의 산과 숲을
보호하려는 투쟁이다.
그들은 우리에게 생명을 주었고
살아있는 나무들과 개울의 생명을 포용하여
너의 가슴으로 전해주었다.

산을 채굴하는 행위에 저항하라
그것은 우리의 숲과 개울을 파괴하게 만드나니
생명을 위한 투쟁은 시작되었다.
신시아루 칼라에서」351)

이렇듯 에코 페미니즘 운동은 다른 어떤 페미니즘 운동보
다 실천적인 여성운동으로서 '행동하는 페미니즘'의 성격
이 가장 강렬하다.

4 포스트모더니즘에 대한 성찰

**포스트모더니즘 : 근대에 대한 성찰과 반발, 연장선상에
서 출현**
포스트모더니즘(Postmodernism)은 모더니즘(Modernism)
에 대한 성찰과 반발 그리고 모더니즘의 연장선상에서
1960년대 등장한 사상적 · 문화적 경향 일체를 총칭하는
표현이다. 포스트모더니즘은 철학사상이 아니고 사유방
식과 문화의 표현방식으로서 서구 역사상 어떠한 철학사
상보다 광범위한 사상 · 문화적 현상을 포괄하고 있다.
포스트모더니즘이 한국 사회에선 1990년대 초에 유입되
어 90년대 전체를 풍미할 정도로 과도한 관심을 받았지
만 21C 오늘날 포스트모더니즘이 서구사회에서 학문적으
로 크게 주목받고 부각되는 것과 달리 한국 사회에서는

---

351) 로즈마리 퍼트남 통, 이소영 옮김, 앞의 책, 515쪽에서 재인용.

거의 외면당하고 있다.

포스트모더니즘은 이성과 합리성을 중시했던 근대의 사유체계에 대한 성찰과 반발 속에서 배태되었다. 처음 문예학 분야에서 포스트모더니즘이란 용어가 사용되다가 건축학으로 전이되었고 1980년대에는 사회학, 역사학, 신학352) 등 다양한 방면으로 확산되었다. 적어도 철학적인 분야에서 포스트모더니즘 경향은 객관적 진리와 합리성, 그리고 궁극적 실체와 본질, 나아가 절대적 이념을 중시했던 모더니즘 철학을 비판하면서 등장했다. 근대의 특성, 즉 모더니티의 특징이 동일성, 일원성, 합리성, 통일성, 전체성에 있다면 포스트모더니티의 특징은 다양성, 다원성, 비합리성, 창조성, 개체성(개성)에 있다. 실제로 다원성은 포스트모더니즘 사조의 근원적 특징으로 작용한다.

근대성 : 동일성 · 일원성 · 전체성 ↔ 탈근대성 : 다양성 · 다원성 · 개성

포스트모더니즘에 대한 개념 정의는 근대와의 관련성 속에서 다양하게 표현된다. 포스트모더니즘 철학자인 리요타르(J. P. Lyocard)는 라틴어 접두사 'post'에는 적어도 3가지 의미가 담겨 있다고 주장한다. 근대 이후(after)와 근대에 대한 반대(anti) 그리고 근대를 넘어서는(trans) 내용이 그것이다. 'after'는 포스트모더니즘을 근대 이후

---

352) 종교다원주의 역시 신학 분야에서 나타난 포스트모더니즘의 한 조류이다.

의 사유체계로 이해하는 관점이고 'anti'는 근대 사유체계에 대한 비판과 반대로, 'trans'는 근대 사유체계가 지니는 긍정적 측면을 수용하고 근대가 지니고 있는 문제점을 극복하는 사유체계로서 포스트모더니즘을 이해하는 태도이다.353)

포스트모더니즘이 등장하는 시대배경은 이성에 기초한 계몽주의 근대 사회가 빚어낸 역사적 모순에 있다. 고대 철학자인 헤라클레이토스가 우주의 근원적 존재자(아르케, arche)를 탐구하면서 로고스(이성)를 철학적 사유의 원리로 사용한 이래 플라톤 철학의 이데아(Idea)론과 중세 스콜라 철학의 신적 이성을 거쳐 근대철학의 아버지 데카르트의 진리 인식의 도구적 이성에 이르기까지 서양 철학의 주류는 이성이 지배한 특징을 보인다. 서양사회를 관통하고 수천 년 간 서양인들의 의식을 지배했으며 서구사상과 문화, 문물을 낳은 이성에 대해 포스트모더니스트들은 의혹의 눈길을 보내기 시작한다.

전쟁과 식민지, 대학살, 냉전질서는 계몽주의 근대이성의 산물

숱한 제국주의 식민지전쟁과 1·2차 세계대전, 그리고 대학살과 냉전으로 일그러진 20C 인류사회의 초상을 생각하면 그 모든 것이 이성의 산물이자 근대 계몽주의 합리적 이성이 빚어낸 참혹한 결과였다. 근대 이성은 역사

---

353) 신승환, 『포스트모더니즘에 대한 성찰』(책세상, 2012년), 12~13쪽.

의 진보와 성장을 믿었으며 그것을 제3세계 식민지에 강요하였다. 그들의 근대성은 그렇게 전 세계로 확산되었고 식민지국가에 강제 이식되었다. 진보와 성장, 그리고 절대이성의 서양철학을 확립한 19C 이성주의 관념론의 극치인 헤겔의 형이상학에 대한 강렬한 철학적 회의와 현실적 반발은 반(反)이성주의, 반(反)주지주의 사상인 니체의 철학을 낳았고 곧이어 20C 하이데거의 철학을 탄생시켰다.

마르틴 하이데거 (Martin Heidegger) 실존주의 사상이 녹아든 대표작『존재와 시간』(1927)에서 하이데거는 인간의 현존재의 의미를 현상학적으로 분석한다. 그는 자신의 스승 후설(E. Husserl)을 이어 프라이부르크대학 철학과 정교수가 되어 평생 글쓰기와 연구 활동에만 종사하며 신변잡기를 멀리했지만 나치스 당원이 되어 프라이부르크대학 총장 시절 나치에 협력한 전과가 오점으로 남아 있다. 그의 사상이 지니는 중요한 의의는 세계 속 인간 현존재의 의미를 탐구하면서 서양철학의 인간중심주의 전통을 비판하였고 과학기술 사회의 문제점을 지적한 데 있다.

니체, 하이데거 : 포스트모더니즘의 뿌리

포스트모더니즘은 이성이 지배한 근대의 사유체계를 부정하며 니체와 하이데거의 사상에 그 철학적 뿌리를 내리고 있다. 따라서 포스트모더니즘은 근대 이성의 특징인 합리성과 근원적 존재자에 대한 일원성, 존재론적 동일성을 부정하며 이를 해체시키고 다원성에 그 철학적 기반을 둔다.

프리드리히 니체(Friedrich Wilhelm Nietzsche)

젊은 시절 쇼펜하우어의 사상에 깊은 영향을 받은 탓인지 니체는 서양철학의 이성주의 전통인 헤겔의 관념론에 반기를 들고 인간의 본질을 '이성'이 아닌 '권력에의 의지'에 두었다. 루터교 목사의 아들로 태어났지만 '신은 죽었다'고 선언하면서 기독교 서양문명이 종막을 고했음을 주장하였다. 쇼펜하우어와 함께 생(生)의 철학자로 분류하지만 니체의 사상은 실존주의 철학의 선구적인 위치에 있으며 그의 초인(超人 짜라투스트라)사상은 후대 독일 나치즘의 원형으로 작용하였다. 사진은 연인이었던 루 살로메와 함께 찍은 모습이다(사진 맨 오른쪽이 니체).

자크 데리다
플라톤, 데카르트, 헤겔로 이어지는 서양철학의 형이상학의 해체와 함께 새로운 해석을 주장한 프랑스 해체주의 철학자. 데리다의 '해체주의' 철학은 문학, 건축, 시각 예술 등 다양한 분야로 확산된다.

포스트모더니즘 = 후기구조주의, 해체주의

포스트모더니즘 철학자인 자크 데리다(J. Derrida)의 '해체주의'는 플라톤 철학 이래 이성주의에 기초한 서양철학의 형이상학에 대한 반발이자 반작용이다. 데리다는 플라톤에서 헤겔에 이르는 서양철학의 형이상학, 즉 이성주의 체계를 '로고스 중심주의'라고 비판하며 형이상의 해체를 주장했다. 데리다는 어떻게 말하기가 글쓰기를 억압했고 이성이 감성을 억압했으며 백인이 흑인을, 그리고 남성이 여성을 억압해 왔는지 이분법을 해체시켜 보여주었다.

미셸 푸코(M. Foucault) 역시 지식이 권력에 저항해왔다는 계몽주의 근대의 논리가 지닌 허구를 드러내고 근대 이성의 산물인 지식과 권력이 적대관계가 아니라 동반자였음을 강조한다. 나아가 근대를 작동시키는 규율장치들(학교, 감옥, 병원, 기업)을 명쾌하게 분석함으로써 구조주의(Structuralism)354) 사고를 거부하고 '근대성 해체'를 특징으로 하는 후기구조주의 경향을 보인다. 자크 라캉(J. Lacan) 또한 데카르트의 존재와 사유의 동일성을 거부하고 해체를 시도한다. 라캉은 인간이 이성적인 합목적론적 존재가 아니라 존재와 사유(의식)가 갈등을 일으키는 분열적 존재로서 타자의 기호에 의해 자율성을 박탈당한 채 살아간다고 역설한다.

---

354) 프랑스의 문화인류학자 레비스트로스(Claude Lévi-Strauss)가 창안한 학문적 방법. 모든 사물과 요소는 개별로서 존재하는 게 아니라 전체 속에서 사물과 요소 간에 구조적 관계라는 관점에서 그 의미를 가질 수 있다는 학문적 세계관을 가리킨다.

프랑스 68혁명 : 포스트모더니즘 문화운동의 배경, 그린
피스, 녹색당 결성

포스트모더니즘이 근대문화에 대한 반발로 부각되는 직
접적 계기는 1968년 프랑스 68문화혁명이다. 1968년 5월
혁명은 프랑스 드골정부의 보수적인 교육정책에 항의하
면서 시작된 운동이지만 이후 미국, 독일, 일본, 중국 등
전 세계에 사상적 · 문화적 변혁을 초래한 문화운동으로
확산된다. 60년대 반(反)문화운동으로서 히피문화의 등
장은 기존 근대문화가 이룩한 결실에 대한 반성 내지 반
항으로서 출현하였다. 포스트모더니즘의 갈래운동으로
서 68혁명은 이후 세계적인 환경 NGO인 그린피스(1971)
를 통해 환경보호운동으로 발전하였고 정치적으로는 녹
색당(1980)의 창당을 가져왔다. 68혁명이 중요한 이유는
근대문화 전체를 반성하는 방향으로 확산되면서 포스트
모더니즘이 지니는 총체적인 문화운동의 배경으로 작용
하였다는 사실에 있다.355)

그린피스(Greenpeace)
그린피스의 대표적인 환경감시선 레인보우 워리어(Rainbow
Warrior). 그린피스는 1971년 미국의 알래스카 지하 핵실험 반
대를 목표로 캐나다 밴쿠버에서 몇 명의 활동가들이 작고 낡
은 낚싯배를 타고 핵실험에 항의하는 시위를 벌이면서 유래된
세계적인 환경 NGO. 개별적인 비폭력 투쟁을 원칙으로 한다.
최근엔 멸종위기에 처한 참치 보존을 위한 환경캠페인을 전개
하고 있다. 한국은 세계 참치어획량 2위인 나라로 우리의 먹을
거리를 근본적으로 성찰할 시점에 와 있다. 전 세계 350만 명
회원과 2011년 현재 41개 지부가 있는데 41번째 지부가 대한
민국이다. 한국엔 5천 명 정도의 그린피스 회원이 있다.

355) 신승환, 앞의 책, 8~9쪽.

■ 참고문헌

1. 유토피아(Utopia)
   1. 장자, 김달진 엮음, 『장자』 (문학동네, 1999)
   2. 이민수 역해, 『禮記』 (혜원출판사, 1993)
   3. 노자, 김학목 옮김, 『노자 도덕경과 왕필의 주』 (홍익출판사, 2000)
   4. 신영복, 『강의』 (돌베개, 2004)
   5. 묵자, 김학주 옮김, 『묵자』 상 (명문당, 2003)
   6. 하승우, 『상호부조론』 (그린비, 2006)
   7. 로버트 솔로몬 외, 박창호 옮김, 『세상의 모든 철학』 (이론과 실천, 2007)
   8. 파비안, 김수은 옮김, 『위대한 양심』 (열대림, 2006)
   9. 버트란트 러셀, 최민홍 옮김, 『사양철학사 下』 (집문당, 1993)
   10. 河野健二, 박준식 옮김, 『시민혁명의 역사구조』 (청아, 1983)
   11. 모어, 주경철 옮김, 『유토피아』 (을유문화사, 2007)
   12. 大河内一男, 노태구 옮김, 『사회사상사』 (백산서당, 1982)

2. 권력은 아래로부터, 인민으로부터
   1. 토마스 홉스, 최공웅, 최진원 역, 『리바이어던』 (동서문화사, 2011),
   2. 버트란트 러셀, 최민홍 옮김, 『사양철학사 下』 (집문당, 1993)
   3. 팀 크레인 외, 강유원 역, 『철학, 더 나은 삶을 위한 사유의 기술』 (유토피아, 2008)
   4. 로버트 솔로몬 외, 박창호 옮김, 『세상의 모든 철학』 (이론과 실천, 2007)
   5. 『오픈성경』「욥기」41장, (아가페출판사, 1986)

3. 이데올로기(Ideology) : 자유주의·자본주의·사회주의·무정부주의
   1. 강재륜, 『이데올로기 論史』 (인간사랑, 1987)
   2. 강철구, 「강철구의 세계사 다시 읽기」 『프레시안』
   3. 柴田三千雄, 편집부 옮김, 『파리코뮨』 (지양사, 1983)
   4. 河野健二, 박준식 옮김, 『시민혁명의 역사구조』 (청아, 1983)
   5. 김세균, 『진보평론』 72호, 2001년 12월호
   6. 박장현, 『노동자와 철학』 (노동의 지평, 2010)
   7. 팀 크레인 외, 강유원 역, 『철학, 더 나은 삶을 위한 사유의 기술』 (유토피아, 2008)
   8. 애덤 스미스, 유인호 옮김, 『국부론』 (동서문화사, 2010)

9. 사회민주주의 연구소, 『마르크스주의』
10. 김정주, 「신자유주의의 파산과 세계경제 위기」 『진보평론』 51. 2012년 봄호.
11. 로빈 블랙번 외, 『뉴레프트 리뷰 1』 (길, 2009)
12. 하승우, 『상호부조론』 (그린비, 2006)
13. 에드먼드 버크, 이태숙 옮김, 『프랑스혁명에 관한 성찰』 (한길사, 2008)
14. 나성민, 『칼 마르크스』 (새날, 1993)
15. 사회민주주의 연구소, 『사회주의』
16. 김금수, 「정치적 자립을 위한 노동자들의 투쟁」 『세계노동운동사』 http://www.klsi.org
17. 이계희, 『러시아 근대 사회사상』 (풀무, 1980)
18. 한홍구, 『대한민국 史 1』 (한겨레신문사, 2003)
19. 김동춘, 『전쟁과 사회』 (돌베개, 2000)
20. 윤건차, 『현대 한국의 사상흐름』 (당대, 2000)

4. 칸트의 도덕형이상학과 헤겔의 변증법

1. 오트프리트 회퍼, 이상헌 옮김, 『임마누엘 칸트』 (문예출판사, 1997)
2. 버트란트 러셀, 최민홍 옮김, 『사양철학사 下』 (집문당, 1993)
3. 팀 크레인 외, 강유원 역, 『철학, 더 나은 삶을 위한 사유의 기술』 (유토피아, 2008)
4. 로버트 솔로몬 외, 박창호 옮김, 『세상의 모든 철학』 (이론과 실천, 2007)
5. 칸트, 전원배 역, 『순수이성비판』 (삼성출판사, 1979)
6. 강성률, 『위대한 철학자들은 철학적으로 살았을까』 (평단, 2011)
7. 현대사상연구회, 『사상의 흐름』 (문학사, 1961)
8. 빌헬름 바이셰델, 안인희 옮김, 『철학의 에스프레소』 (프리하, 2011)
9. 칸트, 백종현 옮김, 『실천이성비판』 (아카넷, 2002)
10. 칸트, 이원봉 옮김, 『도덕형이상학의 기초 놓기』 (책세상, 2011)
11. 마이클 샌델, 『정의란 무엇인가』 (김영사, 2010)
12. 김상봉, 『호모 에티쿠스』 (한길사, 2006)
13. 게오르크 헤겔, 권응호 역, 『법철학 강요』 (홍신문화사, 1997)
14. 김영범, 『철학 갤러리』 (풀로 엮은 집, 2009)

5. 19C 영국 사회사상 : 공리주의와 사회주의

1. 강철구, 「세계사 다시 읽기-산업혁명이란 무엇인가」 『프레시안』
2. 구로역사연구소, 『우리나라 메이데이의 역사』 (거름, 1991)
3. 칼 마르크스, 김수행 옮김, 『자본론-정치경제학 비판』 제1권 하 (비봉, 2003)
4. 敎師養成硏究會, 『近代敎育史』 (學藝圖書, 1961)

5. 자크 아탈리, 『마르크스 평전』(예담, 2006)
6. 현대사상연구회, 『사상의 흐름』(문학사, 1961)
7. 홍성욱, 『파놉티콘』(책세상, 2007)
8. 홍성욱 외, 『과학기술의 철학적 이해』(한양대출판부, 2010)
9. 미셸 푸코, 오생근 옮김, 『감시와 처벌-감옥의 역사』(나남, 2005)
10. 버트란트 러셀, 최민홍 옮김, 『사양철학사 下』(집문당, 1993)
11. 존 스튜어트 밀, 『여성의 종속』(책세상, 2006)
12. 녹두 편집부, 『세계철학사 1』(녹두, 1985)
13. 편집부 편역, 『최저임금제』(형성사, 1984)
14. 마르크스, 엥겔스, 이대환 편역, 『공산당 선언』(연찬, 1987)

6. 마르크스주의의 비판적 이해
1. 자크 아탈리, 『마르크스 평전』(예담, 2006)
2. 피에르 뒤랑, 나혜원 역, 『인간 마르크스』(두레, 1984)
3. 박노자, 「학습은 있어도 교육은 없다」『한겨레』2009. 5. 25
4. 마르크스, 이대환 편역, 『공산당 선언』(연찬, 1987)
5. 마르크스, 이대환 편역, 『독일 이데올로기』(연찬, 1987)
6. 김영범, 『철학 갤러리』(풀로 엮은 집, 2009)
7. 마르크스, 이대환 편역, 『임금노동과 자본』(연찬, 1987)
8. 칼 마르크스, 김수행 옮김, 『자본론-정치경제학 비판』제1권 하 (비봉, 2003)
9. 게오르그 루카치, 박정호, 조만영 옮김, 『역사와 계급의식』(거름, 2005)
10. 구로역사연구소, 『우리나라 메이데이의 역사』(거름, 1991)
11. 敎師養成硏究會, 『近代敎育史』(學藝圖書, 1961)
12. 이규조, 「영국인의 평균 수명이 15세였던 까닭」『어, 그래? : 세계사』(일빛, 1998)
13. 버트란트 러셀, 최민홍 옮김, 『사양철학사 下』(집문당, 1993)

7. 20C 민주주의 이념논쟁
1. 차기벽, 『민주주의의 이념과 역사』(한길사, 1980)
2. 박장현, 『노동자와 철학』(노동의 지평, 2010)
3. 박호성 편역, 『사회민주주의와 민주사회주의』(청람, 1991) 6쪽.
4. 시드니 후크 외, 권인태 역, 『정통이냐 이단이냐』(지양사, 1984)
5. 까갈리츠키 외, 이성형 엮음, 『사회민주주의 연구 1-회고와 전망』(새물결, 1991)
6. 이진희, 「내가 만드는 복지 국가」『프레시안』2012. 5. 21.
7. 김영희, 『프레시안』2008. 2. 18/2008. 7. 22

8. 변광수, 「복지국가 SOCIETY」『프레시안』 2012. 4. 3.
9 . 박노자, 『좌우는 있어도 위아래는 없다』 (한겨레신문사, 2002)
10. 장하준, 『그들이 말하지 않는 23가지』 (부키, 2010) 246쪽.
11. 소련경제 국제관계 연구소, 『부르주아 경제학 비판』 (장백, 1989)
12. 정태영, 『한국 사회민주주의 정당의 역사적 기원』 (후마니타스, 2007)

8. 사회정의에 대한 철학적 성찰

1. 플라톤, 최현 옮김, 『이상국가』 (집문당, 1977)
2. 아리스토텔레스, 최명관 옮김, 『니코마코스 윤리학』 (창, 2008)
3. 파스칼, 권응호 옮김, 『팡세』 (홍신문화사, 2007)
4. 로버트 노직, 남경희 옮김, 『아나키에서 유토피아로』 (문학과 지성사, 2005)
5. 마이클 샌델, 이창신 옮김, 『정의란 무엇인가』 (김영사, 2010)
6. 존 롤스, 황경식 옮김, 『정의론』 (이학사, 2006)
7. 팀 크레인 외, 강유원역, 『철학, 더 나은 삶을 위한 사유의 기술』 (유토피아, 2008)
8. 이정환, 「정의란 무엇인가, 왜 우리나라에서만 인기일까?」 『미디어 오늘』 2012. 6. 8.
9. 김삼웅, 『김상덕 평전』 (책으로 보는 세상, 2011)

9. 조선철학논쟁과 붕당정치의 상관성, 그리고 지식인의 길

1. 이덕일, 『송시열과 그들의 나라』 (김영사, 2010)
2. 김형찬 외, 『논쟁으로 보는 한국철학』 (예문서원, 1996)
3. 이준모 외, 『조선철학사 연구』 (광주, 1988)
4. 이성무, 『조선시대 당쟁사 2』 (아름다운 날, 2007)
5. 이덕일, 『당쟁으로 보는 조선역사』 (석필, 2004)
6. 이덕일, 『이회영과 젊은 그들』 (역사의 아침, 2010)
7. 정우락, 『남명과 퇴계 사이』 (경인문화사, 2008)
8. 허권수, 『절망의 시대, 선비는 무엇을 하는가』 (한길사, 2001)
9. 김충열, 『남명 조식의 학문과 선비정신』 (예문서원, 2006)
10. 남명학 연구원 엮음, 『남명학파 연구의 신지평』 (예문서원, 2008)
11. 조여항, 『정인홍과 광해군』 (동녘, 2001)
12. 이성무, 『조선시대 당쟁사 1』 (아름다운 날, 2009)
13. 사르트르, 조영훈 옮김, 『지식인을 위한 변명』 (한마당, 1999)
14. 이덕일, 『한국사, 그들이 숨긴 진실』 (역사의 아침, 2010)
15. 이재호, 『조선사 3대 논쟁』 (역사의 아침, 2008)
16. 한국역대 인물 종합정보 시스템 http://people.aks.ac.kr/

17. http://gongju.grandculture.net/
18. http://jinju.grandculture.net/
19. 이주한, 『노론 300년 권력의 비밀』 (역사의 아침, 2011)

10. 20C 현대 사회사상의 흐름

1. 주종환, 『뉴라이트의 실체, 그리고 한나라당』 (일빛, 2008)
2. 교과서포럼, 『대안교과서 : 한국근현대사』 (기파랑, 2010)
3. 김기협, 『뉴라이트 비판』 (돌베개, 2010)
4. 이영훈, 『대한민국 이야기 : 해방 전후사의 재인식 강의』 (기파랑, 2011)
5. 신지호, 『뉴라이트의 세상읽기』 (기파랑, 2006)
6. 교과서포럼, 『한국현대사』 (기파랑, 2008)
7. 양동안 외, 『대한민국 건국의 재인식』 (기파랑, 2009)
8. 백철, 「뉴라이트는 왜 8년 만에 몰락하게 됐나」 『주간경향』 2012. 7. 4
9. SBS 『그것이 알고 싶다』 2010. 10. 30.
10. 김한준, 『마이데일리』 2005. 7. 6.
11. 『대전일보』 사설, 「출발부터 실망스런 19대 '병역면제' 국회」 2012. 6. 8.
12. 카치아피카스, 이재원 옮김, 『신좌파의 상상력 : 전 세계적 차원에서 본 1968년』 (난장, 2008)
13. 스튜어트 홀(Stuart Hall) 외, 『뉴레프트 리뷰 3』 (길, 2011)
14. 손철성, 『허버트 마르쿠제 : 마르크스와 프로이트를 결합시키다』 (살림, 2005)
15. 마르쿠제, 차인석 역, 『一次元的 人間』 (삼성출판사, 1979)
16. 프리드리히 엥겔스, 김경미 옮김, 『가족, 사적 소유, 국가의 기원』 (책세상, 2007)
17. 제인 프리드먼, 이박혜경 옮김, 『페미니즘』 (이후, 2008)
18. 권현정 외, 『페미니즘 역사의 재구성 : 가족과 성욕을 둘러싼 쟁점들』 (공감, 2003)
19. 로즈마리 퍼트남 통, 이소영 옮김, 『페미니즘 사상』 (한신문화사, 2006)
20. 존 스튜어트 밀, 서병훈 옮김, 『여성의 종속』 (책세상, 2006)
21. 거다 러너, 김인성 옮김, 『역사 속 페미니스트』 (평민사, 2006)
22. 장미경, 『페미니즘의 이론과 정치』 (문화과학사, 2002)
23. 정희진, 『페미니즘의 도전』 (교양인, 2012)
24. 낸시 홈스트롬, 유강은 옮김, 『페미니즘, 왼쪽 날개를 펴다』 (메이데이, 2012)
25. 신승환, 『포스트모더니즘에 대한 성찰』 (책세상, 2012년)